Jonathan Cahn
Das Josia-Manifest

NEW YORK TIMES BESTSELLER

DAS JOSIA MANIFEST

Ein URALTES GEHEIMNIS als WEGWEISER für die Endzeit

JONATHAN CAHN

Originally published in English by
Frontline, an imprint of Charisma
600 Rinehart Road, Lake Mary, Florida 32746, USA

The Josiah Manifesto

Zum weltweiten Vertrieb.

king2come
Pferdemarkt 1
D – 31737 Rinteln
Fon (05751) 7019 229
info@king2come.de
www.king2come.de

1. Auflage, Dezember 2023
ISBN 978-3-98602-065-1

Druck und Bindung: GGP Media GmbH, Pößneck

Bibelzitate sind in der Regel der Revidierten Elberfelder Bibel,
R. Brockhaus Verlag Wuppertal, entnommen.

Available in other languages from
Charisma Media, 600 Rinehart Road, Lake Mary, FL 32746, USA
E-Mail: rights@charismamedia.com.

Inhalt

TEIL IV – JEHU UND DER TEMPEL BAALS

TEIL V – DIE JUBELJAHR-ERLÖSUNG

TEIL VI – DIE VORBESTIMMTEN TAGE

TEIL VII – DAS KIND AUS DEM NIL

TEIL VIII – TAG DER WENDE

TEIL I

ANFÄNGE

1

Die gegenwärtige Finsternis

Eine Finsternis überkommt die Welt.

Diese Dunkelheit ist uralt und doch in ihrem Auftreten neu. Während ich dieses Buch verfasse, durchdringt sie unsere Medien, unsere Unterhaltungsangebote, unsere Geschäftsbereiche, unsere Schulen, unsere Konzerne, unsere öffentlichen Plätze, unsere Regierungen, unsere Kultur, unser Leben. Sie löst die Transformation unserer Gesellschaft aus, eine Umwälzung uralter Fundamente und Zerstörung uralter Moralnormen, Werte, Wahrnehmungen und Glaubensinhalte.

Es handelt sich um eine unerbittliche Finsternis, die nicht nur danach strebt, zu existieren und zu wachsen. Sie will insbesondere die völlige Herrschaft an sich reißen und alles zur Unterwerfung zwingen. Sie will die Sprache unterjochen, die Wahrnehmung verändern und die Realität in ihr eigenes Bild verzerren. Diese Finsternis verlangt von jeder Zunge, ihren Namen zu bekennen, und jedem Knie, sich ehrerbietig zu verneigen. Sie versucht jeden, der sich ihrer Eroberung widersetzt oder ihr widersteht, zu assimilieren, zu verwandeln oder, wenn nötig, seinen Widerstandswillen zu zerstören. Es ist eine totalitäre Finsternis. Sie wird nicht ruhen, bis alle Lichter ausgelöscht sind.

In anderen Büchern habe ich bereits über diese Finsternis geschrieben, über ihr Fortschreiten, ihre Folgen, ihren Richtgeist und die Geheimnisse, die hinter ihr liegen und ihre eigene Zukunft vorhersagen. Ich wurde oft gefragt: „Gibt es Hoffnung?" „Was können wir tun?", und: „Wie nur sollen wir leben?"

Ja, es gibt Hoffnung und ich biete Ratschläge mit Schlüsseln und einem Leitfaden an, wie man während dieser gegenwärtigen und kommenden Finsternis im Licht leben und bestehen kann.

Mehr aber als jedes andere bisher von mir geschriebene Buch wird *Das Josia-Manifest* diese Antworten, diese Ratschläge und diesen Leitfaden detailliert und klar entfalten und auch andere Fragen beantworten …

- Könnten die Ereignisse der Neuzeit, besonders der letzten Jahre, Geheimnisse offenlegen, die zweieinhalbtausend Jahre zurückreichen?
- Könnten diese Geheimnisse den genauen Zeitpunkt einer kürzlichen Katastrophe bestimmt haben, die unser Leben dramatisch verändert hat? Könnten sie die Vorlage für ein Ereignis enthüllen, bei dem das Kapitol der Vereinigten Staaten erstürmt wurde?
- Könnten diese hinter dem Aufstieg und Fall eines südamerikanischen Diktators stecken? Könnten sie die Zusammensetzung und Urteile des Obersten Gerichtshofs geändert haben?
- Könnte ein dreitausend Jahre alter Kalender mit festgesetzten Tagen Licht auf das Geheimnis des dramatischsten Jahres seit Menschengedenken geben? Könnten ein Kind, ein Fluss und eine Prinzessin den Schlüssel zu einer entscheidenden Änderung der Entwicklungsrichtung Amerikas liefern?
- Könnte ein altes Instrument, das in biblischen Zeiten erklang und den Aufstieg von Königen, den Fall von Städten, den Wandel von Zeiten und Epochen und die Macht Gottes markierte, einen historischen Wandel in Bezug auf die amerikanische Gesellschaft eingeleitet haben?

- Könnte eine Reihe nahöstlicher Geheimnisse, die bis in die Zeit der Pharaonen zurückreichen, in der Hauptstadt Washington zusammengeflossen sein und Amerika in einer einzigen Stunde, in einem einzigen Moment beeinflusst haben? Steuert Amerika auf Gericht und Katastrophe zu? Gilt dies gar für die gesamte Welt? Gibt es Hoffnung? Wurde uns inmitten des Gerichts eine Chance auf Erlösung gegeben?
- Ist es möglich, dass es einen Schlüssel, eine Blaupause, eine Offenbarung, eine Antwort darauf gibt, wo wir stehen, was die Zukunft bringt und wie wir angesichts all des vor uns Liegenden bestehen und obsiegen können?

Für die Antworten müssen wir uns auf eine Reise zu prophetischen Geheimnissen begeben. Diese Reise führt uns zu zwei Inseln in der Karibik und im Pazifik und zu zwei alten Königen, von denen der eine ein Geheimnis bleibt, der andere eine Offenbarung ist.

In ihrem Verlauf sehen wir Folgendes: ein Mysterium der Zeiten, eine Pest, zwei Tore, zwei Richter des Obersten Gerichtshofs, einen Gott der Dunkelheit, einen Kalender heiliger Tage, eine Nacht der Zeichen, ein uraltes Übel, eine prophetische Vorahnung, mehr als einen Propheten, eine Vielzahl von Führern, ein bestimmtes Wort, ein Kind und einen Fluss, eine heilige Versammlung, eine Vision, einen Altar, eine Erlösung und ein uraltes Instrument, durch das die Macht Gottes manifestiert wurde.

In meinen Büchern vermeide ich es grundsätzlich, mich selbst zu erwähnen. In dieser Hinsicht wird *Das Josia-Manifest* anders sein. Ich werde bei einigen der enthüllten Geheimnisse erscheinen, denn ich könnte sie nicht aufdecken, ohne Zeugnis dafür abzulegen, was ich aus erster Hand sah und hörte.

Das Josia-Manifest dringt in Bereiche vor, die ich noch nie zuvor betrat. Einige der Mysterien beginnen dort, wo andere aufgehört haben, wie in *Der Vorbote II*, *Das Paradigma*, *Das Orakel* und *Die Rückkehr der Götter*.

Deren Enthüllungen werden damit weiter vorangetrieben oder abgeschlossen. Ich werde die Voraussetzungen für jene schaffen, die diese Bücher weder gelesen noch davon gehört haben, und es für jene auffrischen, die sie gelesen haben. *Das Josia-Manifest* führt diese Bücher auf die nächste Stufe und Ebene und enthüllt Offenbarungen, die ich lange zurückgehalten habe, sowie Dinge, die nach der Veröffentlichung dieser Bücher geschahen. Und so werden Mysterien dabei sein, die sich in der Vergangenheit in die Lüfte erhoben und nun zur Landung ansetzen.

◆ ◆ ◆

Wir werden uns also auf eine Reise begeben. Diese wird einen Bilderteppich aus miteinander verwobenen Geheimnissen entrollen. Auf den ersten Blick scheinen sie nicht direkt miteinander verbunden zu sein. Und es ist möglicherweise nicht offensichtlich, wohin sie führen. Jedes entpuppt sich als Puzzleteil eines noch größeren Geheimnisses, in dem sie alle miteinander verkoppelt sind.

In den meisten meiner Bücher war der Gesamtkontext, in dem die Mysterien auftauchen, relativ früh erkennbar. Aber in diesem Fall wird ein Mysterium und ein Kontext zu einem anderen und dann zu einem weiteren führen. Doch je weiter die Offenbarung voranschreitet, desto mehr werden die einzelnen Teile ineinandergreifen und zu einer bestimmten Zeit schließlich an einem bestimmten Ort konvergieren. Dies wiederum wird die Tür zur endgültigen Offenbarung öffnen. Diese letzte Offenbarung liefert dann wiederum die Antwort, den Schlüssel, die Blaupause und das Manifest.

◆ ◆ ◆

Unsere Reise beginnt nun in einem uralten Tal, aus dem die Zerstörung einer Nation entsprang.

2

Das Tal

Der König blickte über das Tal. Seit seiner Kindheit hatte er von den vielen abscheulichen und schrecklichen Geschichten gehört.

Der unheiligste aller Orte

Es lag direkt vor den Mauern der heiligen Stadt, war aber der unheiligste Ort überhaupt. Als er die Weite überblickte, bemerkte er die Steinhaufen, welche die Landschaft übersäten. Der Boden war mit verkohlten Überresten bedeckt und er roch die schwelende Asche. Welch ein verfluchtes Tal.

Bis zu diesem Moment hatte er keinen Grund gehabt, sich dem Tal zu nähern, vielmehr allen Grund, es zu meiden. Es stellte das Gegenteil all dessen dar, was er glaubte und war. Sein Herz war rein, Gott geweiht, unbefleckt. Das Tal hingegen war der Inbegriff von Unreinheit, Befleckung und Unheiligkeit. Als er in dessen Weite starrte, konnte sein Herz nur mit Abscheu und Entsetzen erfüllt sein.

Sein Volk wurde von Anbeginn davor gewarnt. Sie waren von den umliegenden Nationen für die Zwecke Gottes getrennt worden. Aber sie hatten genau getan, wovor sie gewarnt worden waren. Sie wurden den sie umgebenden Völkern gleich. Sie wandten sich anderen Göttern zu, den Göttern des Tals.

Und dort im Tal standen ihre Götzen neben den Steinhaufen. Dort versammelten sie sich, um an den finsteren Riten und Ritualen ihrer neuen Gottheiten teilzunehmen.

Seltsame Opfer

In dieses Tal brachten sie ihre Kinder. Dort, bei den steinernen Altären, führten sie ihre Kleinen in dunkle Zeremonien ein. Und dort auf diesen Altären wurden sie als Opfer emporgehoben. Sie ermordeten ihre Söhne und Töchter. Sie ließen ihre Kinder durch das Feuer gehen. Sie schlachteten ihre Unschuldigsten. Sie vertauschten den grundlegendsten und natürlichsten Lebensinstinkt der Elternschaft mit einem dämonischen, heidnischen Todeswahn.

Väter wurden zu Henkern ihrer Söhne und Mütter zu Mörderinnen ihrer Töchter.

Seit seiner Kindheit hatte der König von den Übeln im Tal gehört und seine eigenen Vorfahren hatten daran teilgenommen. In diesem Tal hatte sein Großvater seinen eigenen Sohn ermordet. Hätte er einen weiteren seiner Söhne geopfert, wäre der junge König nie geboren worden.

Er aber hatte sich gegen die Wege seines Großvaters und Vaters entschieden, sich seit seiner Jugend an Gott gewandt und sich verpflichtet, den Wegen Gottes mit ganzem Herzen und ganzer Kraft zu folgen. Er wusste genau um die Bedeutung des Tals – es war das deutlichste Zeugnis der Abkehr seiner Nation von Gott und seiner tiefsten Tiefen und es war der endgültige Inbegriff seines Untergangs.

Die Stimmen der Kinder

Und er wusste, es ging noch weit darüber hinaus. Das Tal verbarg nicht nur die dunkelsten Übel der Vergangenheit seiner Nation, sondern auch das Schicksal seiner Zukunft. Keine Nation kann wissentlich Tausende ihrer Unschuldigsten töten und am

Ende dem Gericht Gottes entgehen. Die Stimmen der in diesem Tal getöteten Kinder schrien nach Verurteilung.

Er machte sich keine Illusionen darüber, was auf dem Spiel stand – es ging um nichts Geringeres als die Zerstörung seiner Nation. Und doch konnte er trotz allem und gegen allen Verstand auf einen anderen Ausgang hoffen. Würde er der Finsternis dieses Tals ein Ende bereiten, so gab es vielleicht Hoffnung; vielleicht könnte es Gnade geben und vielleicht könnte das Gericht verschoben oder abgewendet werden.

Von Leben und Tod

Für die Kinder der Nation war das Tal zum Schiedsrichter über Leben und Tod geworden. Jetzt würde es Schiedsrichter über Leben und Tod der Nation selbst sein. Der Abstieg des Königs in das Tal würde für seine Mission ausschlaggebend sein, um die Nation von der Finsternis zurück zu Gott zu führen – ein Unterfangen der Buße, in Hoffnung auf Erlösung.

Ist es möglich, dass dasselbe uralte Tal der Finsternis den Schlüssel zur Zukunft einer anderen Nation verbirgt – der Zukunft Amerikas? Und könnten der König und die Tat, die er in diesem Tal ausführen würde, den Schlüssel zur Erlösung Amerikas samt einer Blaupause für Gottes Volk offenbaren?

◆ ◆ ◆

Um die Antwort zu finden, müssen wir uns dem nächsten Puzzleteil des Geheimnisses zuwenden – einer alten Verordnung der Erlösung und Wiederherstellung und ihrer Manifestation auf einer Karibikinsel.

TEIL II

INSEL DER GEHEIMNISSE

3

Das Yovel

Das Geheimnis geht auf eine alte Anordnung zurück, welche Gott dem Volk Israel auf dem Berg Sinai gab. Dieses Gesetz schrieb die Einhaltung des sogenannten *Yovel* vor.

Der siebte Sabbat

Jeder siebte Tag war ein heiliger Tag, der *Schabbat* oder *Sabbat*. Jedes siebte Jahr wiederum war ein heiliges Jahr, das man *Schmitta* oder *Sabbatjahr* nannte. Und das siebte Schmitta leitete das tiefgreifendste aller Jahre ein, das *Yovel* – das *Jobeljahr* oder *Jubeljahr*.

Und du sollst dir sieben Sabbatjahre zählen, siebenmal sieben Jahre, sodass die Tage von sieben Sabbatjahren dir 49 Jahre ausmachen. Und du sollst im siebten Monat, am Zehnten des Monats, ein Lärmhorn erschallen lassen; an dem Versöhnungstag sollt ihr ein Horn durch euer ganzes Land erschallen lassen. Und ihr sollt das Jahr des fünfzigsten Jahres heiligen und sollt im Land Freilassung für all seine Bewohner ausrufen. Ein Jobeljahr soll es euch sein, und ihr werdet jeder wieder zu seinem Eigentum kommen und jeder zu seiner Sippe zurückkehren. Ein Jobeljahr soll dieses … für euch sein … 3. Mose 25:8-11

Das Jahr des Widderhorns

Das Wort „Jubel“ kommt vom hebräischen Wort *Yovel*, das wiederum mit dem Blasen des Widderhorns verbunden ist. Das Erklingen des Schofars oder Widderhorns markierte den Abschluss der neunundvierzig Jahre und läutete das fünfzigste Jahr ein – also das Jahr des Yovel oder das Jubeljahr. Der Klang des Widderhorns rief die Macht Gottes hervor. Das Jubeljahr war das Jahr der Macht Gottes – und Seines Segens.

Das Jahr der Rückkehr und Versöhnung

Das Jubeljahr war das Jahr der Rückkehr.

... und ihr werdet jeder wieder zu seinem Eigentum kommen ...
3. Mose 25:10

Hatte man seinen Besitz verloren, sollte man im Jubeljahr zu ihm zurückkehren.

... und jeder zu seiner Sippe zurückkehren. 3. Mose 25:10

Wenn jemand von seiner Familie getrennt war, sollte er im Jubeljahr zu ihr zurückkehren. Es war somit das Jahr der Rückkehr als auch der Versöhnung.

Der Sabbat der Sabbate

Ihr dürft nicht säen und seinen Nachwuchs nicht ernten und seine unbeschnittenen Weinstöcke nicht abernten ... 3. Mose 25:11

Das Jubeljahr war der Sabbat der Sabbate. Und wie der Sabbat Ruhe bedeutete, so durfte im Jubeljahr niemand auf den Feldern oder in den Weinbergen arbeiten. Das Land sollte ruhen, ebenso wie jene, die das Land bearbeiteten. Das Jubeljahr war eine Zeit des Stillstands.

Das Jahr der Wiederherstellung

Das Jubeljahr wurde so zu dem Jahr der Wiederherstellung.

... dann soll das von ihm Verkaufte in der Hand dessen, der es kauft, bleiben bis zum Jobeljahr; und im Jobeljahr soll es frei ausgehen, und er soll wieder zu seinem Eigentum kommen.

3. Mose 25:28

War jemand gezwungen, einen Teil seines Besitzes, seines Feldes, seines Grundstücks oder seines angestammten Erbes aufzugeben, würde das Land im Jubeljahr freigegeben und an den zurückübertragen, der es verloren hatte, also an den ursprünglichen Besitzer. Im Jubeljahr wird das Land an den Eigentümer zurückgegeben und dieser wiederum an das Land.

Das Jahr der Befreiung und Freiheit

Auf der amerikanischen Ikone, der *Liberty Bell* („Freiheitsglocke"), finden sich eingraviert die Worte „Verkündet die Freiheit im ganzen Land allen Bewohnern". Sie stammen aus 3. Mose 25, der Anweisung zum Jubeljahr, denn es war auch das Jahr der Freiheit.

Und wenn dein Bruder bei dir verarmt und sich dir verkauft ... Und wenn er nicht in dieser Weise eingelöst wird, dann soll er im Jobeljahr frei ausgehen ... 3. Mose 25:39, 54

War jemand in schwere Zeiten geraten und hatte sich in die Knechtschaft verkaufen müssen, dann wurde er im Jubeljahr freigelassen. Im Jubeljahr wurden Sklaven freigesetzt, Gefangene freigelassen und Leibeigene befreit. Dies war die Zeit der Befreiung und Ungebundenheit.

Eine Massenaufhebung

Als zur Eröffnung des Jubeljahres das Schofar erklang, änderte sich alles. Was verloren war, wurde wiederhergestellt. Was getrennt war, wurde versöhnt. Die Gefangenen wurden freigelassen. Die Verbannten kamen nach Hause. Es war eine Massenaufhebung, eine Nichtigkeitserklärung für viele.

Was geschehen war, wurde rückgängig gemacht. Alles wurde aufgehoben. Alles wurde umgekehrt. Alles kehrte zum Ausgangspunkt zurück. Alles kam wieder zum Anfang, an seinen ursprünglichen Ort und Zustand.

◆ ◆ ◆

Könnten diese einzigartigen Jahre über die Grenzen der Antike und seinen nahöstlichen Kontext hinausgehen? Könnte es auch die moderne Welt betreffen? Könnte dies einige der kritischsten Ereignisse der letzten Zeit angeordnet und bestimmt haben? Könnte es den Kurs Amerikas und der Welt verändert haben?

Um die Antwort darauf und den nächsten Teil des Rätsels zu finden, müssen wir zu einer Insel voller Palmen, Zuckerrohr, Salsa-Musik und alten amerikanischen Autos reisen – zu einer wunderschönen tropischen Insel, die von der Last eines brutalen Fluches erdrückt wird.

4

Der Fremde im Wohnzimmer

Es war ein Geheimtreffen. Der Mann war mir völlig fremd, aber er hatte um meine Anwesenheit gebeten.

Ein Geheimtreffen

Ich wurde zu einem Haus im Norden von New Jersey gefahren, wo der Mann während seines Amerikabesuchs wohnte. Wir trafen uns im Wohnzimmer. Er war klein, schon älter, glatzköpfig und stämmig. Sein Name lautete Samuel. Er sprach durch einen Übersetzer mit mir.

Er war mit einer Mission nach Amerika gekommen – er wollte mich bitten, in sein Heimatland zu kommen. Es handelte sich dabei um eine Insel in der Karibik, die keiner anderen Insel in der Region oder sogar auf der Welt gleicht.

Eine verfluchte Insel

Die Insel, sagte er, sei verflucht. Jene seiner Bewohner, die an Gott glaubten und Ihm folgten, lebten unter einer eisernen Hand der Unterdrückung und Verfolgung, ganz zu schweigen von extremer Armut. Aber es gab Hoffnung. Eine Veränderung stand bevor – und so kam es zu seiner Mission und Einladung.

Bei der Insel ging es um Kuba, der einzigen kommunistischen Nation in der westlichen Hemisphäre. Im Januar 1959 marschierten

Fidel Castro und seine Revolutionsarmee in die Hauptstadt Havanna, um eine Revolutionsregierung zur Beherrschung der Insel aufzurichten.

Viele begrüßten den Beginn seiner Herrschaft mit großem Optimismus und viel Hoffnung. Aber das verblasste schnell. In einer Ära der Verhaftungen und Gefängniszellen löste sich der Hauch von Freiheit bald auf, denn man erfuhr Indoktrination in die kommunistische Ideologie, Unterdrückung aller abweichenden Meinungen und Hinrichtung jener, die nun als Staatsfeinde galten.

Viele versuchten, von der Insel zu fliehen. Andere verloren ihr Zuhause, ihr Hab und Gut. Gegen Christen wurde eine Verfolgung eingeleitet. Kirchen wurden geschlossen, Pfarrer verbannt, eingesperrt oder in Umerziehungslager geschickt. Christen wurden in den Untergrund vertrieben. Unter Castros Herrschaft wurde Kuba zu einem Land der Verarmung, Hoffnungslosigkeit, totalitären Unterdrückung und Lähmung.

Die Veränderung

Aber, so sagte dieser Mann, es habe eine Veränderung gegeben. Nach Jahrzehnten der Unterdrückung hatte Castro ein gewisses Maß an Religionsfreiheit in Form einer evangelistischen Feier von einem Monat Dauer zugelassen. Während dieser Zeit hätten Christen die Freiheit, an einer Reihe öffentlicher Massenveranstaltungen teilzunehmen. Diese fänden auf der ganzen Insel statt und würden im kubanischen Fernsehen übertragen. Die letzte Veranstaltung sollte in Havanna auf dem Platz der Revolution erfolgen.

Samuel gehörte zu dem mit der Organisation der Feier beauftragten Team. „Ich komme im Namen der Christen Kubas. Bitte kommen Sie und eröffnen den Monat der Feierlichkeiten, indem Sie bei der ersten Veranstaltung das Widderhorn ertönen lassen. Und wir möchten, dass Sie auf der ganzen Insel predigen." Ich betete darüber und sagte dann zu.

„Sie erhalten Zugang"

Eine Woche vor meiner Abreise nach Kuba tauchte ein Mann in *Beth Israel* auf, der Gemeinde, die ich im Norden von New Jersey leite. Er bat mich um ein Gespräch nach dem Gottesdienst. Er war Pastor und aus Kuba. Aufgrund seines Glaubens und Dienstes hatte man ihn verhaftet und in eines von Castros Gefangenenlager gesteckt. Nach seiner Freilassung öffnete sich für ihn die Tür nach Amerika.

Er kam also genau an dem Morgen nach *Beth Israel*, als ich im Gottesdienst die Gemeindeversammlung für meine bevorstehende Reise nach Kuba um Gebet bat. Nachdem er mir Ratschläge gegeben hatte, was ich auf der Reise tun und lassen sollte, sagte er: „Sie erhalten Zugang zu Orten, an die andere nicht hingelangen konnten. Die Türen werden sich vor Ihnen öffnen. Und Sie werden den Königspalast betreten."

Das Jubeljahr naht

Als ich darüber betete, welche Botschaft ich den Menschen in Kuba bringen sollte, wurde ich zum Thema des Jubeljahrs geführt. Einerseits wäre es die widersprüchlichste aller Predigten, auf einer Insel unter der Herrschaft einer totalitären Regierung eine Botschaft der Freiheit, Wiederherstellung, Versöhnung, Befreiung und der Umkehrung und Aufhebung von Knechtschaft zu verkünden. Damit würde ich ja denen, die nur Unterdrückung gekannt hatten, Freiheit verkünden. Jenen, die ihr Land und ihren Besitz verloren hatten, würde ich Wiederherstellung bekanntgeben. Menschen, die von ihren Lieben getrennt wurden, würde ich Versöhnung kundtun. Und denen, die ihr Leben als Gefangene eines brutalen totalitären Regimes verbrachten, würde ich Freilassung predigen.

Die Weitergabe einer derartigen Botschaft in einem solchen Kontext war gefährlich. Aber ich hatte keinen Zweifel daran, ich sollte ihnen die Botschaft über das Jubeljahr bringen. Die ganze Feier würden wir mit dem Erklingen des Widderhorns einläuten, dem gleichen Instrument, mit dem man das Jubeljahr beginnt. Ich ließ die gastgebenden Leiter wissen, dass ich mich auf das Jubeljahr konzentrieren wollte. Ich dachte an die Aussage „Das Jubeljahr naht!" Schon bald bezeichneten viele Gläubige in Kuba die Feier als *El Jubileo*, das Jubeljahr. Und als das Ereignis näher rückte, tauchten überall auf der Insel an Kirchen, an Häusern, auf Mauern und Zäunen und sogar auf Taxis drei spanische Wörter auf: „*El Jubileo viene!*" „Das Jubeljahr naht!"

Ein Zeichen der Freisetzung

Eine Woche vor der ersten von mehreren Massenversammlungen, mit denen die einmonatigen Feierlichkeiten eröffnet wurden, trafen wir ein. Ich predigte während dieser Zeit in der Region Oriente, in Gemeinden kubanischer Gläubiger und bei Versammlungen im Freien. Mir wurde gesagt, in jeder der Gemeinden, in denen ich predige, würden sich Informanten unter die Menschen mischen, die dann jedes Wort meldeten, das als kritisch gegenüber der Regierung oder als Bedrohung für die Regierung angesehen werden könnte. Als ich vom Jubeljahr, von der Freiheit und von Gottes Revolution sprach, schaute mein Übersetzer fassungslos und stolperte gelegentlich über seine eigenen Worte, weil er fürchtete, wir beide würden in einem von Castros Gefangenenlagern landen.

Überall nahm ich den Schofar mit. Viele der kubanischen Gläubigen sahen darin ein Zeichen der Befreiung und Freiheit, was es natürlich auch ist. Später erzählte man sich wiederholt viele Geschichten über die Zeichen, die sich auf ihrer Insel manifestierten, als der Schofar erklang. Eines davon ereignete sich an einem eher unwahrscheinlichen Ort, direkt vor einem Supermarkt.

Und Taube werden hören

Man hatte uns gewarnt, jemals eine Menschenmenge außerhalb der Mauern einer Gemeinde anzulocken. Aber es passierte dennoch. Unsere Gastgeber hatten uns zu einem Supermarkt gebracht, wo wir einige benötigte Artikel kauften. Ich ließ den Schofar im Kleinbus zurück.

Bei unserer Rückkehr war der Kleinbus von einer großen Menschenmenge umringt. Ein Mann hatte durch die Fenster geschaut, den Schofar entdeckt und es anderen mitgeteilt. Sie hatten sich um das Auto versammelt und flehten mich nun an, es zu blasen, was ich auch tat.

In dem Moment, als ich es erklingen ließ, ertönte ein lauter Schrei und dann schrilles Kreischen aus der Menge. Ein hagerer Mann mittleren Alters hüpfte auf und ab. „Was ist passiert?", fragten wir und sie antworteten: „Der Mann war taub! Aber als du den Schofar geblasen hast, konnte er den Ton hören!" Natürlich kam die Kraft von Gott, aber die Heilige Schrift beschreibt den Schofar als Zeichen und Gefäß genau dieser Kraft.

Die Einweihung

Das Jubeljahr sollte zu mehr als einer Feier werden; es wurde eine Reise, die sich von Ost bis West über die Insel erstreckte. Die erste Versammlung, die Eröffnungsveranstaltung, sollte in der Stadt Moa nahe dem östlichsten Ende Kubas stattfinden. Seit der Zeit, als der Kommunismus erstmals die Insel eroberte, hatte es noch kein vergleichbares Ereignis gegeben.

Am festgesetzten Tag versammelten sich die Christen an dem ausgewählten Ort und beteten, lobten, preisten und verkündeten das Wort Gottes im Freien, öffentlich und in großer Anzahl. Die Veranstaltung wurde von Soldaten, Sicherheitskräften der Regierung und kommunistischen Beamten überwacht, die alle nervös zuschauten. Was in Moa geschah, würde Castro und der Zentralregierung in Havanna gemeldet. Sobald die Regierung das Gefühl hätte, irgendetwas liefe schief oder stelle eine Gefahr für ihre Herrschaft dar, bestand die Gefahr, dass der gesamte Monat der Freiheit schon bei seiner Eröffnung abgesagt würde.

Horn der Israeliten

Es kam der entscheidende Moment der Eröffnungsveranstaltung und ein christlicher Leiter trat ans Mikrofon, um eine ausgewählte Bibelstelle vorzulesen. Sie stammt von den Propheten Israels und handelt von einem Land, das unter einem Fluch steht, einem Land, das sich von Gott abgewandt hat und nun voller Dunkelheit, Plagen, Zerbrochenheit, Verlust, Entbehrung, Not, Armut, Unfruchtbarkeit und Hoffnungslosigkeit ist. Der Abschnitt bezieht sich auf Israel, doch jetzt wurde er im Hinblick auf Kuba vorgetragen. Die Regierungsbeamten zeigten keine Reaktion. Vielleicht wussten sie nicht, dass die alten Worte mit Bezug auf ihr Land gelesen und verstanden wurden.

Dann kam der Sprecher zum Vers:

Blast die Posaune ... Joel 2:1

Ich hob den Schofar an meinen Mund und bereitete mich darauf vor, zu blasen. Einer der Regierungsbeamten wandte sich an einen der Organisatoren der Veranstaltung und fragte: „Ist das nicht das Horn der Israeliten?“ Doch hatte er keinerlei Ahnung von dessen Bedeutung.

Die gewählte Schrift forderte, mit dem Ertönen des Schofars eine heilige Gebetsversammlung zu eröffnen. In biblischen Zeiten ließen die Priester, also Söhne Aarons, den Schofar ertönen, um solche Versammlungen einzuläuten. Jene, die mich eingeladen hatten, wussten nicht, dass ich aus dem Priesterhaus stammte und ein Sohn Aarons war. Die Söhne Aarons ließen tatsächlich auch im Jubeljahr den Schofar erklingen.

El Jubileo

Ich hielt also den Schofar an meinen Mund und blies. Und so begann das Jubeljahr. Es bewegte sich nun von der Ostküste über die Insel, durch die Region Oriente, durch die großen Städte Holguín und Camagüey, durch eine Vielzahl von Städten und Dörfern und schließlich bis Havanna. An jedem Ort, an den es kam, gab es öffentliche Feiern, Anbetung, Gebete, das Wort Gottes und die Luft der Freiheit.

Im alten Israel sollte das Jubeljahr ein Jahr dauern. Das Jubileo Kubas sollte – zumindest offiziell – nur einen Monat dauern. Die innerhalb dieses Monats gewährten Freiheiten würden bereits am Monatsende entzogen. Aber das Jubeljahr hörte da nicht auf.

Es hatte den Gläubigen Kubas neue Hoffnung, neues Vertrauen und neuen Mut gegeben. Inmitten von Unterdrückung wurde es zu einer Wiederbelebung. Die vier Wände der Kirchen der Insel konnten nicht alle Menschen aufnehmen, die eintreten wollten. Was mit dieser Feier begonnen hatte, sollte noch lange nach ihrem offiziellen Ende weitergehen.

◆ ◆ ◆

Also reisten wir mit dem Jubeljahr über die Insel, ohne zu ahnen, dass sich mit jedem Schritt ein Geheimnis entfaltete. Dieses drehte sich um einen Mann, meinen Übersetzer, und übermittelte der Insel eine Botschaft. Doch es sollte sich erst auf den letzten Schritten offenbaren.

5

Die Rückkehr der Vertriebenen

Gott sprach durch prophetische Handlungen zum alten Israel.

Handlungen der Propheten

Der Prophet Ahija zerriss in einem prophetischen Akt seinen Umhang, um die bevorstehende Spaltung der Nation zu symbolisieren. Der Prophet Jeremia trug vor den Herrschern seiner Nation ein hölzernes Joch der Knechtschaft als prophetische Handlung und als Symbol für die bevorstehende Knechtschaft seiner Nation unter Babylon. Der Prophet Hesekiel packte seine Habseligkeiten und machte sich vor den Augen seiner Landsleute auf den Weg; eine prophetische Handlung, die ihre bevorstehende Verbannung aus dem Land ankündigte. In jedem Fall wurde der Prophet zu einem lebendigen Zeichen und seine Tat zu einer prophetischen Botschaft an die Nation.

Solche Taten konnten auch ohne Wissen derer, die sie ausführten, ihre prophetische Bedeutung entfalten. Dem Propheten Jeremia wurde gesagt, er solle zum Haus des Töpfers gehen, und dort würde Gott zu ihm sprechen. Also ging er hin und sah zu, wie der Töpfer zur Herstellung eines Tongefäßes an seiner Drehscheibe arbeitete. Das Gefäß wurde aber durch die Hand des Töpfers beschädigt, der anschließend den Ton zu einem neuen Gefäß formte. Es war eine prophetische Botschaft an eine beschädigte und gefallene Nation am Rande ihrer Zerstörung. Und doch wurde sie von einem Mann hervorgebracht, der keine Ahnung hatte, dass er sie erzeugte.

Ein Mann mit Namen Felix

Bevor ich nach Kuba einschiffte, musste ich noch einen Übersetzer finden. Ich fragte den Leiter des spanischen Dienstbereiches in *Beth Israel*, einen Mann namens Felix, der regelmäßig meine wöchentlichen Nachrichten übersetzte, ob er das könnte. Felix war ein Mann voller Gottesfurcht, Demut, Eifer und Leidenschaft für die Wege Gottes. Es lag ihm bereits am Herzen, mit mir nach Kuba zu gehen. Er sagte sofort zu.

Auf dem Weg über die Insel erzählte ich vom Jubeljahr und Felix sprach vom *Jubileo*. Ich las die alte Anweisung aus 3. Mose 25:

> **... und ihr werdet jeder wieder zu seinem Eigentum zurückkehren ...** 3. Mose 25:10

Felix las dann dasselbe aus seiner spanischen Bibel vor. Er hatte geplant, nur zwei Wochen auf der Insel zu bleiben.

Doch was er sah, berührte ihn so sehr, dass er seinen Arbeitgeber anrief und um mehr Zeit bat. Und sein Arbeitgeber gewährte ihm noch eine weitere Woche.

„Wir wussten, du kommst“

Ein seltsames Phänomen begleitete uns. An praktisch jedem Ort kamen Leute mit einer ähnlichen Geschichte auf uns zu: Sie hätten gewusst, dass wir kommen. Einige von ihnen hatten davon geträumt und unsere Gesichter gesehen.

Andere erzählten uns, der Geist hätte zu ihnen darüber gesprochen. Weitere berichteten, sie hätten Visionen gesehen.

Und noch andere erwähnten uns gegenüber, sie hätten es einfach gewusst und auf unsere Ankunft gewartet.

Als wir uns mit der Feier nach Westen bewegten, kamen wir in die Provinz Camagüey, ein Land der Kühe, Zitrusfrüchte, Bauernhöfe und des Zuckerrohrs. Diese Gegend erreichten wir am Ende der dritten Reisewoche. Es war für Felix der letzte Tag auf der Insel und nun sollte ein Geheimnis gelüftet werden, das jahrelang vorbereitet wurde.

Das Exil

Als ich Felix bat, mit nach Kuba zu kommen, hatte ich keine Ahnung von seiner Vergangenheit, außer von seiner spanischen Abstammung. Aber bei unserer Reise über die Insel erzählte er mir seine Geschichte. Er war Kubaner und tatsächlich auf der Insel geboren. Mit der Machtübernahme Castros und der Revolution verlor Felix' Familie alles – ihr Haus, ihr Land, ihren Besitz. Als er noch ein Kleinkind war, floh seine Familie von der Insel nach Amerika.

Als Erwachsener übergab Felix sein Leben Jesus, was ihn verwandelte. Er predigte den Armen und allen, die Gottes Liebe und Erlösung empfangen wollten. Aber etwas fehlte. Er hatte immer davon geträumt und betete nun, eines Tages nach Kuba zurückzukehren, in das Land, das seine Familie verloren hatte. Obwohl er es mir damals nicht gesagt hatte, wusste er, seine Gebete waren erhört worden, als ich ihn um Übersetzung in Kuba bat.

An diesem Tag, dem Ende seiner Reise, erzählte mir Felix von seinem Geburtsland – es war Camagüey. Das Ende der Reise hatte ihn zu seinen Anfängen zurückgebracht.

An diesem Tag versuchte Felix, Kontakt zum Pastor einer Gemeinde unweit seiner Geburtsregion aufzunehmen. Er hoffte, dass sie schnell einen Gottesdienst einberiefen, bei dem wir predigen könnten. Ich fragte den für unsere Terminplanung zuständigen Mann, ob wir Felix' Wunsch erfüllen könnten. Doch er antwortete mir, dies sei nicht möglich. Der Ort für unseren heutigen Gottesdienst war bereits vor einiger Zeit geplant und festgelegt worden. Ich teilte Felix die Nachricht mit. Natürlich war er enttäuscht, aber er akzeptierte es.

Die Farm

Am späten Nachmittag machten wir uns auf den Weg zum vereinbarten Treffen. Je näher wir unserem Ziel kamen, desto ländlicher wurde es. Hohe Gebäude verschwanden, dann die Häuser und dann die Straße, die sich jetzt in einen Feldweg verwandelte und durch eine Art Wald schlängelte. Und dann sahen wir ihn.

Es war ein Bauernhof mitten im Nirgendwo. „Zu wem werden wir predigen?“, fragten wir unseren Fahrer. „Und wie wird man uns finden?“ „Sie werden schon kommen“, antwortete er. Und dies geschah tatsächlich. Sie wurden auf offenen Getreidetransportern angeliefert, mindestens fünfzig auf jedem Lastwagen.

Die Besitzer der Farm hießen uns willkommen und führten uns zu einem Tisch im Freien, an dem man eine Mahlzeit für uns zubereitet hatte. Während wir aßen, liefen die kleinen Kinder zusammen mit Hühnern und Ziegen wild um den Tisch herum. Als es Zeit für den Gottesdienst wurde, suchte ich nach Felix, doch er war verschwunden.

Jeder wird zurückkehren

Schließlich entdeckte ich ihn in der Ferne, von wo er zusammen mit einigen Landarbeitern auf mich zukam. Etwas stimmte nicht. Er wirkte erschüttert, benommen und fassungslos. „Was ist passiert?“, fragte ich. „Dieser Ort“, sagte er, „diese Farm …“ „Was denn?“, bohrte ich weiter. „Das ist unser Land!", sagte er. „Dies ist das Land meiner Familie! Sie haben mich herumgeführt und nannten mir den Namen des ursprünglichen Besitzers. Es war mein Großvater! Dies ist das Land, das wir verloren haben! Das ist mein Land, mein Erbe!"

Im alten Gesetz des Jubeljahres ordnete Gott an, *jeder solle zu seinem Besitz zurückkehren.* Und nun war Felix zu seinem Besitz zurückgekehrt.

Schon dreitausend Jahre zuvor stand geschrieben:

... und ihr werdet jeder wieder zu seinem Eigentum kommen und jeder zu seiner Sippe zurückkehren. 3. Mose 25:10 (EB)

Felix war in das Land seiner Familie zurückgekehrt. Wie es das Jubeljahr vorsah, war er zu dem zurückgekehrt, was er verloren hatte. Nach Jahren voller Träume und Gebete war Felix heimgekehrt.

Eine eigenartige Verkettung

Das Verborgene hatte sich mit haargenauer Präzision entfaltet. Es hatte uns auf den Tag genau an diesen Ort geführt. Und dies war nur deshalb geschehen, weil die nationale Feier *zufällig* an Felix' letztem Tag auf der Insel in Camagüey stattgefunden hatte.

Und es war erst sein letzter Tag, weil sein Arbeitgeber ihm *zufällig* eine Woche länger gewährt hatte und nicht mehr. Und wir wurden nur auf diese Farm gebracht, weil die Verantwortlichen für unseren Zeitplan *zufällig* die Leute kannten, die dort arbeiteten.

Felix wiederum nahm nur deshalb an dieser Reise teil, weil ich ihn *zufällig* gebeten hatte, als mein Übersetzer mitzukommen. Ich hatte ihn nur gefragt, weil er *zufällig* der Leiter unseres spanischen Dienstes war. Und er war nur deshalb der Leiter des spanischen Dienstes, weil er *zufällig* zu einer Gemeinde namens *Beth Israel* geführt worden war. Das ist die Hand Gottes! Die Entstehung des Geheimnisses und seiner Reise dauerte Jahre, Jahrzehnte. Felix'

Leben selbst war eine Reise der Wiederherstellung, die erst an dem Tag offenbart werden konnte, als er auf die Farm mitten im Nirgendwo zurückkehrte, den Besitz seiner Vorfahren.

„Ich bin ein Zeichen"

Und dann war da noch die Reise an sich; auch sie war ein Zeichen und eine Botschaft. Das kubanische Volk sah in Felix einen der ihren, lange getrennt und im Exil, der nun nach Hause zurückkehrte, um sein Erbe anzutreten.

Wo wir auch hinkamen, predigte ich über das alte Gebot, das vorschrieb, dass *jeder zu seinem Besitz zurückkehren* solle. Und überall übersetzte Felix diese Worte ins Spanische und kam jedes Mal der Rückkehr zu seinem seit Langem verlorenen Besitz einen Schritt näher.

An jedem Ort sprach ich die Worte „Ich bin ein Zeichen für euch." Und überall wiederholte Felix diese Worte auf Spanisch. Aber er wiederholte sie nicht nur.

Mit dem Befehl Gottes an die Propheten, prophetische Handlungen vor dem Volk zu vollbringen, sagte Er ihnen auch, sie selbst würden zu *Zeichen* für ihre Nation werden. So war Felix zu einem Zeichen für sein Volk geworden. Mit der Revolution verlor er, was ihm gehört hatte. Das galt ebenso für die Nation. Die Revolution drängte ihn ins Exil und Kuba wurde zu einer Nation im Exil.

Die Revolution hatte einen Schatten auf sein Leben und auf die Insel geworfen. Aber die Botschaft, die er vermittelte, war eine der Hoffnung. Es gibt also eine Antwort. Es gibt einen Weg, der aber nur in Gott gefunden werden kann. In Gott liegt die Kraft der Wiederherstellung, Freiheit und Erlösung. In Gott ruht die Kraft des Jubeljahres.

Der Traum

Lange bevor ich in Felix' Heimat reiste, war er wiederum in die meine gereist. Dort, in Israel, in Jerusalem, an der Klagemauer, senkte er seinen Kopf im Gebet und bat Gott, ihn nach Kuba zurückzubringen. Er versprach, würde Gott sein Gebet erhören, würde er auf dem Land seines Vaters eine Kirche errichten und dort das Wort Gottes predigen.

Als er nun auf dem Land seines Erbes stand, erinnerte er sich an seinen Traum und sein Gebet. Dann führten ihn die Leute der Farm über das Grundstück. Sie hatten ihm etwas zu zeigen. Dort, auf der anderen Seite des Hofes, stand eine Kirche. Sie hatten diese bereits gebaut. Wovon er sein Leben lang geträumt und wofür er gebetet hatte, war bereits da und wartete auf ihn.

Zu seinem eigenen Besitz

Sie führten ihn hinein. Die Kirche war mittlerweile mit Männern, Frauen und Kindern gefüllt, die aus den umliegenden Dörfern herbeigebracht worden waren. Der Pastor der Gemeinde eröffnete den Gottesdienst. Er las einen Bibeltext vor, den er für diesen Abend vorbereitet hatte, ohne zu ahnen, dass der Sohn des Landes zurückkehren würde. Der Vers lautete:

Jeder soll in seinen Besitz zurückkehren. (nach 3. Mose 25:10)

Gott hatte ihn geführt, diesen Vers genau an diesem Abend zu rezitieren. Und *zufällig* war es die Botschaft, die auch wir ihnen übermitteln wollten.

In dieser Nacht predigte Felix im Land seines Erbes das Wort Gottes in jener Kirche, von der er schon lange geträumt hatte. Das Gebet, das er an der Klagemauer zu Gott gerichtet hatte, war erhört und durch die Hand Gottes beantwortet worden. Seine Reise war beendet und sein *Jubileo* erfüllt.

◆ ◆ ◆

Was in dieser Nacht auf diesem Bauernhof mitten im Nirgendwo geschah, war die Manifestation einer Seite des Jubeljahres – der Seite des Segens. Aber es gibt noch eine andere. Und genau diese andere Seite des Jubeljahrs, birgt das Geheimnis für das Verständnis jener Ereignisse, die über Amerika hereingebrochen sind. Diese werden wir nun öffnen und so das nächste Puzzleteil als Schlüssel zum Geheimnis finden.

Dieser Teil des Mysteriums wird sich ebenfalls um einen bestimmten Ort und einen bestimmten Mann drehen. Aber beide unterscheiden sich wesentlich von dem, was wir gerade erfahren haben. Der Ort ist Havanna und der Mann – Fidel Castro.

6

Ein Zeichen für den Diktator

Es ist Silvester. Der kubanische Diktator Fulgencio Batista veranstaltet ein Fest im *Campamento Columbia*, einem Militärstützpunkt in Havanna.

Aufgrund seiner antikommunistischen Haltung genoss Batista lange Zeit die Unterstützung der amerikanischen Regierung. Doch seine siebenjährige Herrschaft über die Insel war von Korruption, Unterdrückung und Gleichgültigkeit geprägt. Dieser Silvesterabend sollte nicht nur ein neues Jahr, sondern auch ein neues Regime einläuten.

Batistas Abschied

Während der Feier teilt Batista seinem Kabinett und seinen Beamten mit, er werde sein Amt als Präsident aufgeben und von der Insel fliehen.

In den frühen Morgenstunden besteigen Batista und seine Familie sowie einige seiner engsten Unterstützer ein Flugzeug in Richtung Dominikanische Republik.

Am Neujahrstag beginnt eine neue Ära.

Batista floh angesichts eines Aufstands, den ein großer, bärtiger, Zigarre rauchender Revolutionär in Armeeuniform und eine Armee zerlumpter Guerillakämpfer anführen. Sie hatten ihren Aufstand im Sierra Maestra-Gebirge am östlichen Ende der Insel begonnen. Nachdem Batista eine Reihe von Verlusten gegen Castros Streitkräfte erlitten hatte und spürte, wie seine Unterstützung beim kubanischen Militär und der amerikanischen

Regierung nachließ, beschließt er abzudanken. An diesem Tag gerät die Nation Kuba unter die Herrschaft von Fidel Castro und seiner Revolution. Wir schreiben den 1. Januar 1959.

Der Revolutionär

Sieben Tage später trifft Castro in Havanna ein. Er verspricht eine demokratische Regierung, Pressefreiheit, freie und faire Wahlen und den Schutz der Rechte des Einzelnen. Sein Auftritt wird mit Jubel, Beifall, Freudengeschrei und großer Erwartung begrüßt. Viele feiern ihn als eine Art Retter, gewissermaßen als Quelle einer religiösen Euphorie. Doch bald schon verflüchtigen sich die Euphorie und Hoffnung dieser ersten Tage.

Es dauert nicht lange, bis Castro und seine revolutionäre Regierung mit der Demontage der Institutionen und Infrastruktur der kubanischen Demokratie beginnen. Wer nun als Feind der Revolution gilt, wird verhaftet, von Revolutionsräten gerichtet und inhaftiert. Viele werden hingerichtet, andere ohne jegliches Gerichtsverfahren ermordet und weitere gefoltert. Berüchtigt wird die neue Regierung durch ihre zahlreichen Erschießungskommandos. Die Revolution hatte eine Schreckensherrschaft ins Leben gerufen.

Ein großes Gefangenenlager

Menschen werden in Arbeitslager, Gefangenenlager und „Umerziehungslager“ geschickt.

Die gesamte Insel ist inzwischen zu einem Umerziehungslager mutiert. Die Kubaner werden seit früher Kindheit mit der kommunistischen Ideologie vertraut gemacht. Indoktrination herrscht überall, in Zeitungen, in Radio und Fernsehen und auf den Plakaten und Werbetafeln, die jede kubanische Stadt und jedes Dorf kennzeichnen.

Die Meinungs-, Versammlungs- und Gedankenfreiheit verblasst sehr schnell. Abweichende Meinungen können mit Gefängnis und Hinrichtung bestraft werden. Castro erklärt Kuba schließlich zu einem atheistischen Staat. Menschen, die den Wegen Gottes folgen oder nur an Gott glauben, gelten nun als Feinde der Revolution. Pastoren werden eingesperrt oder getötet.

Die Regierung gibt sich aber nicht damit zufrieden, ihre Revolution innerhalb der Inselgrenzen umzusetzen. Kuba entwickelt sich bald zu einem Exporteur marxistischer Ideologie und revolutionärer Kriegsführung. Man unterstützt kommunistische Aufstände und Milizen auf der ganzen Welt und schickt sogar eigene Soldaten in fremde Länder mit dem Ziel, Regierungen zu stürzen.

Die revolutionäre Nation wird nun von vielen als Gefahr für die Weltordnung angesehen. Sie wird von weiten Teilen der Welt abgeschnitten und verwandelt sich in eine Festungsinsel, die für Totalitarismus, Entbehrung und Unterdrückung bekannt wird. Viele sehen sich tatsächlich als Gefangene in ihrem eigenen Land, während andere ihr Leben bei Fluchtversuchen riskieren.

Die Rückabwicklung der Revolution

Wir machten uns von Camagüey auf den Weg nach Havanna – dem Ort der Abschlussfeier und dem Zentrum von Castros Regierung. Mitten auf unserer Reise wurde mir klar, dass wir auf den Spuren der kubanischen Revolution wandelten. Sie hatte am östlichen Ende der Insel begonnen, ebenso wie die Feierlichkeiten. Die Revolution konzentrierte sich auf die Region Oriente und auch unser Aufenthalt auf Kuba hatte sich darauf fokussiert. Dann hatte sich die Revolution nach Westen durch das Gebiet Holguín und nach Camagüey bewegt; in gleicher Weise hatten sich die Feierlichkeiten nach Westen über Holguín und dann nach Camagüey verlagert. Der revolutionäre Marsch hatte in Havanna seinen Höhepunkt erreicht und die Feier und unsere Reise über die Insel sollten ebenfalls in Havanna gipfeln.

Das Jubeljahr löst einen Umschwung und ein Zurücksetzen aus. Es befreit die Gefesselten, bringt die Getrennten zurück und stellt das Verlorene wieder her. Die Jubeljahrfeier war also selbst ein Umschwung, ein Zurücksetzen. Sie folgte dem Weg der Revolution, jedoch in umgekehrter Richtung. Die Revolution hatte versucht, Gott von den öffentlichen Plätzen und letztendlich aus der Nation zu vertreiben. Die Feier brachte Ihn zurück.

Die Revolution hatte die Freiheit abgeschafft. Die Feier war Ausdruck ihrer Wiederherstellung. Die Revolution hatte versucht, alle offenen Manifestationen des Glaubens, der Anbetung und der Heiligen Schrift auszurotten. Die Feier hatte die Türen für die offene Manifestation aller drei geöffnet. Und für alle Kubaner, die es vor Ort nicht selbst miterleben konnten, kam dies auch durch Fernsehübertragungen in ihre Wohnzimmer.

Havanna

Havanna war eine Stadt, in der die Zeit stehengeblieben war, voller heruntergekommener Gebäude in allen Farben, Werbetafeln von Castro und Che Guevara und amerikanischen Autos aus den 1950er Jahren. In dieser kubanischen Hauptstadt sollte die einmonatige Jubeljahrfeier besiegelt werden. Darin lag eine weitere Parallele zur Revolution. Der Sieg von Castros Revolution wurde bei Massenkundgebungen auf der Plaza de la Revolución, dem *Platz der Revolution*, besiegelt. Das *Jubileo* sollte in derselben Stadt und auf demselben Platz enden.

Und es bestand noch eine weitere Parallele: Als wir uns unserem endgültigen Ziel näherten, erhielten wir die Nachricht, Castro hätte beschlossen, an der Veranstaltung auf dem Platz der Revolution teilzunehmen. Während er einst für den Sieg der Revolution und viele Male danach auf diesen Platz gekommen war und seine revolutionäre Ideologie predigte, würde er jetzt dorthin nicht als Sprecher gehen, sondern um still zuzuschauen.

Er würde unter Tausenden von Christen auf dem Platz der Revolution in einer Versammlung des Glaubens, des Gebets und der Anbetung sitzen, in welcher der Name Jesu verkündet wurde.

Der Platz der Revolution

Castro hatte an der Feier und an uns großes Interesse gezeigt – sogar an mir. Mehr als einmal teilten mir Quellen seiner Regierung mit, dass der *Comandante* mich beobachtete.

Trotz seiner vielen Informanten hatte Castro die Ereignisse aber auch im kubanischen Fernsehen verfolgt. An einem Punkt unserer Reise fiel uns wieder seine Frage ein: „Was macht dieser jüdische Mann mit den Christen?" Ein anderes Mal wurden wir darüber informiert, dass er gefragt hatte: „Wer ist dieser bärtige Mann, der diesen ganzen Aufruhr verursacht?"

Am Tag der Abschlussveranstaltung füllten abertausende Gläubige den Platz der Revolution. Dann kam Castro. Er war damals in den Siebzigern und sah, abgesehen von seiner grünen Armeeuniform, eher wie ein alter Rabbiner als wie ein revolutionärer Befehlshaber aus. Er ging in die erste Reihe und nahm Platz. Die Feier begann. Der Klang der Anbetung erfüllte den Platz der Revolution und der Name Jesu hallte durch die Stadt.

Ich war mit einem Schofar dorthin gekommen, fühlte mich aber nicht geführt, es ertönen zu lassen. Stattdessen sollte ich es während der gesamten Veranstaltung als biblisches Symbol für Freiheit, Wiederherstellung, Hoffnung, Befreiung und die Macht Gottes hochhalten. Es sollte erhoben werden, damit der gesamte Revolutionsplatz und alle Fernsehzuschauer auf der ganzen Insel das Zeichen des Jubeljahres sehen konnten.

Die gravierte Trompete

Ich hatte noch eine andere Mission. Vor meinem Aufbruch nach Kuba wusste ich, ich sollte ein Geschenk für Castro mitbringen. Der kubanische Pastor, der in der Woche vor meiner Abreise zu unserem Gottesdienst gekommen war, hatte in seinem prophetischen Wort darauf hingewiesen. Die Übergabe dieses Geschenks war für die Abschlussveranstaltung auf dem Platz der Revolution mit Castros Kabinett vereinbart worden.

Ich sollte Castro das Zeichen des Jubeljahrs, den Schofar, überreichen. Bei meinem Aufenthalt in Havanna wurde ich geführt, ihn mit Worten der Heiligen Schrift beschriften zu lassen. Wir fanden einen auf Beschriftungen spezialisierten Laden. Der Mann, der die Beschriftung letztendlich vornahm, war an diesem Tag nicht zur Arbeit gekommen. Als wir den Ladenbesitzern sagten: „Es ist für den Präsidenten“, stürmten sie zum Haus des Mannes. Kurz darauf erschien er außer Atem im Laden.

Ich zeigte ihm die Bibelstelle und er begann, die Buchstaben sorgfältig in den Schofar einzuritzen. Von Castro kam die Nachricht, mein Übersetzer und ich würden Zugang zum Präsidentenpalast erhalten. Mein ursprünglicher Plan war, ihm nur ein Geschenk zu machen, aber vor dem vereinbarten Tag musste ich noch ein weiteres hinzufügen. Wir betraten den Präsidentenpalast und wurden von einer Frau mittleren Alters begrüßt. Sie war ein Mitglied von Castros Kabinett, das die Geschenke entgegennehmen sollte. Wir überreichten sie ihr.

Drei Geschenke

Das erste Geschenk war der Schofar, der Herold des Jubeljahres, das Zeichen der Freiheit im ganzen Land, der Wiederherstellung, Rückkehr, Versöhnung, Freiheit und Erlösung, eine Botschaft an den kubanischen Herrscher.

Das zweite war von Castro Verbotenes – eine Bibel auf Spanisch. Jahre zuvor hatte er den Druck und die Verbreitung untersagt. Aber jetzt erhielt er eine für sich.

Das dritte war eine Nachricht, die ich ihm in Form eines Briefes verfasst hatte. Ich kann nicht näher auf den Inhalt der Botschaft eingehen, außer dass es sich um ein prophetisches Wort handelte, das mit dem *Jubileo* verbunden war und sich mit der Freiheit und der Aufhebung des Fluches befasste.

Der Königspalast

Das Kabinettsmitglied nahm die Geschenke entgegen und bestätigte auch, was uns andere mitgeteilt hatten: der *Comandante* war sehr wohl über meine Reise durch die Insel informiert, zeigte großes Interesse und beobachtete alles sehr aufmerksam.

Nicht lange danach schickte Castro eine Nachricht, in der er sich bei mir für die Geschenke bedankte. Man sagte uns auch, sein Kabinett habe den Schofar untersucht und sei davon fasziniert. Sie wollten wissen, wie man es benutzt.

Als wir an diesem Tag den Präsidentenpalast verließen, erinnerte ich mich an die Prophezeiung, die mir der kubanische Pastor eine Woche vor meiner Abreise gegeben hatte: „Sie werden den Königspalast betreten." Und so war es wahr geworden.

◆ ◆ ◆

Der von mir im Präsidentenpalast überreichte Schofar war nicht nur ein Geschenk, sondern ein Zeichen – ein prophetisches Zeichen. Seine Bedeutung und sein Geheimnis sollten sich in den folgenden Jahren offenbaren. Es war ein Zeichen für den Aufstieg und Fall von Fidel Castro.

7

Der Fall von Königen

Der Schofar wird in der Heiligen Schrift als Instrument zur Kennzeichnung des Zeitenwandels, des Beginns und des Endes von Epochen beschrieben.

Das Kennzeichen für Zeiten

Im alten Israel markierte der Schofar die heiligen Tage, den Beginn der Monate, die Herrschaft der Könige und deren Ende. Konnte etwa jener Schofar, der in ganz Kuba erklang und Fidel Castro geschenkt wurde, seine alte Rolle als Kennzeichen von Zeiten erfüllt haben?

Und könnte das Jubeljahr der Schlüssel zur Bestimmung der Zeitabläufe dieser Epochen sein?

Der Monat der Freiheit gab Castro die Chance, die Ketten zu lösen, welche die Insel gefesselt hielten; aber er wollte es nicht tun. Er hatte zwar einen Moment der Freiheit zugelassen und die Insel für eine Manifestation des Jubeljahres geöffnet.

Aber am Ende widerstand er und brachte es doch zu einem Ende. Obwohl das Jubeljahr für die kubanischen Gläubigen in Form einer Erweckung weiterging, lockerte Castro seinen eisernen Griff für die Insel nicht.

Das fünfzigste Jahr

Aber es gibt tiefer liegende Geheimnisse, als man sie in der Menschheitsgeschichte sieht und aufzeichnet. Diese Geheimnisse wirken im Hintergrund und bestimmen deren Lauf. Das Jubeljahr bringt Zurücksetzung, Aufhebung und Umkehrung. Ist es möglich, dass sich ein solches Geheimnis in der modernen Geschichte manifestiert und hinter dem Ablauf und den Zeitpunkten der Ereignisse in der modernen Welt liegt?

Nach der alten Bestimmung ist das Jubeljahr das fünfzigste Jahr. Aber wie sieht dies genau aus? Üblicherweise geht man davon aus, unser fünfzigstes Lebensjahr beginne mit dem fünfzigsten Geburtstag. Aber der fünfzigste Geburtstag markiert tatsächlich den Ablauf des fünfzigsten Lebensjahres. Das fünfzigste Lebensjahr beginnt mit dem neunundvierzigsten Geburtstag, der Vollendung unseres neunundvierzigsten Lebensjahrs. Es findet seinen Abschluss, wenn man fünfzig wird. Das fünfzigste und Jubeljahr beginnt also am Ende des neunundvierzigsten Jahres des Countdowns und erreicht ein Jahr später seinen Höhepunkt.

Die siebte Sieben

Die Umwandlung Kubas in ein kommunistisches Regime, seine Repressionen, seine Inhaftierungen und Hinrichtungen, die vernichtende Hand seiner Regierung – all das drehte sich um den Aufstieg und die Herrschaft von Fidel Castro. Seine Regierungszeit begann im Jahr 1959. Nun lautet die Jubeljahr-Bestimmung:

> **Und du sollst dir sieben Sabbatjahre zählen, siebenmal sieben Jahre, so dass die Tage von sieben Sabbatjahren …**
>
> 3. Mose 25:8a

Sieben Siebener oder sieben Jahres-Sabbate legen den Zeitpunkt für das Jubeljahr fest. Wo landen wir also, wenn wir seit Beginn von Castros Herrschaft sieben Siebenerjahre dazuzählen? Die ersten sieben sind von 1959 bis 1966. Die zweiten: 1966 bis 1973. Die dritten: 1973 bis 1980. Die vierten: 1980 bis 1987. Die fünften: 1987 bis 1994. Die sechsten: 1994 bis 2001. Und die siebten Sieben: 2001 bis 2008. Die siebte Sieben ist der Schlüssel.

... so dass die Tage von sieben Sabbatjahren dir 49 Jahre ausmachen. 3. Mose 25:8b

Das siebte Jahr, der Abschluss der neunundvierzig Jahre und damit der Beginn des fünfzigsten, war 2008. Das fünfzigste Jahr, das Jubeljahr nach Castros Machtergreifung, ist das Jahr 2008. Inwieweit könnte dieses Jahr für seine Herrschaft von Bedeutung gewesen sein?

Als Castro 81 Jahre alt war und unter gesundheitlichen Problemen litt, schickte er einen Brief an Kuba und die Welt und veröffentlichte ihn auf der offiziellen Website der Zeitung *Granma* der Kommunistischen Partei. Es war sein Rücktrittsschreiben. Er trat als Präsident Kubas zurück und beendete damit seine Herrschaft über die Insel. Es war tatsächlich das Ende einer Ära. Wann ging diese Ära zu Ende? Im Jahr 2008, *dem fünfzigsten Jahr – dem siebten von sieben Jahren, dem Jubeljahr.*

Die Prophezeiung an den Wänden

Was Anfang 1959 mit der Nachricht von Batistas Abdankung begann, fand für Castro 2008, im fünfzigsten Jahr, seinen Abschluss. Mit dem Jubeljahr endete die Herrschaft von Fidel Castro, der für mehr als zwei Generationen die Insel dominiert und die moderne Geschichte geprägt hatte. Die uralte Macht des Jubeljahrs, alles rückgängig zu machen, was zuvor getan worden war, hatte auch hier seine Wirkung gezeigt.

Die Plakate meines Schofarblasens mit den Worten *„El Jubileo viene!“* „Das Jubeljahr naht!“ klebten noch lange, nachdem ich die

Insel verlassen hatte, auf Mauern, Zäunen und Fahrzeugen. Die Worte konnten prophetisch verstanden werden – als Botschaft über das Geschehen im Jubeljahr. Das *Jubileo* würde schließlich eine Erlösung, einen Verzicht, eine Annullierung und ein Verderben mit sich bringen. Man musste nur noch zählen. Die siebte Sieben würde es einläuten.

Countdown für einen Diktator

Das Geheimnis reicht sogar noch tiefer.

Der Tag, an dem Batista seinen Rücktritt als kubanischer Präsident ankündigte, war der 31. Dezember 1958. Damals lud er seine Spitzenbeamten ein, sich am Silvesterabend zu einer Feier in seinem Haus in *Camp Columbia* zu treffen. Der Zweck der Versammlung bestand jedoch darin, sie über das Ende seiner Herrschaft zu informieren.

Beginnen wir also mit dem Countdown an dem Tag, als Batista seinen Rücktritt in Gang setzte: Wir zählen sieben Siebener-Jahre bis zum fünfzigsten Jahr und sieben Siebener-Tage bis zum fünfzigsten Tag – dem fünfzigsten Tag des fünfzigsten Jahres. Zu welchem Datum führt uns dies? Der fünfzigste Tag des fünfzigsten Jahres war der 18. Februar 2008 – der Jubeltag des Jubeljahres bezüglich Batistas Rücktritt. Ist an diesem Tag etwas Bedeutsames passiert? Nun, *am 18. Februar 2008 leitete Fidel Castro das Ende seiner Herrschaft als Führer Kubas ein.*

Castro bereitete seinen Rücktritt im Jubeljahr vor, und zwar genau am Jubeltag des Jahres und an dem Tag, an dem Batista seinen Rücktritt vorbereitete. Der 31. Dezember 1958 war der letzte Tag der Präsidentschaft Batistas. Der *Jubileo*-Countdown von Batistas letztem vollen Tag als Präsident bringt uns zum letzten Tag von Castros Präsidentschaft.

Der fünfzigste Tag des fünfzigsten Jahres

Am letzten Tag des Jahres 1958 begann Batista mit der Planung für das Ende. Seine Präsidentschaft sollte mit einem Rücktrittsschreiben besiegelt werden. Am frühen Abend des fünfzigsten Tages des fünfzigsten Jahres seit dem letzten Tag von Batistas Präsidentschaft, an seinem letzten Tag als Präsident Kubas, beendete Fidel Castro einen Brief, der das Ende seiner Präsidentschaft markierte.

Am frühen Abend seines letzten Tages als Präsident befahl Batista seinem Militärberater, mit zwei Gegenständen zu seiner Residenz zu kommen – einem Reisepass und einer Liste. Auf der Liste standen die Namen jener, die er ausgewählt hatte, um mit ihm von der Insel zu fliehen. Batistas höchste Regierungsbeamte erfuhren an jenem Silvesterabend um 22 Uhr von seinem Abdankungsplan. Um Mitternacht wünschte Batista seinen Gästen ein frohes neues Jahr und leitete die Machtübergabe ein.

Batista hatte seinen Rücktritt für den 31. Dezember vorbereitet mit dem Plan, diesen nach Mitternacht des ersten Tages im neuen Jahr in Kraft treten zu lassen. Fidel Castro hatte seinen Rücktritt für den 18. Februar vorbereitet und ebenfalls geplant, dass dieser erst nach Mitternacht wirksam werden würde. Am 19. Februar 2008 trat Castros Rücktritt in Kraft. Es war der fünfzigste Tag des fünfzigsten Jahres seit Batistas Rücktritt wirksam wurde.

Ein letzter Brief

Kurz nach Mitternacht las Batista seinen Spitzenbeamten sein Rücktrittsschreiben laut vor und legte es ihnen zur Unterschrift vor. Sie reichten es von einem zum anderen und setzten ihre Unterschriften darauf. Das Ende von Batistas Herrschaft war nun besiegelt.

Am 18. Februar 2008 übergab Castro sein Rücktrittsschreiben an jene Regierungsbeamten, die für *Granma* zuständig waren, der offiziellen Zeitung des Zentralkomitees der Kommunistischen Partei Kubas. Nach Mitternacht war es an ihnen, es auf ihrer offiziellen Website zu veröffentlichen. Die Bekanntgabe würde das offizielle Ende von Castros Herrschaft bedeuten.

Die Unterzeichnung von Batistas Rücktrittsschreiben durch die Spitzenbeamten seiner Regierung markierte das Ende seiner Herrschaft und den Beginn der Herrschaft Fidel Castros. Wenn man sieben Siebener-Jahre und sieben Siebener-Tage von diesem Jahr, diesem Tag – und dieser Uhrzeit – zählt, gelangt man zu den frühen Morgenstunden des 19. Februar 2008. Damit begann in diesen frühen Morgenstunden der Jubeltag.

In Übereinstimmung mit dem antiken Mysterium erging genau zu diesem Zeitpunkt, in den allerersten Stunden dieses Tages, die Ankündigung an die Welt, die Herrschaft Fidel Castros sei zu Ende gegangen.

Die Stunde der Abdankung

Nach Niederlegung seiner Herrschaft machte sich Batista auf den Weg zum Flugzeug, das ihn zusammen mit seiner Familie und seinen Spitzenbeamten außer Landes und ins Exil bringen sollte. Das alles geschah gegen 3 Uhr morgens. Nach dem Start seines Flugzeugs verbreitete sich auf der Insel und in der Welt die Nachricht von seinem Rücktritt und seiner Flucht.

Am fünfzigsten Tag des fünfzigsten Jahres nach seiner Abreise veröffentlichte die offizielle Nachrichtenseite des Zentralkomitees der Kommunistischen Partei Kubas Castros Rücktrittserklärung gegenüber der Insel und der Welt. Es geschah um *etwa 3 Uhr morgens*. An diesem Morgen erwachte die Welt mit der Nachricht von Castros Rücktritt. Es war der Jubeljahrmorgen, der fünfzigste Tag des fünfzigsten Jahres des Morgens, als sie mit der Nachricht von Batistas Rücktritt geweckt worden war.

Die Neuzeit und antike Mysterien

Dem modernen Verstand fällt es schwer, sich vorzustellen, hinter den Ereignissen, Bewegungen und dem gesamten Verlauf der Weltgeschichte könne eine tiefere Geschichte, eine unsichtbare Hand und ein Geheimnis stecken. Die Geschichte, die Hand und das Geheimnis sind uralt, aber für die moderne Welt genauso wichtig wie für die antike Welt. Castros Herrschaft gehörte zu den folgenreichsten der modernen Geschichte.

Es war das erste kommunistische Regime in der westlichen Hemisphäre und hatte Kuba zu einem Katalysator, Übungsgelände und Arsenal bewaffneter revolutionärer Bewegungen auf der ganzen Welt gemacht. Zu einem Zeitpunkt, und dies teilweise durch Castros Ermutigung, war die Welt an den Rand eines Atomkrieges geraten. Dennoch war das zugrundeliegende, uralte Geheimnis größer, entscheidender und mächtiger.

Das gleiche Geheimnis und die gleiche unsichtbare Hand, die einen im Exil lebenden kubanischen Sohn dazu veranlassten, unwissentlich zu dem Besitz seiner Vorfahren zurückzukehren, hatten dazu geführt, dass ein regierender kubanischer Diktator seine Macht im festgelegten Jahr und am festgelegten Tag aufgab. Dies alles war eine Manifestation des Jubeljahres, sowohl ortsbezogen als auch hinsichtlich der Zeit. Entferne nur eines der Ereignisse, die zu ihnen geführt haben, die Wendungen und Eigenarten, oder löse eines von ihrem Ort, und nichts davon wäre genauso gekommen, wie es passiert ist.

Die Parameter des Mysteriums

Im Laufe seiner Macht hatte Castro verschiedene Titel und Ämter inne. Doch erst lange nach seiner Machtübernahme übernahm er das Amt und den Titel eines Präsidenten. Hätte er dies nicht getan, gäbe es keine Parallele zu Batistas Rücktritt von der Präsidentschaft im fünfzigsten Jahr. Hätte er nicht viele Herausforderungen überstanden oder wäre er früher zurückgetreten, wie es die meisten Führer tun, hätte es nicht im Jubeljahr stattgefunden. Hätte er sich auch nur eine Woche früher oder eine Woche später zum Rücktritt entschlossen, wäre dieser nicht am Jubeltag des Jubeljahres erfolgt. Und doch richtet sich das Mysterium nicht so sehr nach den Parametern der Menschheitsgeschichte; vielmehr läuft die Menschheitsgeschichte innerhalb der Parameter des Mysteriums ab.

Die Inschrift

In der Antike erhielten Könige Zeichen, die das Ende ihrer Herrschaft ankündigten. Auch in der modernen Welt wurde Castro ein solches Zeichen gegeben. Es begegnete ihm in Form eines Schofars, dem Zeichen des Jubeljahres, der Befreiung, die im siebten Jahr der sieben Jahre eingeläutet wurde. Dieses Zeichen bestand aus einem alten Countdown, der festlegte, wieviel Zeit ihm bis zum Ende seiner Herrschaft blieb.

Es steht geschrieben, dass Gott Könige zur Macht erweckt und sie von ihren Thronen entfernt. Castros Regierungszeit gehörte zu den längsten aller Herrscher der Neuzeit. Sie hatte eine von Amerika geförderte Invasion, mehrere Mordanschläge, den Kalten Krieg, den Sturz der Sowjetunion als seinen wichtigsten Wohltäter, die extreme Verarmung seiner Nation, eine Vielzahl verschiedener anderer Krisen und viele amerikanische Präsidenten überdauert. Aber sie wurde durch das Jubeljahr zu ihrem Ende gebracht. Die alte Bestimmung im von Castro verbotenen Buch hatte bereits von seinem ersten Tag der Macht an festgelegt, wie lange diese dauern würde.

◆ ◆ ◆

Könnte das Geheimnis des Jubeljahres und seine Manifestation in Kuba das erste Puzzleteil in den katastrophalen Ereignissen sein, die Amerika heimsuchten?

8

Das Jubeljahr und seine Dichotomie

Schon bald werden wir erkennen, wie sich das auf Kuba manifestierte Geheimnis später in Amerika und der Welt offenbarte. Seine Manifestation stellte sich ganz anders dar – aber doch mit derselben Dynamik und denselben zeitlichen Parametern. Um zu verstehen, was auf Amerika zukommen würde, müssen wir die Dynamik des Jubeljahres verstehen, die wir auch bei Kuba erkannt haben.

Die zwei Seiten des Geheimnisses

Das Jubeljahr besitzt zwei Seiten. Im Falle Kubas war es ein eindeutig positives Phänomen. Es brachte Freiheit und Segen. Zum ersten Mal seit der Revolution hatten die Kubaner die Freiheit, sich in Massen und im Freien zu versammeln, zu sprechen und Gottesdienste abzuhalten. Das Jubeljahr öffnete lange verschlossene Türen und riss ehemals undurchdringliche Mauern ein.

Auch für den Exilkubaner Felix war das *Jubileo* ein Segen. Es erfüllte einen Lebenstraum und sein inbrünstiges Gebet. Es gab Felix einen Teil dessen zurück, was ihm genommen worden war, und brachte diesen Verbannten auf den Besitz seiner Vorfahren zurück.

Für Fidel Castro hingegen war das Jubiläum weder positiv noch ein Segen. Sein Freiheitsversprechen stellte eine Gefahr für seinen Einfluss auf die Insel dar. Er versuchte zurückzurudern. Aber am

Ende entzog ihm das Jubeljahr die Macht und entfernte ihn aus dem Amt. Es kehrte seinen Aufstieg zu seinem Abstieg um – bis zur Beendigung seiner Herrschaft.

Die Wiedereingesetzten und die Enteigneten

Das Jubeljahr brachte also einerseits Segen, andererseits wurde dadurch auch Segen entzogen. Einerseits bevollmächtigte es, andererseits wurde Macht genommen.

Zum einen stellte es das Verlorengegangene wieder her, andererseits nahm es den Besitz fort. Es öffnete die eine Tür und schloss eine andere. Diese Doppelwesenheit des Jubeljahres und seiner Manifestationen liefert uns den Schlüssel zum nächsten Geheimnis und zu dessen Bedeutung für Amerika.

Diese Dichotomie reicht bis in die Antike zurück und durchdringt jede Beobachtung. Verlor man sein Land, erhielt man es im Jubeljahr zurück, denn das Jubeljahr brachte Wiederherstellung. Andererseits hatte das Jubilee eine andere Dynamik für jenen, der das Land eines anderen übernommen hatte. Zur Wiedererlangung musste es der, der es bewohnte, aufgeben. Die Rücknahme des einen bedeutete die Enteignung des anderen. Die Rücknahme und die Enteignung bilden zwei Seiten derselben Medaille oder desselben Phänomens.

Geben und fortnehmen

So ist das Jubeljahr ein zweischneidiges Schwert. Denen, die ihren Besitz verloren hatten, gab das Jubeljahr. Aber von denen, die anderen den Besitz genommen hatten, nahm es fort. Fidel Castro hatte Kuba für sich in Besitz genommen. Als das *Jubileo* kam, entriss es ihm seine Macht und seine Position.

Das Jubeljahr gibt und das Jubeljahr nimmt. Es bringt Wiederherstellung und Wiedergutmachung, eine Form der Erlösung und eine Form des Gerichts – sogar beides gleichzeitig.

◆ ◆ ◆

Wir werden nun sehen, wie dieses zweischneidige Schwert des Jubeljahres eine moderne Katastrophe von globalem und epischem Ausmaß herbeiführte.

TEIL III

DIE WINDE VON HINNOM

9

Der Dever Gadol (die große Pest)

Der Prophet dachte weiter über die Schrecken des Tals nach. Ihm war klar: was dort geschah, würde das Ende seiner Nation bedeuten. Sein Name war Jeremia. Gott hatte ihn berufen, Sein Volk vor diesem Ende zu warnen.

Als Israel Gott aus seiner Mitte vertrieb, blieb ihr Haus nicht leer. Andere Götter, finstere Geister, traten hinzu und nahmen den einst von der Gegenwart Gottes erfüllten Raum in Besitz. Für jeden der neuen Götter wurde ein Altar aufgestellt. Und auch das Tal war voll davon.

Die Feuer des Moloch und des Baal

Zu diesen Göttern gehörte Moloch, bekannt als „Gräuel der Ammoniter" (1. Könige 11:5). Moloch war besonders bekannt für seine Kinderopfer. Aber diese Schreckenstaten fanden sich auch bei anderen Göttern. Der wichtigste unter ihnen hieß Baal, das Oberhaupt des kanaanitischen Pantheons und die Hauptgottheit beim Abfall Israels. Beide Götter wurden im Tal verehrt.

Was die Israeliten im Hinnomtal getan hatten, blieb nicht unbemerkt. Das Wort Gottes erging diesbezüglich an Jeremia:

Und sie haben die Höhen des Baal gebaut, die im Tal Ben-Hinnom stehen, um ihre Söhne und ihre Töchter für den Moloch durch das Feuer gehen zu lassen ... Jeremia 32:35

Das Opfern von Kindern oder von Schwachen und Hilflosen war keine Abweichung von der heidnischen Kultur – sondern dort üblich. Die biblische Ansicht, dass alle nach dem Bilde Gottes geschaffen sind und das menschliche Leben heilig und von unermesslichem Wert ist, fehlt im Heidentum. Als Israel sich von Gott abwandte, begann es, sich an dieser dunkelsten aller Taten zu beteiligen.

Eine dämonische Elternschaft

Wie Mütter oder Väter ihre eigenen Kinder opfern können, ist nahezu unvorstellbar. In der Antike durchbohrten sie sie, ließen sie verbluten, zerquetschten sie oder verbrannten sie im Feuer. Ebenso konnten im Heidentum Kinder auch ohne Rituale getötet werden, wie es bei den weitläufigen Praktiken der Kindestötung und Abtreibung der Fall ist. Vor allem der Einfluss des Evangeliums auf die heidnische Welt führte letztendlich zum Ende der Kinderopferung.

Obwohl viele Menschen Einwände gegen die Parallele zwischen Abtreibung und den Kinderopfern der heidnischen Welt haben, gibt es hinsichtlich ihrer Moral keinen sinnvollen Unterschied – sie sind gleich.

Die Rückkehr zum Hinnomtal

Der Zeitpunkt, an dem die Abtreibung in die westliche Zivilisation zurückkehrte, ist bedeutsam. Es ist kein Zufall, dass die Sowjetunion als allererste Nation diese Praxis legalisierte – der erste offiziell atheistische Staat der Welt. Gerade als Russland sich von Gott und dem christlichen Glauben abwandte, wandte es sich der alten heidnischen Praxis zu.

Wenn sich eine Nation oder Zivilisation von Gott löst, schützt letztlich nichts mehr ihre Schwächsten und Hilflosesten, ihre

Kinder, vor Missbrauch oder Ermordung. Dann kehrt man zu den Wegen des Heidentums oder Neuheidentums zurück.

Aus dem gleichen Grund ist es kein Zufall, dass die westliche Zivilisation im späten 20. Jahrhundert, angeführt von Amerika, die Tür für die alte Praxis der Kindertötung in Form von Abtreibung wieder öffnete, als sie Gott aus ihrer Kultur entfernte.

Die Verkündigung des Gerichts

Der Prophet Jeremia wusste, die Feuer im Hinnomtal bedeuteten den Untergang seiner Nation. Die Sünde war gewaltig und betraf die ganze Zivilisation. Das ihm von Gott Aufgetragene war dadurch umso unheilvoller.

So spricht der HERR: Geh und kauf vom Töpfer einen Tonkrug und nimm mit dir (einige) von den Ältesten des Volkes und von den Ältesten der Priester! Und geh hinaus in das Tal Ben-Hinnom …
Jeremia 19:1-2

Der Prophet sollte ein Tongefäß in das Tal Hinnom bringen, wo die Kinder geopfert wurden, und es vor den Augen der Führer der Nation zerschlagen. Das zerschmetterte Gefäß sollte als prophetisches Zeichen dienen: Eine Nation, die ihre eigenen Kinder tötet, steht vor dem Gericht Gottes. „Das Blut der Unschuldigen" (Jeremia 19:4) aktiviert das Gericht Gottes. Die Nation würde zerstört werden.

… da dieser Ort nicht mehr … Tal Ben-Hinnom genannt werden wird, sondern Tal des Schlachtens. Jeremia 19:6

So wie das Volk Israel seinen Kindern den Tod gebracht hatte, würde der Tod auf sie zurückfallen. Es würde durch scheinbar natürliche Ereignisse geschehen, die jedoch als Gefäße für Gottes Gericht dienten.

Eine große Pest

Wenn damals das Blut der Kinder nationales Gericht und Unglück über das alte Israel herbeiführte, könnte dann auch das Blut von abgetriebenen Kindern Gericht und Unglück über Amerika und die moderne Welt hervorrufen? Mit anderen Worten: Könnte der Tod auch zu uns kommen, wenn wir unsere Kinder töten? Und wenn ja, wie würde dies geschehen?

Jeremia erhielt ein weiteres prophetisches Wort über das kommende Gericht. Die Menschen der Stadt, die das Blut ihrer Kinder vergossen hatten, würden niedergestreckt …

An einer großen Pest sollen sie sterben. Jeremia 21:6

Sie würden an dem sterben, was auf Hebräisch *dever gadol* genannt wird, an einer großen Pest, einer Seuche epischen Ausmaßes, einer gefährlichen und hochansteckenden Krankheit, einer Massenansteckung, einer Pandemie.

◆ ◆ ◆

Und so stellt sich die Frage: Ist es möglich, dass hinter dem Auftreten einer großen weltweiten Seuche zu Beginn des 21. Jahrhunderts ein *Dever Gadol*, eine kolossale Pandemie, ein altes und biblisches Geheimnis steckte?

10

Schwert der Ansteckung

In seiner zweiten Antrittsrede sprach Abraham Lincoln einige seiner tiefgreifendsten Worte im Hinblick auf den katastrophalen Krieg, der die Nation verwüstet hatte.

Das Blut der Sklaven

Seine Worte wurden in die Wände seines Denkmals in Washington, D.C. eingraviert. Er sagte Folgendes:

> **Doch wenn Gott will, dass es so weitergeht, bis der ganze Reichtum, den Sklaven in zweihundertfünfzig Jahren unbelohnter Arbeit anhäuften, verschwendet ist und bis jeder durch Peitschenhiebe hervorgepresste Blutstropfen von einem anderen mit dem Schwert Niedergestreckten bezahlt ist, wie es vor dreitausend Jahren gesagt wurde, so gilt doch immer noch: „Die Gerichte des Herrn sind insgesamt wahr und gerecht."[1]**

Er verband Tropfen für Tropfen das durch jahrhundertelange Sklaverei vergossene Blut mit dem durch Peitsche und Schwert in vier Jahren Bürgerkrieg vergossenen Blut. Lincoln betrachtete den Krieg als nationales Urteil für die Sünde der Sklaverei. Das Urteil konzentrierte sich nicht auf Einzelpersonen. Unter den Gefallenen und Toten befanden sich Gerechte und Ungerechte.

---

1 Abraham Lincoln, „Second Inaugural Address of Abraham Lincoln" (speech, Washington, DC, March 4, 1865), https://avalon.law.yale.edu/19th_century/lincoln2.asp.

Die Sünde war von nationaler, zivilisatorischer Natur. Das Gleiche galt auch für das Unheil.

Jeremia, Lincoln und Covid-19

So war es auch im Fall des alten Israel. Wie Jeremia prophezeit hatte, würde der Tod der Kinder durch Kinderopfer den Tod über das Land bringen. Der zweite Tod würde eintreten durch eine Katastrophe, durch verwüstenden Krieg, Hungersnot und eine „große Pest". Hinter solchen Ereignissen können vielfältige Ursachen stecken. Im Fall des alten Israel waren die Katastrophen jedoch Ausdruck des Gerichts. Hinter dem Eintreffen einer „großen Pest" in der modernen Welt stecken gleichfalls unzählige Ursachen. Und doch kann es immer noch die Ausführung eines Gerichts darstellen.

Da die Heilige Schrift das Töten von Kindern als eines der schlimmsten Übel identifiziert, das insbesondere ein nationales Gericht herbeiruft, und weil es sich bei einem der angekündigten Gerichte um eine Seuche oder Krankheit handelt, müssen wir Lincolns Frage auch auf jene Plage anwenden, welche über Amerika und die Welt kam. Könnte diese im Zusammenhang mit dem Gericht stehen? Und könnte ein solches Urteil, wie im Fall des alten Israel, mit dem Blut seiner Kinder in Verbindung gebracht werden?

Die Hinnom-Generation

Könnte die Generation, über welche die Seuche kam, besonders mit dem Blut ihrer Kinder verbunden sein? Die Antwort lautet: Ja. Die Plage von COVID-19 betraf eine sehr spezielle Generation. Sie war für die Tötung von mehr Kindern verantwortlich als jede andere in der Geschichte der Menschheit. Diese Generation hatte mehr als jede andere in der modernen Geschichte Abtreibung als ihr heiliges Recht aufgefasst und praktiziert. Das alte Israel hatte das Blut von über einer Million seiner Kinder vergossen. Die im Jahr 2020 lebende Generation hatte das Blut von über einer Milliarde Kindern vergossen.

Könnte der Zeitpunkt der Plage mit der Tötung von Kindern zusammenhängen? Die Heimsuchung kam im Jahr 2020 über die Welt. Was den Westen und insbesondere Amerika betrifft, näherte sich jene Generation ihrem Ende, welche die Gesetzgebung vorangetrieben und damit das Zeitalter der Abtreibung eingeläutet hatte. Zu dieser Zeit war außerdem jeder lebende Erwachsene in einer Zeit, in der Babys legal ermordet wurden, erwachsen geworden oder verbrachte so in ihr den größten Teil davon. Sie hatten entweder daran teilgenommen, sich dafür eingesetzt, es zugelassen oder nichts unternommen, um sich dagegen zu wehren oder es rückgängig zu machen. Natürlich gab es Menschen, die sich dagegenstellten, aber sie waren in der Minderheit. Diese Generation hatte sich genommen, was ihnen nicht gehörte: das Leben. Sie war zur Hinnom-Generation geworden.

Land der fehlenden Kinder

Könnten auch der geografische Ursprung und die Ausbreitung der Plage mit dem Blut der Kinder zusammenhängen? Das Land, in dem mehr Abtreibungen durchgeführt wurden als in jedem anderen Land, war das kommunistische China.[2] Rein zahlenmäßig

2 „Data Center: Number of Abortions, Average Annual No. of Abortions Among Women Aged 15–49, 2015-2019," Guttmacher Institute, aufgerufen am 2. Juni 2023, https://data.guttmacher.org/countries/table?country=AF+AL+DZ+AO+AR+AM+AU+AZ+BD+BB+BY+BE+BZ+BJ+BT+BO+BA+BW+BR+BG+BF-+BI+CV+KH+CM+CA+CF+TD+CL+CN+CO+KM+CG+CR+CI+HR+CU+CZ+KP+CD-+DK+DJ+DO+EC+EG+SV+GQ+ER+EE+SZ+ET+FJ+FI+FR+GF+GA+GM+GE+DE+GH+GR+GD+GP+GT+GN+GW+GY+HT+HN+HK+HU+IS+IN+ID+IR+IQ+IT+JM+JP+JO+KZ+KE+KI+KG+LA+LV+LB+LS+LR+LY+LT+MG+MW+MY+MV+ML+MQ+MR+MU+YT+MX+FM+MN+ME+MA+MZ+MM+NA+NP+NL+NZ+NI+NE+NG+MK+NO+PK+PA+PG+PY+PE+PH+PL+PT+PR+MD+KR+RE+RO+RU+RW+LC+VC+WS+ST+SN

nahm es weltweit den ersten Platz bei der Tötung von Kindern ein. Die weltweite Plage im Jahr 2020 begann tatsächlich in China.

Gleichzeitig nimmt Amerika beim Thema Abtreibung eine einzigartige und entscheidende Position ein. Laut Statistik stand es an der Spitze der Nationen. Zur Zeit der Plage überstieg die Zahl der auf amerikanischem Boden getöteten Kinder 60 Millionen.[3]

Aber darüber hinaus war Amerika insofern einzigartig, als sein Beispiel und sein Einfluss eine zentrale Rolle dabei gespielt hatten, andere Nationen in diese grausame Praxis einzuführen. Außerdem handelte es sich um ein besonders ungeheuerliches Beispiel, bei dem es um die Tötung ungeborener Kinder in den letzten Stadien der Schwangerschaft und ihrer Entwicklung ging.

Und Amerika hatte durch sein Beispiel nicht nur dazu beigetragen, die Abtreibung in der Welt zu verbreiten, sondern war auch zu einem aktiven Vorreiter bei dem Versuch geworden, andere Nationen unter Druck zu setzen, zu locken oder zu zwingen, sich dieser blutigen Praxis anzuschließen.

So begann die Heimsuchung in China, dem Land, in dem mehr ungeborene Kinder getötet werden als in jedem anderen Land. Doch schon bald richtete die Plage den Schwerpunkt ihrer Wut auf Amerika, den weltweit führenden Befürworter der Tötung ungeborener Kinder. Der Fokus war zu einem Zeitpunkt so immens, dass sich von allen weltweit registrierten Virusfällen einer von drei auf amerikanischem Boden manifestierte.[4] Und wie

+RS+SL+SG+SK+SI+SB+SO+ZA+SS+ES+LK+PS+SD+SR+SE+CH+SY+TJ+TH+TL+TG+TO+TT+TN+TR+TM+UG+UA+GB+TZ+US+UY+UZ+VU+VE+VN+YE+ZM+ZW&topics=406&dataset=data; „Abortion Worldwide Report: 100 Countries, 1 Century, 1 Billion Babies," Family Research Council, 25. Januar 2017, https://www.frc.org/events/abortion-worldwide-report-100-countries-1-century-1-billionbabies.

3 Marie Gallagher, „As 45th Anniversary Approaches, Roe v. Wade Is Losing Steam and Support," National Right to Life News, Januar 2018, https://www.nrlc.org/uploads/NRLNews/Jan2018NRLNews.pdf.

4 „WHO Coronavirus (COVID-19) Dashboard: Global Situation," WHO, aufgerufen am 2. Juni 2023, https://covid19.who.int/; „WHO Coronavirus (COVID-19) Dashboard: United States of America Situation," WHO, aufgerufen am 2. Juni 2023, https://covid19.who.int/region/amro/country/us.

wir sehen werden: Als ein Todesengel durch das Land zog, schlug die Plage im Land noch präziser zu.

Das dunkle Jubeljahr

Wie wir im Fall von Kuba und Fidel Castro gesehen haben, kann das Jubeljahr als Zeichen für das Offenbarwerden einer alten biblischen Dynamik dienen, die in den Verlauf menschlicher Ereignisse außerhalb des natürlichen Bereichs eingreift. Könnte die Dynamik des Jubeljahres, wie im Fall Kubas, auch bei jener Seuche am Werk gewesen sein, die Amerika und die Welt heimsuchte?

Sie trat im Jahr 2020 auf. Was geschieht, wenn man vom Jahr ihres Erscheinens zurück bis zum Anfang des Jubeljahres zählt? Der Jubeljahr-Countdown bringt uns zum Jahr 1970. Passierte in diesem Jahr etwas, das für unsere Frage von Bedeutung ist? Die Antwort ist ein ganz klares Ja.

Die Abtreibung auf Verlangen begann auf amerikanischem Boden nicht erst 1973, sondern drei Jahre zuvor. 1970 fing Amerika an, seine ungeborenen Kinder auf Verlangen zu töten. Somit war 2020 das Jubeljahr der Abtreibung in Amerika. Und so beantwortete das alte Prinzip Tod mit dem Tod. Das erste Jahr brachte eine bestimmte Todesart mit sich; das Jubeljahr dieses Jahres würde eine weitere einläuten.

Das Fortnehmen

Jeremia hatte seine Nation gewarnt, das Abschlachten ihrer Kinder würde Jahre später mit der Abschlachtung ihrer Bürger einhergehen. Der von ihnen heraufbeschworene Tod würde letzten Endes wieder auf sie zurückfallen. Der Tod, den Amerika 1970 eingeleitet hatte, würde sie also im Jahr 2020 erneut ereilen.

Wir müssen nun die andere Seite des Jubeljahres betrachten. Das Jubiläum gibt und nimmt. Es bringt Wiederherstellung, aber auch Rückerstattung – und die Rücknahme durch den Eigentümer bedeutet die Enteignung des Besitzers. Wenn du dir genommen hast, was dir gar nicht gehörte, dann wird dir im Jubeljahr genommen werden, was du genommen hattest. Das Jubeljahr nimmt weg, was der Nehmende genommen hat. 1970 nahm Amerika das Leben. Im Jubeljahr 2020 wurde ihm das Leben genommen – und zwar von genau der Generation, die es genommen hatte.

Atem

Wie bei Lincolns Worten zum Bürgerkrieg war das Unheil keine Frage eines individuellen Gerichts. Es traf die Gerechten und die Ungerechten gleichermaßen. Die Sünde gehörte zu einer Zivilisation. Das gleiche gilt für das Gericht.

Insbesondere ist Abtreibung eine Sünde der Älteren gegen die Jüngeren – die Älteren leben und die Jüngeren sterben. Im Jahr 2020, dem Jubeljahr der Abtreibung, kehrte sich die Dynamik um. Die Seuche verschonte hauptsächlich die Jungen und konzentrierte ihre Wut verstärkt auf die Alten. Die überwiegende Mehrheit der Jungen überlebte, die Alten starben.

Die Abtreibung raubt den Babies den Atem. Seine Lungen entleeren sich nie der Flüssigkeit und füllen sich nie mit Luft. Das Baby darf nicht atmen. Im Jubeljahr 2020 kam eine Plage über das Land und beeinträchtigte die Atemfähigkeit ihrer Opfer.

Ihre Lungen konnten sich nicht mit Luft füllen. Die Plage nahm ihnen die Fähigkeit zu atmen. Eine Generation hatte anderen den Atem geraubt. Jetzt wurde ihnen der Atem genommen.

Amerika hatte durch sein Beispiel und seinen Einfluss unter den Nationen Tod in Form von Abtreibung verbreitet. Fünfzig Jahre, nachdem diese Tötung in Gang gesetzt worden war, kehrte der Tod zu ihr zurück.

◆ ◆ ◆

Dies ist erst der Anfang des Geheimnisses, das ich erstmals in *Der Vorbote II* vorgestellt habe. Aber jetzt, wenn wir den *Auftritt eines Phantoms* beobachten, gehen wir tiefer und enthüllen, was damals noch nicht enthüllt werden konnte.

11

Der Auftritt eines Phantoms

In *Der Vorbote II* enthüllt der darin als Prophet bekannte Mann in dem Kapitel „Die Plage“ das Geheimnis hinter der Katastrophe, die Amerika und die Welt im Jahr 2020 heimsuchte. Aber es existiert noch viel mehr, als ich damals enthüllen konnte – Geheimnisse von atemberaubender Präzision, die wir jetzt öffnen.

Auf den Spuren Molochs

Amerika begann 1970 mit der Praxis der Abtreibung auf Verlangen. Der Anfang, die erste Handlung oder das erste Ereignis, der erste Tag oder die „erste Frucht“ ist im biblischen Kontext von besonderer Bedeutung. Wenn wir also den Auftritt der Abtreibung auf Verlangen auf amerikanischem Boden identifizieren müssten, was würde dann den ersten Schritt dieses Einzugs markieren?

1970 wurde die Abtreibung in vier Bundesstaaten legalisiert. Von diesen vier waren wiederum zwei im Hinblick auf Zeit und Vorrang die Ersten. Einer davon war der erste amerikanische Staat, der diese Praxis legalisierte. Aber der andere war der erste, der die Praxis auf dem gesamten Kontinent legalisierte. Dieser wurde auch bei weitem zum zentralsten und entscheidendsten Instrument für die Einführung und Verbreitung im ganzen Land. Die Gründe hierfür waren vielfältig.

Erstens war das Gesetz, mit dem es legalisiert wurde, das umfassendste. Damals wurde es als „das liberalste Abtreibungsgesetz der Welt“ bezeichnet.[5] Zweitens sah das Gesetz keine Beschränkungen hinsichtlich des Wohnsitzes vor. Somit konnte jeder in diesen Staat reisen und eine Abtreibung durchführen lassen. So wurden im Bundesstaat Tausende und Abertausende Babys von Müttern abgetrieben, die anderswo wohnten. Drittens entwickelte sich dieser Staat bald zur Abtreibungshauptstadt Amerikas. Viertens spielte dieser Staat aufgrund der letzten beiden Gründe eine zentrale Rolle bei der Verbreitung jener Praxis und ihrer Akzeptanz in der gesamten amerikanischen Gesellschaft. Und schließlich beeinflusste die Legalisierung der Abtreibung auf Verlangen in besonderem Maße den Obersten Gerichtshof der Vereinigten Staaten bei der landesweiten Legalisierung dieser Praxis.

Der dunkle Auftritt

Bei diesem Staat handelt es sich um New York, dem bei weitem maßgeblichsten amerikanischen Bundesstaat, was den Einzug der Abtreibung in das Land angeht. New York führte die Abtreibung in ganz Amerika ein und erließ bis zu diesem Zeitpunkt die extremsten Abtreibungsgesetze. Auf New Yorker Boden wurden mehr Babys getötet als in jedem anderen amerikanischen Bundesstaat. New York spielte bei der landesweiten Verbreitung dieser Praxis eine führende Rolle und legte für das Urteil *Roe gegen Wade* den Grundstein zur Entscheidung des Obersten Gerichtshofs, der drei Jahre später Abtreibung per Landesgesetz erlaubte. Tatsächlich bezog sich das Urteil des Obersten Gerichtshofs auf das Abtreibungsgesetz von New York.

Ist es dann möglich, die erste Handlung, das erste Ereignis beim Auftreten von Abtreibung in New York zu finden und zu identifizieren?

5 Alan F. Guttmacher, „The Genesis of Liberalized Abortion in New York: A Personal Insight," Case Western Law Review 23, no. 4 (1972): 764, https://scholarlycommons.law.case.edu/cgi/viewcontent.cgi?article=2899 &context=caselrev.

Constance Cook war republikanisches Mitglied der *New York State Assembly*. Sie wurde erstmals 1963 in diese Versammlung gewählt und bekleidete das Amt bis 1974. Frau Cook war zusammen mit dem demokratischen Abgeordneten Franz Leichter für die Ausarbeitung des Gesetzentwurfs verantwortlich, der nach seiner Verabschiedung letztendlich New York, die Abtreibung und Amerika veränderte. Der Gesetzentwurf legalisierte die Abtreibung auf Verlangen in New York und führte zu ihrer Verbreitung im ganzen Land.

Wann wurde sie also in Gang gesetzt? Sie wurde am Tag der Einführung in die *New York State Legislative* ins Leben gerufen, und zwar am *20. Januar 1970*. Der *20. Januar 1970* war der entscheidende Tag, an dem die erste Frucht der Abtreibung auf Verlangen im Land ihren dunklen Auftritt hatte.

Patient Null und der Auftritt im Westen

Zu Beginn des Jahres 2020 verfolgte die Welt mit zunehmender Besorgnis Berichte über einen neuen Virus mit Ursprung in der chinesischen Provinz Wuhan. Die Ansteckung wurde bald als neuer Stamm des Coronavirus mit Lungenentzündungssymptomen identifiziert. In der zweiten Woche des neuen Jahres meldete China den ersten Todesfall im Zusammenhang mit dem Virus. Bis dahin beschränkte sich jeder bestätigte Infektionsfall auf China. Doch das änderte sich schon bald.

Wenige Tage nach der Meldung dieses ersten Todesopfers kehrte ein 35-jähriger Amerikaner nach einem Besuch bei seiner Familie in der chinesischen Provinz Wuhan nach Seattle zurück. Er fühlte sich schlecht. Zuerst war es nur ein Husten. Doch bald folgten immer schwerwiegendere Symptome und er beschloss, sich testen zu lassen.

Die Testproben wurden per Nachtflug in ein Labor in Atlanta gebracht. Am nächsten Tag kamen die Ergebnisse zurück. Der Mann war mit COVID-19 infiziert. Es war die erste offizielle

Bestätigung, dass die Ansteckung amerikanischen Boden erreicht hatte.

Er wurde auf eine mit Plastik überzogene Isoliertrage gelegt und in eine Isolierstation für hochansteckende Krankheiten transportiert. Die ihm anvertrauten Personen trugen Kopfschutz und Gesichtsmasken, während ein Roboter seine Vitalwerte beobachtete. Aber zu spät; er war bereits mit anderen in Kontakt gekommen. Er wurde zu einem der zentralen Einfallstore für die Ausbreitung der Seuche in Amerika. Der spezifische Stamm der Ansteckung, den er nach Seattle gebracht hatte, verbreitete sich später im ganzen Land. Man nannte ihn Patient Null, nun Amerikas offizieller Herold der Seuche.[6]

Der Tag zweier Schreckgespenster

Abraham Lincoln stellte den Zusammenhang zwischen dem durch die Sklavenpeitsche verursachten Blut und demjenigen her, welches der Krieg herbeiführte. Jeremia sprach vom Zusammenhang zwischen dem Blut der auf den Altären der Nation geopferten Kinder und dem Blut des Gerichts, das durch Schwert und Pest fließen würde. Wie steht es mit dem zweifachen Tod, der amerikanischen Boden betrat, einer im Jahr 1970 und der andere fünfzig Jahre später, im Jahr 2020?

Was sehen wir, wenn wir den Beginn der Abtreibung nehmen, ihre erste Frucht, ihre erste Handlung, den entscheidenden Tag ihres Eintretens, den 20. Januar 1970, und dazu die gesamte Zeitspanne des Jubeljahres, also fünfzig Jahre hinzuzählen? Wohin führt uns dies? Es führt uns zum 20. Januar 2020. Der 20. Januar 2020 war der Tag, an dem die Seuche Amerika offiziell heimsuchte.

6 Peter Robinson, Dina Bass, and Robert Langreth, „Seattle's Patient Zero Spread Coronavirus Despite Ebola-Style Lockdown," Bloomberg, aktualisiert am 9. März 2020, https://www.bloomberg.com/news/features/2020-03-09/how-coronavirus-spread-from-patient-zero-inseattle.

Dies war der Tag von Patient Null: An diesem Tag wurde bestätigt, dass die Ansteckung Amerika erreicht hatte.

Datum des Auftretens: 20. Januar 1970 / 20. Januar 2020

Somit begann die Seuche ihren Einzug in Amerika genau am gleichen Tag, an dem auch die Abtreibung auf Verlangen in Amerika Einzug hielt. Darüber hinaus verbindet die beiden Daten miteinander genau die fünfzigjährige Dauer des Jubeljahres. Mit anderen Worten: Der durch Abtreibung verursachte Tod und der durch die Seuche verursachte Tod traten erstmals jeweils am selben Tag im Land auf.

Das Jubeljahr bringt Umkehrung und Wiedergutmachung. Am Jahrestag des Tages, an dem Amerika mit der Tötung von Menschenleben begann, kam die Seuche und tötete jene Generation, die den Kindern das Leben genommen hatte. Das eine war die Umkehrung des anderen – und die beiden Tage wurden durch das Jubeljahr miteinander verbunden, fünfzig Jahre auf das Jahr, den Monat, die Woche und den *exakten Tag genau.*

Keine menschliche Hand hätte diese beiden Ereignisse verbinden können. Die Seuche kam, wie jede Seuche, durch die geringsten und mikroskopisch kleinsten Ursachen und Wirkungen. Aber der Zeitpunkt dieser mikroskopischen Aktionen und Interaktionen war exakt.

Die Aussaat

Jedes dieser beiden Ereignisse stellte die Erstlingsfrucht dar – die Erstlingsfrucht der Abtreibung und die Erstlingsfrucht der Seuche. Und jede war eine Aussaat. Die Aussaat am 20. Januar 1970 brachte unzähligen Kindern den Tod. Die Aussaat am 20. Januar

2020 brachte unzähligen Erwachsenen den Tod. Jedes markierte den Anfang vom Anfang, eine einzelne Handlung zur Einführung eines einzelnen Gesetzes und eines einzelnen Ansteckungsfalls. Keiner von beiden blieb allein. Beide Samen des Todes wurden fruchtbar und vermehrten sich. Jeder der beiden Tage stellte den Beginn von etwas Unheilvollem dar. Tod brachte Tod hervor. Und der zweite Tod trat genau am Jubeljahrtag des ersten Todes ein. Im Jahr der Rückkehr ereignete sich die Rückkehr des Todes.

◆ ◆ ◆

In dem Moment, in dem Amerika einen Kurs einschlug, der zur Tötung von Millionen ungeborener Kinder führte, erging ein Wort. Die Ursprünge dieses Wortes sind uralt und reichen dreitausend Jahre bis zur wundersamen Geburt einer alten Nation zurück.

12

Die den Mutterleib öffnen

Amerikas Gründung geschah nach dem Vorbild des alten Israels. Jene, die in der Bucht von Massachusetts den ersten Grundstein legten, sprachen von seiner Berufung im Sinne eines heiligen Staates, eines Israels der Neuen Welt. Und in den Tagen der amerikanischen Revolution verglich man den Abschied der Nation von der englischen Herrschaft mit dem Auszug Israels aus der Herrschaft des Pharaos.

Das Geburtsgesetz

Israel unterschied sich von den umliegenden Nationen unter anderem durch das Verbot der Tötung von Kindern. Die benachbarten Kanaaniter waren besonders dafür bekannt, dass sie ihre Kinder ihren Göttern opferten. Israel wurde von seinen Propheten davor gewarnt, sich an solchen Gräuel zu beteiligen.

Kurz nach dem Auszug Israels aus Ägypten wurde ihm ein einzigartiges Gesetz über Geburt, Mutterleib und Kinder gegeben, bekannt als „Gesetz des Erstgeborenen". Diese Verordnung enthielt noch einen weiteren biblischen Grundsatz: Das eigene Kind ist ein Geschenk Gottes. Daher konnte man mit seinem Kind nicht tun, was man wollte oder gar wie die Heiden mit ihren Kindern umgingen.

… dann sollst du dem HERRN alles darbringen, was zuerst den Mutterschoß durchbricht. 2. Mose 13:12

Das Kind im Mutterleib ist heilig. Diese Kinder sollen als solche behandelt werden. Die Geburt ist heilig. Das Leben ist ein Wunder. Und die eigenen Kinder, dargestellt durch die Erstgeborenen, gehören Gott.

Ein Wort von Gott

An jedem Sabbat rezitiert das jüdische Volk in Synagogen auf der ganzen Welt eine bestimmte Bibelstelle. Der Abschnitt wird *Parascha* genannt. Jede Passage stammt aus vergangenen Zeiten und soll an einem bestimmten Sabbattag gelesen werden.

Deshalb werden jede Woche am Sabbat die Schriftrollen in praktisch jeder Synagoge geöffnet und man liest, singt und verkündet die festgelegte Passage – dieselbe Bibelstelle auf der ganzen Welt.

Kurz bevor Amerika am 20. Januar die Gesetze zur Legalisierung der Abtreibung in New York in Kraft setzte, finden wir eine bestimmte Schriftstelle, welche in den Synagogen Amerikas und der Welt gesungen werden sollte. Es war die letzte Bibelstelle, die man vor jenen kritischen Tagen singen sollte, bevor Amerika in die Kindertötung abfiel. Und wovon handelte sie?

Sie dreht sich um die Kinder der Nation und handelt von dem Moment der Geburt, dem Augenblick, in dem das ungeborene Kind den Mutterleib öffnet. Und sie erklärt das Kind, welches den Mutterleib öffnet, als heilig und abgesondert, weil es Gott gehört und Ihm geweiht werden muss.

Jene, die niemals den Mutterleib öffnen würden

Genau in dem Moment, als Amerika damit begann, die Tötung seiner ungeborenen Kinder zu legalisieren, ihnen das Öffnen des Mutterleibs verwehrte und so das Wunder des Lebens, diese Gabe

Gottes, fortnahm und entsorgte – genau da wurde diese Schriftstelle in allen Städten und Gemeinden verkündet.

Sie wurde vor allem in New York, dem Zentrum der jüdischen Bevölkerung Amerikas, verkündet. Und New York war genau der Ort, an dem die Abtreibung zum ersten Mal in Gang gesetzt wurde.

Die Zahl der Kinder, die aufgrund dieser Woche letztendlich getötet wurden, belief sich auf mehrere zehn Millionen. Diese würden *niemals den Mutterleib öffnen*. Sie wurden gestoppt, bevor sie es konnten. Und doch erklärten das Wort Gottes und das für diesen Moment bestimmte Wort sie als heilig, abgesondert und kostbar.

So wurde es im Land verkündet, kurz bevor Amerika seine dunkle Reise antrat und ehe eines dieser für Gott kostbaren und Ihm gehörenden Leben im Mutterleib getötet wurde.

◆ ◆ ◆

Nun werden wir das Geheimnis zweier Tage lüften – der Tage, an denen sich alles änderte. Wir werden feststellen, dass sich hinter ihnen ein uraltes Geheimnis verbirgt.

13

„Der Tag, an dem sich alles veränderte“

Können wir den genauen Zeitpunkt ermitteln, an dem die Abtreibung auf Abruf in Amerika tatsächlich begann? Und wenn ja, welche Offenbarung würde dies mit sich bringen?

Der hawaiianische Tod

Am 20. Februar 1970 verabschiedete das Repräsentantenhaus von Hawaii sein Abtreibungsgesetz. Vier Tage später bestätigte der hawaiianische Senat dieses Gesetz. Anschließend wurde es an den Gouverneur geschickt. Der Gouverneur war ein Katholik und glaubte, dass Abtreibung falsch sei. Erst Mitte März erfolgte der nächste Schritt.

Bis Mitte März verlief der Einzug der Abtreibung in Amerika lückenhaft und stufenweise. Der Vorgang begann an Dynamik zu gewinnen und auch in Hawaii kamen nun die nötigen Stimmen zusammen. Aber das Gesetz war noch nicht offiziell in Kraft getreten.

Fünfzig Jahre später verfolgten die Amerikaner nervös die Ausbreitung von Anzeichen der Seuche in ihrem Land. Ihr Vormarsch ging ebenfalls schleppend und vereinzelt voran. Bezogen auf die Gesamtbevölkerung schien ihre Wirkung verschwindend gering. Bis Anfang März schätzte man die Zahl der mit der Krankheit infizierten Amerikaner auf höchstens einige Hundert bei einer Bevölkerung von über dreihundert Millionen.

Die Seuche nahte, hatte aber noch nicht in der Nation Fuß gefasst und war noch nicht spürbar über sie hereingebrochen.

Monat des Einschlags – März 1970 / März 2020

Mit dem Einzug der Abtreibung in Amerika kam im März 1970 der alles verändernde Moment. Damals beschloss der hawaiianische Gouverneur, den Gesetzentwurf zu genehmigen, ohne aber seinen Namen darunter zu setzen. Und so begann in Amerika im März 1970 die gesetzlich erlaubte Tötung von Kindern.

Wir haben den alten biblischen Zusammenhang zwischen der Tötung von Kindern und dem Einfall des Todes, hier durch eine Seuche, erkannt. Auch haben wir das geheimnisvolle Jubeljahr bei der Seuche gesehen, die fünfzig Jahre nach Beginn der Kindertötung über das Land kam. So wie 1970 die Abtreibung auf Verlangen in Amerika Einzug hielt, kam 2020 die Seuche nach Amerika. Aber alles kann noch genauer auf den Punkt gebracht werden.

Wenn die tatsächliche Tötung von Kindern auf amerikanischem Boden im März 1970 begann, dann würde der Tod laut Mysterium fünfzig Jahre später – im März 2020 – nach Amerika kommen. War das der Fall? Ja, tatsächlich. Die Seuche brach über die Nation im März 2020, dem Jubeljahrmonat des Kinderblutes, herein.

Anfang März lag die Zahl der mit dem Virus infizierten Amerikaner bei rund 300. Ende März war die Zahl auf rund 175.000 gestiegen. Für die ersten 300 Fälle hatte es über einen Monat gedauert, aber in weniger als einen Monat schoss nun die Zahl von 300 auf über 175.000.[7] So wie der März 1970 den Anfang des Kinderblutes auf amerikanischem Boden markiert, kennzeichnet der März 2020 die Ankunft der Seuche in Amerika. Und doch war der Zusammenhang noch exakter.

7 „WHO Coronavirus (COVID-19) Dashboard: United States of America Situation," WHO.

Mitte März

Genauer gesagt erfolgte die Legalisierung der Abtreibung Mitte März 1970. Wenn das Rätsel also Bestand haben soll, müssten wir damit rechnen, das Eintreffen von Tod und Unglück genau fünfzig Jahre später – Mitte März 2020 – in Amerika zu sehen.

Und genauso geschah es. Die Seuche trat nicht nur im März auf, sondern Mitte des Monats. Tatsächlich waren die damaligen Ereignisse so dramatisch, dass sich für die meisten Amerikaner das Datum Mitte März 2020 unauslöschlich in ihre Erinnerungen an die Ausbreitung des Virus und die Veränderung ihres Lebens einbrannte.

Mitte März wurde Amerika zu einer Nation unter Quarantäne. Und Mitte März ordnete der Präsident des Landes ein Einreiseverbot für Nicht-US-Bürger aus 26 europäischen Ländern an.

Mitte März 2020 erklärte die Weltgesundheitsorganisation die Seuche zur Pandemie und konstatierte, die Zahl der Krankheitsfälle außerhalb Chinas habe um das Dreizehnfache zugenommen.[8]

Mitte März erließ der amerikanische Präsident einen Erlass, in dem er erklärte, dass sich Amerika nun im Ausnahmezustand befände.

Es war Mitte März, als angesichts der rasanten Abfolge von Regierungsverkündigungen und der sie umgebenden Ereignisse große Teile der Nation in Panik gerieten.

Und Mitte März erlebten die Amerikaner den Beginn von etwas Beispiellosem: Zum ersten Mal in seiner Geschichte wurde Amerika stillgelegt. Läden wurden geschlossen; Schulen wurden geschlossen; Betriebe wurden geschlossen; Kinos, Broadway-Theater, Sportstadien und sogar Kirchen wurden geschlossen. Die Nation fiel in einen Lähmungszustand. Das Leben fror ein. Städte verwandelten sich in Geisterstädte. Die Menschen verbargen sich

8 „WHO Director-General's Opening Remarks at the Media Briefing on COVID-19—11 March 2020," WHO, 11. März 2020, https://www.who.int/director-general/speeches/detail/who-director-general-s-openingremarks-at-the-media-briefing-on-covid-19---11-march-2020.

hinter den Wänden ihrer Häuser und wagten sich vor Angst nicht vor die Tür, voller Furcht vor der tödlichen Seuche, die jetzt über das Land hinweg zog.

Das Einschlagsdatum: 11. März 1970 / 11. März 2020

Könnte sich das Geheimnis als noch genauer erweisen? Mitte März 1970 teilte der hawaiianische Gouverneur John Burns seinem Land mit, es sei nun legal, das eigene ungeborene Kind zu töten:

House Bill 61 bezieht sich auf Hawaiis jahrhundertealtes Abtreibungsgesetz und ist jetzt Vorgang Nummer 1 von 1970. Diese Maßnahme wurde zum Gesetz ohne meine Unterschrift.[9]

Mit dieser Verkündigung betrat die Abtreibung auf Verlangen amerikanischen Boden. An welchem Tag? Der 11. März 1970 ist das genaue Datum, an dem die Abtreibung auf Verlangen in Amerika legalisiert wurde. Was geschieht, wenn man die Jahre des Jubeljahres anwendet und einen Countdown von diesem Tag an beginnt?

Es führt zum 11. März 2020. Der exakte Jubeljahrtag der Abtreibung auf Verlangen in Amerika ist somit der 11. März 2020.

Ist an diesem Tag etwas Bedeutsames passiert? Der Titel eines Berichts im National Public Radio lautet wie folgt: 11. März 2020: Der Tag, an dem sich alles änderte.

Während sich einige Veränderungen allmählich entwickelten, markiert doch ein Tag den Beginn der neuen Normalität. Der

9 John Burns, zitiert in A. A. Smyser, „Hawaii's Abortion Law 30 Years Old," Honolulu Star-Bulletin, 21. März 2000, https://archives.starbulletin.com/2000/03/21/editorial/smyser.html.

11. März 2020. An diesem Tag erreichte die pandemische Zukunft schlagartig die Vereinigten Staaten.[10]

Die genaue Festlegung auf den 11. März 2020 als Datum für den Ausbruch der Seuche, als Tag, an dem sich alles änderte, ist geradezu universell. Einige Beispiele dazu aus anderen Artikeln:

Am 11. März 2020 ging die Sonne in der einen Realität auf und ging praktisch in einer neuen unter.[11]

Der Tag, an dem sich alles änderte: Die zeitlichen Abläufe des 11. März 2020.

Am 11. März 2020 begann die amerikanische Öffentlichkeit endlich, sich mit einer harten Realität auseinanderzusetzen ...[12]

... am 11. März 2020, verschlang COVID einfach alles. ... Am 11. März trafen sehr viele Kräfte der Geschichte zusammen, die Jahre zuvor ihren Ursprung haben und nun alle von etwas verschlungen wurden, das wenige Wochen zuvor kaum einer für möglich gehalten hätte.[13]

10 Laurel Wamsley, „March 11, 2020: The Day Everything Changed," NPR, March 11, 2021, https://www.npr.org/2021/03/11/975663437/march-11-2020-the-day-everything-changed.

11 Joey Schneider, „TIMELINE: March 11, 2020—What Happened When COVID-19 Was Declared a Pandemic Two Years Ago," KY3, updated March 11, 2022, https://www.ky3.com/2022/03/11/timeline-march-11-2020-what-happened-when-covid-19-was-declared-pandemic-twoyears-ago/.

12 Danielle Abreu, „The Day Everything Changed: A Timeline of March 11, 2020," NBC San Diego, aktualisiert am 11. März 2021, https://www.nbcsandiego.com/news/coronavirus/the-day-everything-changed-atimeline-of-march-11-2020/2545558/.

13 „Tom Hanks, The NBA, and COVID's Day of Reckoning in the US: An Oral History," BuzzFeed News, 11. März 2021, https://www.buzzfeednews.com/article/buzzfeednews/march-11-covid-tom-hanksnba-who.

Der 11. März 2020 war der Tag, an dem sich alles änderte.[14]

Am 11. März 2020 wurde auch Dr. Anthony Fauci, Direktor des National Institute of Allergy and Infectious Diseases, zum Capitol Hill gerufen, um vor dem Ausschuss für Aufsicht und Reform des Repräsentantenhauses auszusagen. Als er von Kongressabgeordneten gefragt wurde, was seiner Meinung nach passieren würde, sagte er:

Es wird noch schlimmer werden.[15]

Der 11. März 2020 war der Tag, an dem die Weltgesundheitsorganisation verkündete, über die Welt sei nichts weniger als eine Pandemie gekommen und diese habe nun Amerika erfasst. Der 11. März 2020 war der Tag, an dem der Dow Jones Industrial Average um mehr als 1.400 Punkte einbrach.

Der 11. März 2020 war der Tag, an dem der Aktienmarkt 20 Prozent unter seinem Februar-Höchststand schloss und damit den Baissebereich betrat.

Der 11. März 2020 war der Tag, an dem der bis dahin elf Jahre andauernde amerikanische Verkäufermarkt endete.[16]

Der 11. März 2020 war der Tag, an dem mehrere US-Städte damit begannen, große öffentliche Versammlungen zu verbieten.

Der 11. März 2020 war der Tag, an dem renommierte Universitäten wie Princeton und Notre Dame ihre Lehrveranstaltungen aussetzten.

14 Amanda Aguilar, „World Health Organization to Vote on Ending COVID-19 Pandemic Declaration," ABC30, 27. Januar 2023, https://abc30.com/coronavirus-covid-19-pandemic-declaration-world-healthorganization/12742403/.

15 „WATCH: ‚Things Will Get Worse' in COVID-19 Outbreak, Fauci Testifies," PBS, aktualisiert am 11. März 2020, https://www.pbs.org/newshour/health/watch-live-nih-cdc-officials-testify-on-u-s-coronavirus-response.

16 Catherine Thorbecke, „Dow Plunges Into Bear Market After Selloff From Coronavirus Fears," ABC News, 11. März 2020, https://abcnews.go.com/Business/dow-plunges-bear-market-selloff-coronavirus-fears/story?id=69529962.

Der 11. März 2020 war, wie es in einem Artikel hieß, die Nacht, in der „der Sport, wie wir ihn kannten, endete.“[17]

Der 11. März 2020 markierte den offiziellen Beginn des Lockdowns in Amerika.

Der 11. März 2020 war der Tag, an dem sich der amerikanische Präsident zur Hauptsendezeit an die Nation bezüglich der Seuche wandte. In dieser Ansprache machte er die verblüffende Ankündigung, Amerika würde von Europa faktisch unter Quarantäne gestellt.

Der 11. März 2020 war der Tag, an dem sich alles änderte, der Tag, an dem die volle Wucht und Realität der Seuche über Amerika hereinbrach.

„Der Tag, an dem sich alles änderte“

Somit war der Tag, an dem die Seuche über die Nation hereinbrach, ein Jubeljahr, fünfzig Jahre, auf den Tag genau, an dem die Abtreibung offiziell auf amerikanischem Boden eingeführt wurde. Den meisten Amerikanern war an diesem Tag bewusst, sie erlebten Historisches und Beispielloses.

Aber sie hatten keine Ahnung, dass es Teil eines alten Mysteriums war, so alt war wie der Prophet Jeremia und das Tal Hinnom. Sie kannten auch nicht die Verbindung zu dem uralten Übel, das Amerika am selben Tag, genau fünfzig Jahre zuvor, auf sich gezogen hatte. Aber es passte, dass der 11. März 2020 „der Tag, an dem sich alles änderte“ genannt wurde – denn es war der Jubeljahrtag eines anderen Tages, der fünfzig Jahre zurücklag, der andere Tag, der alles änderte.

◆ ◆ ◆

17 Tim Reynolds, „March 11, 2020: The Night Sports, as We Knew Them, Ended,“ AP News, 11. März 2021, https://apnews.com/article/march-11-2020-sports-coronavirus-1-year-1294b56341d5605c9ce3f9cc68fcc4fe.

Was den Zeitpunkt der Seuche anbelangt, war sie unfassbar präzise. Und nun werden wir erkennen, dass sich seine Präzision nicht nur im zeitlichen Bereich, sondern auch im Raum manifestierte, wenn wir die amerikanische Gehenna aufdecken.

14

Die amerikanische Gehenna

Man kann nicht über den Auftritt der Abtreibung in Amerika und den Auftritt der Seuche sprechen, ohne auch den Ort zu erwähnen, zu dem sie kamen. In Der Vorbote II habe ich bereits auf diesen Ort hingewiesen. Jetzt gehen wir tiefer.

Tal des Schlachtens

Als Jeremia seinem Volk bezüglich der geopferten Kinder prophezeite, sprach er nicht nur vom bevorstehenden Gericht, sondern auch von dem Ort, an den dieses Gericht kommen würde:

> **Darum, weil sie mich verlassen und mir diesen Ort entfremdet … und weil sie diesen Ort mit dem Blut Unschuldiger angefüllt haben und die Höhen des Baal gebaut, um ihre Kinder als Brandopfer für den Baal im Feuer zu verbrennen … Darum … da dieser Ort nicht mehr Tofet noch Tal Ben-Hinnom genannt werden wird, sondern Tal des Schlachtens.** Jeremiah 19:4–6

Mit anderen Worten: Das Gericht würde an den Ort zurückkehren, an dem das Übel begangen wurde. So wie sie ihre Kinder im Tal Hinnom abgeschlachtet hatten, so sollte das Tal auch der Ort ihrer eigenen Abschlachtung werden. Später wurde die Stätte Gehenna genannt, ein Name, der zum Synonym für die Hölle wurde. Wenn das Tal von Hinnom der Boden war, auf dem Israel seine Kinder abgeschlachtet hatte, was würde dann Amerikas Tal von Hinnom – die amerikanische Gehenna – sein?

Hinnom finden

Es müsste der zentrale Ort sein, an dem das Blut seiner Kinder vergossen wurde. Es gibt nur einen möglichen Ort – New York. New York war die Abtreibungshauptstadt des Landes und hier wurden mehr Kinder getötet als an jedem anderen Ort. Es war und ist Amerikas Valley of Hinnom. Das Mysterium müsste somit vorsehen, dass die Seuche ihren Fokus und ihre Wut auf den Boden New Yorks richten würde. Und genau so geschah es.

Der kritischste Zeitraum bei der Legalisierung der Abtreibung in New York war der März 1970 bis in die ersten zehn Tage des Aprils. Von den ersten bis zu den letzten Märztagen wurde das New Yorker Abtreibungsgesetz an nicht weniger als acht Gesetzgebungssitzungen auf den Tisch gelegt. Und Anfang April spitzte sich alles zu.

Wenn wir diesem entscheidenden Zeitraum fünfzig Jahre hinzuzählen, erreichen wir März 2020. Der März 2020 wiederum war entscheidend für den Einzug der Seuche in New York. Am ersten März erreichte diese Pest offiziell New York. Im März 1970 gewann die Bewegung zur Legalisierung der Abtreibung in New York an Stärke und Dynamik, so dass die Seuche fünfzig Jahre später, im März 2020, ebenso in New York an Dynamik und Stärke gewann.

Die Hauptstadt der Seuche

Der März 1970 war auch entscheidend für die Legalisierung der Abtreibung in ganz Amerika. Im März 2020 richtete sich der Fokus der Seuche somit ebenso auf Amerika. Bis zum 24. März trat jeder dritte neue Fall in Amerika auf. Und am 26. März überschritt das Land eine kritische Schwelle – es überholte China und wurde zum globalen Epizentrum der Seuche.

Gleichwie New York eine zentrale Rolle bei der Verbreitung der Abtreibung im Land spielte, war es auch bei der Ausbreitung der Seuche von zentraler Bedeutung. Als Amerika zum globalen Epizentrum wurde, konzentrierte sich fast jeder zweite Fall auf nur einen kleinen Teil Amerikas – auf New York. Und ein großer Teil dieser Fälle konzentrierte sich wiederum auf den noch winzigeren Teil von New York City.[18] So präzise die Seuche hinsichtlich ihrer Tage und ihres Zeitpunkts war, so genau war sie auch hinsichtlich ihres Grund und Bodens. Der Tod war in die Zeit zurückgekehrt, aus der er kam, aber auch an den Ort.

Wie im Tal Hinnom wurde der Ort, an dem das Blut der Kinder vergossen wurde, zum Zentrum eines weiteren Todes. New York war zum neuen globalen Epizentrum und zur neuen Hauptstadt der Seuche geworden. Das alte Mysterium hatte es so bestimmt.

Dunkler Meilenstein – 10. April 1970 / 10. April 2020

Abtreibung wurde erstmals auf Hawaii legalisiert. Weniger als einen Monat später gelangte es über New York auf das amerikanische Festland. Es wurde am 10. April durch eine Abstimmung im Senat des Staates New York endgültig beschlossen. Wenn wir die fünfzig Jahre des Jubiläums hinzufügen, schreiben wir den 10. April 2020.

Fünfzig Jahre später, in der zweiten Aprilwoche 2020, erreichte die Wut der Seuche bei ihrer Heimsuchung New Yorks ihren Höhepunkt. Es war die Jubeljahrwoche der Legalisierung der Abtreibung in New York. Gleichzeitig wurde ein weiterer düsterer Meilenstein erreicht: In New York gab es nun mehr Seuchenfälle

18 Bobby Allyn und Joe Neel, „U.S. Surpasses China in Cases of Coronavirus," NPR, 26. März 2020, https://www.npr.org/sections/coronavirus-live-updates/2020/03/26/822248693/u-s-surpasses-china-incases-of-coronavirus; PIX11 Web Team, „Latest Coronavirus Updates in New York: Thursday, March 26, 2020," PIX 11, aktualisiert am 26. März 2020, https://pix11.com/news/coronavirus/latest-coronavirus-updates-in-newyork-thursday-march-26-2020/.

als in jedem anderen Land der Erde. Tatsächlich waren es im Vergleich zu China fast doppelt so viele.

Wann wurde dieser dunkle Meilenstein erreicht? Es geschah am 10. April, genau am selben Tag, an dem der Staat sein letztes und entscheidendes Votum zur Legalisierung der Abtreibung abgegeben hatte[19] – es geschah fünfzig Jahre später, am selben Tag.

Die beiden uralten Elemente, das Kinderblut und die tödliche Seuche, wurden wieder in exakter Präzision zusammengefügt.

◆ ◆ ◆

Während die Seuche wütete, herrschte im Epizentrum des Epizentrums, New York City, eine unheimliche Stille. Die Straßen waren ohne Autos, die Geschäfte und Plätze ohne Menschen. Aber seine Leichenhallen quollen über. So wie der von Jeremia prophezeite Tod in das alte Hinnom-Tal zurückgekehrt war, war der Tod nun in die amerikanische Gehenna zurückgekommen.

Die Heilige Schrift weist den Toren einer Stadt oder eines Königreichs große Bedeutung und sogar ein Geheimnis zu. Was ist mit den Toren Amerikas? Wir werden nun enthüllen, wie die Tore Amerikas eine zentrale Rolle in einem modernen Mysterium spielten, bei dem es sogar um die genetischen Kennzeichen der Seuche ging.

19 Yelena Dzhanova, „New York State Now Has More Coronavirus Cases Than Any Country Outside the US," CNBC, aktualisiert am 10. April 2020, https://www.cnbc.com/2020/04/10/new-york-state-now-has-morecoronavirus-cases-than-any-country-outside-the-us.html.

15

Das Ost- und das Westtor

Jeremia wurde angewiesen, ins Tal Hinnom zum Tonscherbentor zu gehen, um dort darüber zu prophezeien, was die Nation ihren Kindern angetan hatte. Das Tal lag am *Tor*. Dort, *am Tor*, hatte die Nation ihr dunkelstes und grausamstes Übel begangen.

Das Osttor

Amerika ist keine ummauerte Stadt, aber es hat Tore und Eingänge zum Rest der Welt. Könnten die Tore Amerikas, wie die Tore des alten Israels, mit der dunkelsten Sünde der Nation verbunden sein?

Amerikas größtes und berühmtestes Tor ist und war schon immer New York City, das Tor, durch das Millionen ein- und ausgegangen sind.

Im Fall Israels wurden seine Kinder am Tor ermordet. Auch Amerika hatte seine Kinder am Tor ermordet.

In der Heiligen Schrift steht das Tor auch in Verbindung mit Unglück und Gericht. Gericht würde ergehen, wenn die Feinde der Nation durch die Tore brachen und Zerstörung anrichteten. Das Gericht begann am Tor. Und so kam auch eine biblische Form des Gerichts, die Seuche, geradewegs über das Tor Amerikas, über New York.

Tod dringt durch das Tor

Aber ein Tor ist nicht nur das, zu dem man gelangt, sondern auch das, durch das man *hindurchkommt*. New York war also nicht nur das Tor, *zu dem* die Abtreibung kam, sondern auch das Tor, *durch* das sie sich auf den Rest der Nation ausbreitete.

Als New York 1970 die Abtreibung legalisierte, war das erst der Anfang. Aufgrund seines weitreichenden Abtreibungsgesetzes und der großen Zahl von Menschen, die zur Durchführung von Abtreibungen in den Staat kamen, wurde New York zum wichtigsten Einfallstor der Abtreibung hinein nach Amerika.

Die Rolle des Staates als Abtreibungsportal des Landes war enorm. Im Jahr 1970, dem ersten Jahr der Legalisierung, wurden *über 45 Prozent* aller in Amerika vorgenommenen Abtreibungen in New York vorgenommen! Im zweiten Jahr, 1971, wurden *über die Hälfte* aller Abtreibungen in Amerika, *55 Prozent*, in New York durchgeführt. Und im letzten Jahr vor *Roe gegen Wade* erfolgten über 51 Prozent aller Abtreibungen Amerikas in New York.[20] Von allen amerikanischen Abtreibungen zwischen den 1970er Jahren bis *Roe gegen Wade* wurden also *die meisten in New York ausgeführt*. Das machte New York zum Todestor der Nation.

Tor der Seuche

Dies führt uns zur nächsten Frage: Wenn New York als zentrales Tor und Portal diente, über das sich die Abtreibung nach Amerika ausbreitete, ist es dann möglich, dass es auch als zentrales Tor und Portal diente, *durch das sich die Seuche* nach Amerika *ausbreitete*?

20 Wm. Robert Johnston, „Historical Abortion Statistics, United States," Johnston's Archive, aktualisiert am 26. April 2023, https://www.johnstonsarchive.net/policy/abortion/ab-unitedstates.html; Wm. Robert Johnston, „Historical Abortion Statistics, New York (USA)," Johnston's Archive, aktualisiert am 15. Januar 2023, https://www.johnstonsarchive.net/policy/abortion/usa/ab-usa-NY.html.

Für die Antwort müssen wir zu den alten Geheimnissen des Tores, des Gerichts und des Jubeljahres die Entdeckungen der modernen Virologie und Genomsequenzierung hinzufügen.

Das Geheimnis des Jubeljahres weist auf das fünfzigste Jahr oder auf 2020 als dem Jahr der Umkehrung und Rückkehr hin. Das Prinzip der Rückkehr und Umkehrung zeigt, das Tor und die Pforte für die Ausbreitung der einen Todesform über die Nation in den 1970-er Jahren musste dasselbe Tor und die gleiche Pforte sein, durch die sich fünfzig Jahre später ein anderer Tod als Seuche über die Nation ausbreiten würde. War dem so?

„Das Haupttor" und der Auslöser von Ausbrüchen

Die Antwort ergibt sich aus den Entdeckungen der modernen Virologie und Genomsequenzierung im Zusammenhang mit der Ausbreitung der Seuche in ganz Amerika. Ein Artikel in der New York Times enthüllt es:

Die Untersuchung zeigt, ehe New York City begann, Regeln zur sozialen Distanzierung zur Bremsung des Anstiegs festzulegen, ging von der Stadt eine Infektionswelle aus und erfasste weite Teile des Landes. Dies trug dazu bei, Ausbrüche in Louisiana, Texas, Arizona und sogar an der Westküste anzufachen.[21]

Somit bildete nicht nur New York und insbesondere New York City das Zentrum der Seuche; es war auch das zentrale Tor, durch das sie Einzug hielt. Der Artikel setzt die Schlussfolgerungen eines Yale-Epidemiologen fort:

21 Bobby Allyn und Joe Neel, „U.S. Surpasses China in Cases of Coronavirus," NPR, 26. März 2020, https://www.npr.org/sections/coronavirus-live-updates/2020/03/26/822248693/u-s-surpasses-china-incases-of-coronavirus; PIX11 Web Team, „Latest Coronavirus Updates in New York: Thursday March 26, 2020," PIX 11, aktualisiert am 26. März 2020, https://pix11.com/news/coronavirus/latest-coronavirus-updates-in-newyork-thursday-march-26-2020/

Wir verfügen jetzt über genügend Daten, um recht sicher sagen zu können, dass New York das wichtigste Einfallstor für den Rest des Landes war.[22]

Somit wurde dasselbe *primäre Todestor*, durch das die Abtreibung nach Amerika gelangte, nun zum Haupttodestor, durch das die Seuche nach Amerika einfiel.

Wir haben die entscheidende Rolle gesehen, die der März 1970 bei der Einführung der Abtreibung in New York und Amerika spielte. Das macht die nächste Entdeckung in Bezug auf New York City und die ersten Märztage 2020 noch relevanter:

Neue Untersuchungen zeigen, die Stadt wurde Anfang März zur Hauptquelle für Neuinfektionen in den Vereinigten Staaten, als Tausende Infizierter aus der Stadt reisten und überall im Land Ausbrüche auslösten.[23]

Das Ostportal – 1970/2020

Beim Blick auf die Rolle New Yorks als Einfalltor der Abtreibung ins Land verblüffen die Ergebnisse. Der Staat oder die Stadt war für mehr als die Hälfte aller in Amerika durchgeführten Abtreibungsfälle verantwortlich. Wie steht es mit seiner Rolle als Einfallstor für die Seuche?

Die Antwort ist nicht weniger verblüffend. *Von allen Fällen der Pandemie in Amerika kamen mehr als die Hälfte* durch das Tor und die Pforte New Yorks. Ein Wissenschaftler bemerkte, dass die Stadt als große Zentralstation für dieses Virus fungierte und ihm

22 Yelena Dzhanova, „New York State Now Has More Coronavirus Cases Than Any Country Outside the US," CNBC, aktualisiert am 10. April 2020, https://www.cnbc.com/2020/04/10/new-york-state-now-has-morecoronavirus-cases-than-any-country-outside-the-us.html

23 Carey und Glanz, „Travel From New York City Seeded Wave of U.S. Outbreaks."

die Möglichkeit bot, sich von dort aus in so viele Richtungen und an so viele Orte zu bewegen.[24]

Den Untersuchungen zufolge lag der Prozentsatz amerikanischer Fälle mit Ursprung in New York bei *kolossalen 60 bis 65 Prozent.*[25] Dafür existiert ein Präzedenzfall. Denn fünfzig Jahre zuvor lag der Prozentsatz der in New York getöteten Kinder im Vergleich zu allen in Amerika legal getöteten Kindern ebenfalls enorm hoch. Oder anders ausgedrückt: Bei den *meisten Amerikanern*, die von der Seuche heimgesucht wurden, entstammte die Ansteckung den Toren von New York City.

Das andere

Obwohl die Abtreibung auf Verlangen über New York auf den amerikanischen Kontinent gelangte, gab es auf dem amerikanischen Festland nur einen weiteren Staat, der in jenem Jahr New Yorks Vorreiterrolle bei der Legalisierung der Abtreibung folgte. Diese Legalisierung erfolgte dort durch ein Referendum und viel später im Jahr. Es war der Bundesstaat Washington.

So gelangte die Abtreibung 1970 über zwei Portale auf das amerikanische Festland. Obwohl der Einfluss des Staates Washington in Bezug auf die Abtreibung wie in jedem anderen Staat nicht mit dem von New York vergleichbar war, spielte er dennoch eine entscheidende Rolle. Er war der einzige andere Staat auf dem amerikanischen Festland, der das Gesetz in Kraft setzte.

Die legalisierte Tötung von Kindern zog also durch zwei Tore in das amerikanische Festland ein: Eines an der Ostküste und das andere an der Westküste – durch ein Osttor und durch ein Westtor.

24 Carey und Glanz, „Travel From New York City Seeded Wave of U.S. Outbreaks."

25 Carey und Glanz, „Travel From New York City Seeded Wave of U.S. Outbreaks."

Das Westtor

Was passierte dann, wenn wir uns angesichts des antiken Mysteriums dem Westtor nähern? In Übereinstimmung mit dem Jubeljahr müsste eine Rückkehr stattfinden – das Tor, durch das der Tod in Form der Abtreibung vom Westen in die Nation eindrang, sollte im Jubeljahr jenes Tor sein, durch das der Tod in Form einer Seuche aus dem Westen hereinflutete. Und genau das geschah.

Im Jubeljahr nach dem Auftritt der Abtreibung durch das westliche Tor nach Amerika kehrte der Tod zurück und drang erneut durch dasselbe Tor ein. Mit anderen Worten: Die Seuche gelangte über den Staat Washington nach Amerika.

Zwei Tore und zwei Jahre

Wie die Abtreibung durch zwei Tore auf das amerikanische Festland gelangte, kam im Jubeljahr eine Seuche durch zwei Tore dorthin. Die beiden Staaten, durch welche die Seuche im Jahr 2020 ins Land gelangte, New York und Washington, waren genau dieselben Staaten, durch welche die Abtreibung fünfzig Jahre zuvor ins Land gelangt war; der eine war das östliche Todestor des Landes, der andere das westliche Todestor.

Das westliche Portal – 1970 / 2020

Die von der Seuche hinterlassenen genetischen Kennzeichen zeugen von dem alten Geheimnis, da sie auf die Tore der Nation hinweisen. Wie wir gesehen haben, sind die Indizien im Fall des Osttors überwältigend und erklären mehr als die Hälfte der COVID-Fälle des Landes, ebenso wie es für mehr als die Hälfte der Abtreibungen des Landes verantwortlich war. Aber wie steht es mit dem Westtor?

Ähnlich auffällig sind auch die Befunde zum Westtor. Wie genetische Marker zeigen, wiesen ein Drittel aller Fälle in Bundesstaaten wie Kalifornien, Oregon und Wyoming auf ihr Einschleppen in das Land über den Bundesstaat Washington. Selbst in Bundesstaaten des Mittleren Westens wie Illinois stellte man das Eintreffen von 27 Prozent aller Fälle über das Westtor fest. Und sogar in so weit entfernten Staaten wie Georgia an der Ostküste gelangten 30 Prozent der Fälle durch das westliche Tor.[26]

Patient Null erscheint am Tor

Schauen wir uns noch eine weitere Verbindung an.

Die Seuche erreichte Amerika offiziell am 20. Januar 2020, als bestätigt wurde, dass sie durch *Patient Null* nach Amerika gelangt war.

Aber wo in Amerika fand dies statt? Patient Null landete in *Seattle* – im Bundesstaat *Washington*. Mit anderen Worten: Er betrat den Kontinent durch dasselbe *westliche* Tor, durch das sich die Abtreibung in der Nation ausgebreitet hatte. Durch den Patienten Null traf die Seuche auf die Nation an ihrem Westtor und löste dort ihren ersten offiziellen Ausbruch aus, bevor sie sich dann im ganzen Land ausbreitete.

Es war Konvergenz von Raum und Zeit an denselben beiden Toren. Die Seuche gelangte durch das Westtor nach Amerika am 20. Januar, demselben Tag, an dem die Abtreibung durch das *Osttor* nach Amerika eingezogen war. An jenem Tag des Seuchenausbruchs wurden sowohl das östliche als auch das westliche Tor,

26 Benedict Carey and James Glanz, „Travel From New York City Seeded Wave of U.S. Outbreaks," New York Times, aktualisiert am 7. Mai 2021, https://www.nytimes.com/2020/05/07/us/new-york-city-coronavirus-outbreak.html#:~:text=The%20research%20indicates%20that%20a,away%20as%20the%20West%20Coast

durch das die Sünde des Volkes eingedrungen war, miteinander verbunden. Nach einem Jubeljahr, fünfzig Jahre später, erreichte die Seuche das Westtor der Nation, an eben jenem Tag, an dem die Abtreibung ihr Osttor erreicht hatte. Es war das Jahr und der Tag der Rückkehr – und so kam sie an Ort und Stelle zurück.

Die genetischen Zeugen

Die beiden Tore läuteten nun eine Ära ein, in der Millionen Amerikaner betroffen oder niedergestreckt würden. Die überwiegende Mehrheit trug die Viruskennzeichen der Seuche. Diese wiesen entweder auf das eine oder das andere der beiden Tore hin – auf das östliche oder das westliche.

Mit anderen Worten: Wer von der Seuche heimgesucht wurde, trug im Körper jene Marker, die sie mit denselben beiden Toren verbanden, durch die fünfzig Jahre zuvor die dunkelste Sünde der Nation ins Land gelangt war. Die genetischen Sequenzen zeugten von den beiden Toren der Finsternis.

Das alte Geheimnis war erfüllt. Das Unheil war zum Tor zurückgekehrt und der Tod zum Ort des Blutes der Kinder.

Wir müssen jetzt die bisher ungestellte Frage stellen – jene Frage, die sich nach den Worten der alten Propheten und mindestens eines amerikanischen Präsidenten aufdrängt. Von ihnen war aber keiner in der Lage, die Katastrophen ihrer Zeit zu messen und eine Antwort zu finden – wir aber schon.

16

Die Winde von Hinnom

Sie war von Anfang an da, implizit in Jeremias Prophezeiung über das Tal Hinnom und in Lincolns zweiter Antrittsrede. In früheren Zeiten wie auch heute muss diese Frage fast unlösbar erschienen sein. Und wir müssen sie jetzt stellen.

Die bisher nicht gestellte Frage

Jeremia hatte den Zusammenhang zwischen dem im Tal Hinnom vergossenen Blut der Kinder und dem Blut, das in Jerusalem im Krieg vergossen werden sollte, vorhergesagt. Lincoln hatte die Möglichkeit in Betracht gezogen, der Krieg könnte so lange weitergehen, bis jedem Blutstropfen, der durch die Peitsche der Sklaverei hervorgerufen worden war, ein weiterer Blutstropfen gegenüberstand, verursacht durch das Schwert des Krieges.

In jedem dieser Fälle war das Gericht verbunden mit dem Bösen, das es hervorrief. Das Blut der Kinder im Tal Hinnom wurde beantwortet und entsprach dem Blut der Nation, die es vergossen hatte. Das Blut amerikanischer Sklaven wurde mit dem Blut amerikanischer Soldaten aufgewogen. Der Tod wird entsprechend mit dem Tod beantwortet.

Die sich aufdrängende Frage lautet: Könnte der alte Zusammenhang zwischen Sünde und Gericht – der Tötung von Kindern und einer tödlichen Seuche – nicht nur ihre Zeiten, Tage, Daten, Ereignisse, Orte, Dauern und Ursprünge betreffen, sondern auch ihren Umfang, ihre Größe, ihre Breite und sogar ihre Unermesslichkeit?

Mit anderen Worten: Könnte es einen Zusammenhang oder eine Übereinstimmung zwischen der Zahl der durch Abtreibung getöteten Kinder und der Zahl der durch die Seuche getöteten Amerikaner geben?

Das Dreijahresfenster

Wenn ja, in welchen Zeiträumen könnten die beiden gemessen und verglichen werden? Eindeutig gibt es ein klares Zeitfenster bezüglich der Einführung und Einsetzung der Abtreibung in Amerika. Es beginnt mit der Einführung der Abtreibung in der Nation und endet mit ihrer Einsetzung durch die Entscheidung des Obersten Gerichtshofs, die sie zum Gesetz des Landes machte. Sein Einzug in Amerika begann am 20. Januar 1970 und seine Einsetzung wurde am 22. Januar 1973 besiegelt – oder, entsprechend den verfügbaren Statistiken, dem Dreijahreszeitraum von 1970, 1971 und 1972, der am 31. Dezember endet.

Die Seuche müsste mit den gleichen Parametern beginnen - mit ihrem offiziellen Einzug in Amerika. Das Zeitfenster öffnet sich also am 20. Januar 2020. Das zweite Zeitfenster müsste parallel zum ersten Zeitraum verlaufen. Die Parameter des zweiten Zeitraums in Bezug auf die Seuche würden also Ende Januar 2020 beginnen und bis Ende Januar 2023 reichen – oder, um es mit den verfügbaren Statistiken für Abtreibungen vergleichen zu können – schauen wir auf den Dreijahreszeitraum 2020, 2021 und 2022, endend am 31. Dezember.

Natürlich gibt es bei all diesen Zahlen immer den Einfluss der Unterberichterstattung auf der einen und Überberichterstattung auf der anderen Seite. Wir sind auch auf die Verfügbarkeit der Statistiken angewiesen. Nationale Abtreibungsstatistiken für den Zeitraum unserer Untersuchung wurden in der Regel auf Jahresbasis und nicht nach Monaten gestaffelt erfasst. Andererseits haben wir durchaus gute Anhaltspunkte und können jeweils eine allgemein gültige Zahl ermitteln.

Könnte es also einen Zusammenhang oder eine Verbindung zwischen der Zahl der zwischen 1970 und Anfang 1973 durch Abtreibungen getöteten Kinder und der Zahl der Amerikaner geben, die fünfzig Jahre später zwischen 2020 und Anfang 2023 durch die Seuche getötet wurden?

Die Anzahl der Kinder

Für die Zahl der Kinder, die in den ersten drei Jahren nach der Einführung der Abtreibung in Amerika und bis zu *Roe gegen Wade* getötet wurden, liegen uns die jährlichen Abtreibungsstatistiken aus dem Johnston-Archiv vor. Dies sind auch die gleichen Statistiken, die von der CDC, den *Centers for Disease Control and Prevention*, über Abtreibungen von 1969 bis 1972 aufgeführt wurden.

Dieser Statistik zufolge belief sich die Zahl der Abtreibungen in Amerika 1970, also im ersten Jahr unserer Periode, auf 193.491. Im zweiten Jahr, 1971, betrug die Zahl 485.816. Und im dritten Jahr, 1972, betrug die Zahl 586.760.[27]

Die Addition der Jahresgesamtzahlen ergibt die Summe von Abtreibungen für den Dreijahreszeitraum von 1.266.067.

Die Anzahl der Seuchenopfer

Wie hoch ist die Zahl der Amerikaner, die in den drei entsprechenden Jahresperioden 2020, 2021 und 2022 durch die Seuche getötet wurden?

Dafür liegen uns die CDC-Mortalitätsstatistiken vor. Sie umfassen nicht nur Statistiken zu Todesfällen, die ausschließlich auf das Virus zurückzuführen sind, sondern auch die anderen durch COVID-19 verursachten Todesfälle, wie z. B. durch

27 Johnston, „Historical Abortion Statistics, United States."

Lungenentzündung und Grippe. Sie stellen somit die Gesamtzahl der durch das Virus verursachten Todesfälle dar.

So haben wir die Gesamtzahl der überzähligen Todesfälle in Amerika, die in der CDC-Sterblichkeitsstatistik auf das Virus zurückgeführt werden und im Zeitraum von Ende Januar 2020 bis zum 21. Januar 2023 erfasst wurden. Die Zahl beträgt 1.286.050.[28]

Statistische Konvergenz

Somit beträgt die Zahl der Amerikaner, die in diesem Zeitraum an der Seuche starben, 1.286.050, während sich die Zahl der durch Abtreibung getöteten Kinder im entsprechenden Zeitraum auf 1.266.067 beläuft. Angesichts der Daten und ihrer Genauigkeitsmargen können die beiden Zahlen als statistisch identisch gelten.

1.266.067 / 1.267.965

Aber es geht noch weiter. In den Zahlen der durch COVID zusätzlich verursachten Todesfälle sind einundzwanzig zusätzliche Tage im Januar enthalten, die in der Abtreibungsstatistik mangels monatlicher Aufzeichnungen nicht enthalten sind. Die Zahl der zusätzlichen Todesfälle für diese einundzwanzig Tage beträgt 18.085.[29] Wenn wir entsprechend anpassen und die Zahl von der Gesamtzahl der zusätzlichen Todesfälle im Dreijahreszeitraum (1.286.050) abziehen, ergibt sich eine Zahl von 1.267.965.

Die Zahl amerikanischer Kinder, die in den ersten drei Jahren der legalisierten Abtreibung getötet wurden, beträgt also 1.266.067.

28 „Excess Deaths Associated With COVID-19: National and State Estimates of Excess Deaths," CDC, abgerufen am 15. Februar 2023, https://www.cdc.gov/nchs/nvss/vsrr/covid19/excess_deaths.htm#data-tables

29 „Excess Deaths Associated With COVID-19," CDC

Die Zahl der durch COVID getöteten Amerikaner in den ersten drei Jahren der Seuche beträgt 1.267.965. 1.266.067 und 1.267.965 – auch hier sind die Zahlen statistisch identisch – und es geht sogar darüber hinaus.

1,3 Millionen / 1,3 Millionen

Eine weitere große Studie zu den durch COVID-19 verursachten Sterblichkeitsraten wurde von der britischen Zeitung *The Economist* durchgeführt. Sie gilt als eine der umfassendsten und gründlichsten Studien zu den durch das Virus verursachten Übersterblichkeitsraten. Die Ergebnisse beinhalten Schätzungen, liefern jedoch grobe Richtwerte.

Für den Dreijahreszeitraum vom 1. Januar 2020 bis zum 23. Januar 2023 beläuft sich die Schätzung des *The Economist* auf etwa 1,3 Millionen Amerikaner, die direkt oder durch Zusammenhänge mit der Seuche getötet wurden.[30]

Die vergleichbare Zahl der im parallelen Dreijahreszeitraum durch Abtreibung getöteten Kinder liegt bei 1,26 Millionen. Aber auch hier umfassen die Abtreibungsstatistiken nicht die 23 Tage im Januar, die in der Studie des *Economist* behandelt wurden. Wenn man eine durchschnittliche tägliche Rate an Abtreibungen in diesem Zeitraum hinzufügt und sie für die in der Studie des *Economist* berücksichtigten Tage mit dreiundzwanzig multipliziert, ergibt sich die Zahl der Abtreibungen für den Dreijahreszeitraum von Januar 1970 bis zum 22. Januar 1973 in Höhe von *1,3 Millionen.*

30 „Tracking Covid-19 Excess Deaths Across Countries," The Economist, aufgerufen am 4. Juni 2023, https://www.economist.com/graphic-detail/coronavirus-excess-deaths-tracker

Korrelationsraten

Wie eng ist die Korrelation zwischen der Gesamtzahl der durch die Seuche verursachten Todesfälle des CDC (1.267.965) und der Zahl der im entsprechenden Zeitraum durch Abtreibung getöteten Kinder (1.266.067)?

Die prozentuale Korrelation beträgt 99,85 Prozent! Was die ungefähren Zahlen des *Economist* zu COVID-Todesfällen im Vergleich zur Zahl der durch Abtreibung getöteten Kinder betrifft, liegt die Übereinstimmung bei 100 Prozent!

Schlussfolgerungen

Als Lincoln nachdachte über die Entsprechung des Blutes, das durch die Peitschenhiebe der Sklaverei vergossen wurde, mit dem Blut, das durch den Bürgerkrieg verursacht wurde, lagen ihm keine Statistiken über die Peitschenhiebe der Sklaverei vor.

Als Jeremia von der Gleichartigkeit der auf den Altären geopferten Kinder und seinen durchs Schwert ermordeten Landsmännern prophezeite, gab es keine entsprechenden Statistiken. Wir wissen nicht, wie eng die Entsprechung war.

Aber in diesem hier diskutierten Fall haben wir Statistiken. Die Entsprechung ist erstaunlich präzise. Und all die anderen Analogien, die wir zwischen beiden gesehen haben – ihre Anfänge, ihre Umkehrungen, die Jahre, Monate, Daten, Orte – sie alle enthalten eine Warnung.

Was hätten wir von einer Nation erwartet, die so viel unschuldiges Blut vergossen hat? Wir erwarten die Winde von Hinnom. Und diese kamen tatsächlich. Aber Amerika hat nicht allein diese 1,3 Millionen Kinder getötet. Zu dem Zeitpunkt, an dem ich dieses Buch verfasse, wurden bereits über 60 Millionen Kinder getötet. Die Winde ihrer Tötungen haben noch nicht vollständig Fahrt aufgenommen. Und können wir uns etwa in Sicherheit wiegen, dass dies niemals geschehen wird?

Wir werden nun einen ganz anderen Fluss von Mysterien erkunden, einen von Königen, Priestern, Tempeln und Göttern – und von einer besonders berüchtigten Königin. Die Wiedergabe dieses Mysteriums ist spezifisch, präzise und genau. Und sie birgt das Geheimnis eines der denkwürdigsten Anführer der letzten Zeit.

TEIL IV

JEHU UND DER TEMPEL BAALS

17

Der Prototyp

Die Vorlage, die wir gleich aufdecken werden, ist über zweieinhalbtausend Jahre alt. Sie enthält antike Ereignisse, uralte Bewegungen und historische Menschen. Und doch liefert sie uns präzise Erkenntnisse über Ereignisse, Bewegungen und auch Menschen der modernen Welt, bis hinein in unsere Tage.

Der Tupos

In 1. Korinther 10 schreibt der Apostel Paulus über den Fall und das Gericht der alten Israeliten. Dann fügt er hinzu:

> **Alles dies aber widerfuhr jenen als Vorbild und ist geschrieben worden zur Ermahnung für uns ...** 1. Korinther 10:11

Hinter dem deutschen Wort *Vorbild* verbirgt sich das griechische Wort *tupos*, das auch als Muster, Model, Vorlage oder Prototyp übersetzt werden kann. Anders ausgedrückt: Was dem alten Israel widerfuhr und wie es in der Heiligen Schrift wiedergegeben ist, geschah und wurde als Vorbild, als Muster für künftige Generationen aufgezeichnet. So dienen diese als Schablonen, um Anleitung, Warnung, Einsicht und Offenbarung zu geben. Solche Vorlagen können zwar prophetisch sein, sind aber nicht dasselbe wie Prophezeiungen. Sie sagen nicht so sehr ein bestimmtes zukünftiges Ereignis voraus, sondern offenbaren Grundsätze und Muster, denen zukünftige Ereignisse folgen oder sich anpassen können. Die Grundlagen solcher Dinge entspringen der

Souveränität und Allwissenheit Gottes. Er ist derjenige, der jedes Ereignis und jeden Augenblick der menschlichen Geschichte kennt, die Vergangenheit, die Gegenwart und die Zukunft. Er ist in der Lage, Muster, Schablonen und Paradigmen in diese Ereignisse, Augenblicke und in die gesamte Geschichte einzuweben.

Die Korrespondenz zwischen der antiken Vorlage, die wir jetzt öffnen werden, und der modernen amerikanischen Geschichte ist detailliert und präzise. Unabhängig davon, ob sie sich in der Vergangenheit wiederholt oder eine Parallele gefunden hat oder in der Zukunft wieder finden wird, tat sie dies in unserer Zeit durchaus und mit komplizierter Genauigkeit.

Der Mann der Kontroverse

Ich habe das Muster, die Vorlage zum ersten Mal in dem Buch *Das Paradigma* vorgestellt. Wir stellen hier nun ein einzelnes Stück dieser Vorlage in den Mittelpunkt, einen Mann der Kontroverse, ein Rätsel, und dessen Beziehung zu einem bestimmten heidnischen Tempel. Seit der Veröffentlichung des Buches haben das Geheimnis und die Schablone nicht aufgehört, sich zu entfalten und weiterzuentwickeln. Wir erstellen zunächst die Schablone in Bezug auf den Mann der Kontroverse – und dann auf seine Verbindung zu einem heidnischen Tempel. Dann werde ich enthüllen, was ich weder in *Das Paradigma* noch in irgendeinem anderen Buch enthüllt habe – weil es sich nämlich erst *nach* der Veröffentlichung jenes Buches erfüllt hat.

Es wird dabei um eines der umstrittensten Ereignisse der Neuzeit gehen – und um das dahintersteckende uralte Geheimnis.

18

Ein Mann mit Namen Jehu

Könnte sich hinter einem der umstrittensten Führer unserer Zeit eine uralte Figur und ein Mysterium verbergen?

Jenseits der Politik

Das in der antiken Vorlage enthaltene Geheimnis ist nicht politischer Natur. Es berührt vielmehr jeden Bereich, auch die Politik, aber es gehört nicht zum politischen Bereich. Es geht darüber hinaus. Die Teile der Vorlage fallen, wohin sie hinfallen, unabhängig von der Politik. Und obwohl die Vorlage Menschen, Führungskräfte und prominente Persönlichkeiten auf der nationalen amerikanischen Bühne einbezieht, geht es letztendlich nicht um sie.

Sie sind nur Teile eines größeren Bildes. Keiner von ihnen bewegt und handelt bewusst an seinem Platz in der Vorlage oder gemäß dem alten Mysterium, dem er folgt.

Dies gilt insbesondere für den Teil des Musterparadigmas, auf den wir uns konzentrieren werden – den Mann der Kontroverse. Es geht nicht um ihn. Es spielt keine Rolle, was man von ihm denkt oder wie man sich zu ihm positioniert. Die Vorlage ist in diesem Sinne neutral. Ihr Zweck ist es, zu offenbaren.

Das unwahrscheinliche Gefäß

Das Nordreich des alten Israel entfernte sich rasend schnell von Gott. Es war nicht nur ein Abschied; es hatte sich jetzt zu einem Krieg entwickelt. Jene, die auf den Thronen der Nation saßen und jene, die an der Spitze ihrer Kultur standen, kämpften aktiv gegen die Wege Gottes. Und wer den Wegen Gottes treu blieb, wurde nun ausgegrenzt und verunglimpft. Würde der Kurs der Nation unverändert beibehalten, stünden am Ende Gericht und Zerstörung.

Damals begann ein Mann namens Jehu einen Feldzug zur Eroberung des Thrones der Nation. Er war eine unwahrscheinliche Figur. Er war weder Mitglied des Herrscherhauses noch Politiker, und viele hielten ihn für ungeeignet, den Thron des Königs zu besteigen.

Ein Mann mit Namen Trump

In den ersten zwei Jahrzehnten des 21. Jahrhunderts beschleunigte sich der Abfall Amerikas von Gott, der seinen Einfluss auf die herrschenden Regierungs- und Kulturinstitutionen immer weiter festigte. Wer die Wege Gottes hochhalten wollte und an den Werten und dem Glauben festhielt, auf denen die Nation gegründet worden war, wurde nun ausgegrenzt, verunglimpft und zunehmend als Feind der Mainstream-Kultur behandelt.

Damals startete ein Mann namens Trump eine Kampagne zur Eroberung des Weißen Hauses. Ohne sich dessen bewusst zu sein, folgte er dem Muster eines alten Königs – Jehu. Er trat in dessen Fußstapfen und wiederholte dessen Taten. Jehu war der Prototyp und Trump sein Gegenstück.

Wie Jehu war Trump ein unwahrscheinlicher Kandidat. Er war weder Mitglied des politischen Establishments Amerikas noch ein Politiker. Und viele hielten ihn für regierungsunfähig. Jehu war eine kontroverse und polarisierende Figur. Er wurde von einigen geliebt, von anderen gehasst und gefürchtet. Das galt auch für Trump.

Das Rätsel

Obwohl Jehu den Namen Gottes anrief, spricht die Bibel nie von ihm als einem Mann Gottes. Es bleibt bis heute rätselhaft, wo sich sein Herz befand. Aufgrund seiner Art, seines Verhaltens und seiner Natur könnte man ihn als gottlosen Mann einordnen. Sogar die Heilige Schrift stellt seine Beziehung zu Gott in Frage:

> **Aber Jehu achtete nicht darauf, mit seinem ganzen Herzen im Gesetz des HERRN, des Gottes Israels, zu leben. Er wich nicht von den Sünden Jerobeams, der Israel zur Sünde verführt hatte.**
>
> 2. Könige 10:31

Und doch geht aus der Heiligen Schrift auch klar hervor, dass Jehu von Gott eingesetzt wurde. Unabhängig von seinen Wegen und Absichten war er ein Instrument. Sogar Verhaltensweisen und Taten, die als rücksichtslos und gottlos angesehen werden konnten, wurden genutzt, um Gericht und Reformation herbeizuführen. Jehu war ein Gefäß für die Absichten Gottes, wenn auch augenscheinlich ungeeignet und sogar gegen seinen Willen.

Wie Jehu ruft Trump den Namen Gottes an, aber nur wenige sprechen von ihm als einem Mann Gottes. Wie bei Jehu bleibt Trump ein Rätsel. Und wie sein Herz im Hinblick auf Gott schlägt, ist weiterhin unklar. Viele halten ihn für einen gottlosen Mann. Und doch wurde Trump von Gott benutzt. Er war, genau wie Jehu, ein unwissendes Gefäß. Wie bei Jehu machten seine Fehler und sein Verhalten nicht zunichte, dass er als Instrument für Gottes Zwecke eingesetzt wurde.

Ebenso wenig wie bei Jehu machte die Tatsache, dass er als Instrument für Gottes Zwecke eingesetzt wurde, seine Fehler und sein Verhalten zunichte. Gott gebraucht, wen Er will.

Verrückter Fahrer

Jehu war ein Krieger, ein Kämpfer, und Trump ein Kämpfer, ein Mann, der mit fast jedem stritt und davon profitierte. Der biblische Bericht über Jehus Aufstieg zur Macht zeichnet ein Bild von Wildheit, Impulsivität und Unvorhersehbarkeit. Trump wird von Anhängern und Gegnern gleichermaßen als wild, impulsiv und unberechenbar angesehen.

Jehus Aufstieg zum Thron begann, als er einen Streitwagen bestieg und sich auf einen Wettlauf in die Hauptstadt und den Sitz der Regierungsmacht begab. Jehu soll seinen Streitwagen als „Raser", als „Verrückter" gelenkt haben.

Und das Fahren gleicht dem Fahren Jehus, des Sohnes Nimschis; denn er fährt wie in Raserei. 2. Könige 9:20

Trumps Rennen um das Weiße Haus wurde mit ähnlichen Worten beschrieben.

Die Allianz

Inmitten seines Rennens um den Thron schloss Jehu ein Bündnis mit den religiösen Konservativen des Landes. Mitten im Rennen um den Einzug ins Weiße Haus schloss Trump ein Bündnis mit den religiösen Konservativen der Nation.

Genauer gesagt schloss Jehu ein Bündnis mit einem bestimmten Mann, der die religiösen Konservativen des Landes vertrat: Jonadab. Dieser war bekannt für seine Frömmigkeit und seinen alkoholfreien Lebensstil. Jonadab nahm Jehus Einladung an, sich ihm in seinem Streitwagen anzuschließen. Die beiden bestritten dann gemeinsam Jehus Rennen um den Thron.

Trump schloss ebenfalls ein Bündnis mit einem Mann, Mike Pence. Pence repräsentierte ebenfalls die religiösen Konservativen des Landes. Wie Jonadab war auch Pence für seine

Frömmigkeit und seine Abstinenz vom Alkohol bekannt. Pence nahm Trumps Einladung an, sich ihm im Rennen um das Weiße Haus anzuschließen. Die beiden sollten das Rennen tatsächlich gemeinsam beenden.

Im zwölften Jahr

Jehu wollte König Joram nachfolgen. Als Jehu an die Macht kam, war Joram auf nationaler Ebene zwölf Jahre lang an der Macht. Trump würde Barack Obama nachfolgen. Obama betrat die nationale Bühne 2004 auf dem Parteitag der Demokraten. Trump kam bei der Präsidentschaftswahl 2016 an die Macht. So wie Jehu am Ende von Jorams zwölf Jahren die Macht ergriff, übernahm Trump am Ende von Obamas zwölf Jahren auf nationaler Bühne die Macht.

Die ehemalige First Lady

Die letzte große Persönlichkeit, die Jehus Aufstieg im Wege stand, war die ehemalige First Lady des Landes. Und um König zu werden, musste Jehu sich mit der ehemaligen First Lady des Landes messen.

Das größte Hindernis für Trumps Aufstieg zur Präsidentschaft war die ehemalige First Lady des Landes, Hillary Clinton. Um Präsident zu werden, musste Trump es auf einen Showdown mit der ehemaligen First Lady ankommen lassen.

Als Jehu der ehemaligen First Lady des Landes gegenüberstand, bedeutete es den Untergang der letzteren. Jehu setzte sich durch und ergriff die Königskrone.

Obwohl praktisch jede Umfrage Clintons deutlichen Sieg über Trump voraussagte, spricht das biblische Paradigma vom Gegenteil: Wenn die beiden gegeneinander antraten, würde die ehemalige First Lady fallen und Jehu siegen. Entgegen all der

Widrigkeiten und Umfragen und als eine der größten Überraschungen in der Geschichte der amerikanischen Präsidentschaft wurde die First Lady besiegt und Trump gewann.

Zweiundzwanzig und vierzehn Jahre

Wie lange war Hillary Clinton auf der nationalen Bühne? Sie betrat diese mit ihrem Mann und blieb mit ihm dort zweiundzwanzig Jahre lang. Nach der Präsidentschaft ihres Mannes war sie zwölf Jahre lang Senatorin und Außenministerin. Dann zog sie sich für zwei Jahre aus dem öffentlichen Leben zurück. Sie kam wieder und kandidierte für zwei weitere Jahre um das Präsidentenamt.

Ihre Zeit auf der nationalen Bühne betrug also zweiundzwanzig Jahre mit ihrem Mann und vierzehn Jahre allein. Ihr historischer Prototyp, die ehemalige First Lady Israels, die Jehu dann besiegte, herrschte zweiundzwanzig Jahre lang mit ihrem Ehemann und vierzehn Jahre lang allein.

Was könnte ein moderner Präsident mit dem alten Gott Baal und seinem Tempel zu tun haben? Sehr viel …

19

Das Haus der gefallenen Kinder

Nachdem Jehu die ehemalige First Lady besiegt hatte, richtete er seine Aufmerksamkeit auf die Hauptstadt Samaria. Die Stadt war voller Korruption, Unmoral und Abfall vom Glauben. Jehu war mit einer Absicht in die Hauptstadt gekommen: *den Sumpf trockenzulegen*. Nach dem Sieg über die ehemalige First Lady richtete Trump seine Aufmerksamkeit auf die Hauptstadt Washington, D.C. Er hatte eine Absicht: *den Sumpf trockenzulegen*.

Die Kinder Baals

Für Jehu stand ein Sumpf und ein Hindernis im Vordergrund, das alles andere überragte. Und dem stellte er sich. Es hatte mit Baal zu tun. Baal war der oberste der fremden Götter, an die sich Israel gewandt hatte, als es von Gott abwich. Und die Verehrung Baals war vor allem mit der ehemaligen First Lady des Landes verbunden.

In ihrem Amt als Königin hatte sie eine besonders bösartige Form der Baalsverehrung im Land eingeführt. Sie nutzte die Staatsgewalt, um das Volk zur Anbetung von Baal, dem Hauptgott ihrer phönizischen Heimat, zu zwingen. Wer sich weigerte, konnte mit dem Tode bestraft werden. Unter ihrer Herrschaft wurde der Baalskult zur offiziellen Religion Israels.

Die Elemente der Baalsverehrung waren typisch für heidnische Religionen – Naturriten, Sinnlichkeit, Opfer und sexuelle

Unmoral. Es waren dabei die Opfer, die Israels Baalsanbetung besonders düster machten. Als Baal die Opferung ihrer Kinder forderte, füllten deren Blut das Land.

Götter und Könige

Eine Parallele zu der Akzeptanz des Kinderopfers im alten Israel bildet die moderne Akzeptanz der Abtreibung in Amerika. Im Falle Israels wurde mit der Praxis der Kinderopferung erst begonnen, als sich die Nation von Gott abwandte. Auch im modernen Fall kam die Abtreibung erst nach Amerika, als sich die Nation von Gott entfernte.

Als der israelitische König Ahab und seine Frau Isebel die Verehrung Baals in ganz Israel gewaltsam durchsetzen, gehörte Jehu zu ihren Befehlshabern. Daher diente, verteidigte und unterstützte er die Verehrung Baals und die Opferung der Kinder. Aber Jehu wandte sich gegen das Haus Ahab und gegen den Baalskult und damit gegen Kinderopfer.

Auch Trump war ursprünglich ein Befürworter der Abtreibung. Er war mit der ehemaligen First Lady und ihrem Ehemann Bill Clinton befreundet. Aber wie Jehu wandte sich auch Trump gegen die Abtreibung. Als er seinen Wettlauf um das Weiße Haus begann, tat er dies als entschiedener Gegner dieser Praxis.

Die Machtprobe

Die ehemalige First Lady des Landes war während Jehus Machtergreifung die prominenteste Verfechterin der Baalsverehrung. Während Trumps Machtantritt verkörperte die ehemalige First Lady des Landes, Hillary Clinton, die prominenteste Befürworterin der Abtreibung. So wie die beiden antiken Figuren in ihrer letzten Machtprobe gegeneinander antraten, so standen sich die beiden modernen Figuren in ihrer letzten Machtprobe gegenüber, in ihrer letzten Debatte im Herbst 2016. Darin forderte Trump Clinton vor der ganzen Nation wegen des Blutes amerikanischer Kinder heraus. Sie unterstützte die Praxis. Doch ebenso wie Jehu war Trump dagegen und versprach, dagegen Krieg zu führen.

Der Tempel Baals

Als Jehu in Samaria, der Hauptstadt des Landes, ankam, sah er sich einem riesigen, dem Baal gewidmeten Nationaltempel gegenüber. Wollte er das Land von der Baalsverehrung befreien, musste er diesen großen Tempel zerstören. Genau dieser Tempel in der Hauptstadt diente der zentralen Baalsverehrung und bildete somit die Achse des Systems, das die Opferung von Kindern veranlasste. Jehu gab den Befehl und der Tempel Baals wurde zerstört:

> **... und sie rissen den Gedenkstein des Baal nieder; und sie rissen das Haus des Baal nieder und machten Aborte daraus; die sind dort bis auf den heutigen Tag. So tilgte Jehu den Baal aus Israel aus.** 2. Könige 10:27-28

Die Zerstörung des Baalstempels verkörperte und eröffnete zugleich Jehus Herrschaft. Es ist eine der zentralen Dynamiken des Paradigmas: *Soll Jehu aufsteigen, dann muss der Tempel Baals fallen.*

Palmyra

Als Trump mit dem Start seines Präsidentschaftswahlkampfs seinen Aufstieg an die Macht begann, stand auf der anderen Seite der Erdkugel ein Baalstempel im syrischen Palmyra. Er war uralt und stand dort seit der Zeit des Römischen Reiches, fast zwei Jahrtausende lang. Aber dem Paradigma zufolge musste der Tempel Baals fallen, wenn sich Jehu erhebt.

Trump gab seine Kandidatur im Juni 2015 bekannt. Zwei Monate später *fiel* der antike Baalstempel zu Boden, der der Welt fast zweitausend Jahre lang standgehalten hatte. Das alte Paradigma hatte sich manifestiert: Wenn Jehu aufsteht, muss der Tempel Baals fallen.

Die Vorahnung

Und schon war der Fall des Baalstempels die prophetische Vorahnung einer bevorstehenden Veränderung. Die Änderung betraf die amerikanische Politik und Kultur. Doch bevor dieser Wandel eintrat, gab es eine weitere Manifestation der alten Vorlage von Jehu und dem Tempel des Baals. Dies wiederholte sich offen vor der Nation und vor der Welt.

Jene, die Zeuge der Wiederholung waren, hatten keine Ahnung. Die Kongressabgeordneten, die unzählige Stunden im Untersuchungsausschuss damit verbrachten, hatten ebenfalls keine Ahnung. Doch hinter dem Ereignis, das Amerika und die Welt in Erstaunen versetzte, steckte ein uraltes Geheimnis.

Ich habe *Das Paradigma* im Jahr 2017 geschrieben. Der Vorgang, den wir eröffnen werden, ereignete sich mehr als drei Jahre nach seiner Veröffentlichung – und doch war er in dem im Buch offenbarten Paradigma bereits angedeutet.

Gleich werden wir das Geheimnis erkennen, das die Welt damals nicht erkennen und das der Kongress der Vereinigten Staaten in den folgenden Jahren nicht entdecken konnte. Es ist ein Geheimnis, das ich bis zu diesem Moment noch in keinem Buch gelüftet habe.

20

Jehu und der Baalstempel

Ist es möglich, dass hinter einem der aufsehenerregendsten politischen Ereignisse der Neuzeit ein biblisches Geheimnis steckt? Kann es sein, dass die Antwort auf ein Ereignis, für dessen Untersuchung die amerikanische Regierung unkalkulierbaren Aufwand, Energie und Zeit aufgewendet hat, nicht im politischen oder ideologischen Bereich liegt, sondern in einer alten Vorlage und einem Ereignis, das über zweieinhalbtausend Jahre zuvor stattgefunden hat?

Die Revanche

Im biblischen Modell ist der Aufstieg Jehus mit dem Fall des Baalstempels verbunden. Wir haben gesehen, wie sich die Vorlage im Aufstieg des heutigen Jehus und im Zusammenbruch des alten Baalstempels in Palmyra, Syrien, manifestierte. Aber könnte es eine weitere Manifestation geben? Und wenn der Krieg Jehus und der Tempel Baals den Beginn von Jehus Herrschaft und den Beginn von Trumps Aufstieg zur Präsidentschaft prägte, könnte er dann auch deren Ende prägen? Oder kann seine Präsidentschaft mit einer Wiederholung, einem erneuten Kampf, der in dem Modell offenbarten Schlacht enden?

Der 6. Januar

Die erste Januarwoche 2021 entschied über die Zukunft des US-Senats und der amerikanischen Präsidentschaft. Alles drehte sich um diese Wochenmitte, um den Mittwoch, als die Ergebnisse der Senatswahl in Georgia verkündet werden sollten und somit, welche Partei den Senat kontrollieren würde. An diesem Tag wurden auch die Stimmen der Präsidentschaftswahl 2020 offiziell besiegelt. Der Mittwoch war entscheidend, da er den Demokraten die Kontrolle über den Kongress und die Präsidentschaft gab. Es besiegelte das Ende von Trumps Tagen an der Macht. Alles lief am 6. Januar zusammen. Was an diesem Tag geschah, wird von der Vorlage nicht übersehen, sondern es wird darin offenbart und in gewisser Weise vorhergesagt.

Der nationale Tempel

Der Baalstempel, der in der Hauptstadt des Landes, Samaria, stand, war praktisch der nationale Tempel des Nordreichs Israels. Die erste Frage, die wir uns stellen müssen, lautet also: Gibt es in Washington, DC, ein Gebäude, das als nationaler Tempel gelten könnte? Es wird allgemein angenommen, dass Amerika nicht darüber verfügt. Aber es gibt einen.

Er heißt *der Tempel der Amerikanischen Republik, das Haus des Volkes, der weltliche Tempel Amerikas* und *der Tempel der Demokratie der Nation*. Es ist das Kapitol der Vereinigten Staaten. Der Platz des Kapitol-Gebäudes als Amerikas nationaler Tempel erscheint bereits an seinen Wänden, wo geschrieben steht: „Wir haben keinen Tempel gebaut außer dem Kapitol…“[31] Sogar das Gebäude bezeichnet sich selbst als Tempel. Es wurde den heidnischen Tempeln der Antike nachempfunden, insbesondere denen Griechenlands und Roms und speziell dem römischen Pantheon, dem Tempel aller Götter.

31 „Quotations," Architect of the Capitol, aufgerufen am 5. Juni 2023, https://www.aoc.gov/explore-capitol-campus/art/quotations

Das heidnische Gebet

Aber es ist nicht die Architektur, die ein Gebäude heidnisch macht, sondern was im Inneren passiert. Im antiken Baalstempel wurden Gebete und Anbetung einem heidnischen Gott gewidmet. Im Kapitol-Gebäude werden traditionell Gebete und Anrufungen zum Gott der Bibel erhoben. Doch mit Beginn der Woche vom 6. Januar 2021 änderte sich etwas.

Es geschah am 3. Januar bei der ersten Arbeitssitzung des neuen Kongresses. Dieser Kongress wurde mit einem Gebet des demokratischen Kongressabgeordneten Emanuel Cleaver eröffnet. Ich hatte über ihn vor Jahren etwas in *Das Paradigma* geschrieben.

Dieser Mann hatte auf dem Parteitag der Demokraten, auf dem Hillary Clinton nominiert wurde, unwissentlich eine prophetische Rede gehalten. Nun sprach er unwissentlich ein prophetisches Gebet.

Das Problem bei dem Gebet ist der Gott, zu dem Cleaver betete. Er schloss es mit dem Namen Brahma ab.[32] Brahma ist eine Ewigkeit vom Gott der Bibel entfernt. Er ist ein hinduistischer Gott, einer von drei herrschenden Göttern; die anderen sind Vishnu und Shiva. Brahma hat vier Köpfe. Ursprünglich hatte er fünf, aber die Göttin Shiva schnitt einen davon ab, als er beim Lügen erwischt wurde. Brahma ist ein heidnischer Gott. Und so wurde am 3. Januar 2021 der 117. Kongress einem heidnischen Gott geweiht und Amerikas nationaler Tempel wurde zu einem Haus des Gebets – zu einem heidnischen Gott – wie in einem heidnischen Tempel.

32 „House of Representatives," Congressional Record 167, Nr. 1 (3. Januar 2021), H1, https://www.congress.gov/117/crec/2021/01/03/CREC-2021-01-03-pt1-PgH1.pdf

Die Agenda

Über das Gebet hinaus beherbergte der Tempel Baals Praktiken und Absichten, die im Widerspruch zu den Wegen Gottes standen. Er förderte sexuelle Unmoral und die Opferung von Kindern. In dieser ersten Woche des Jahres 2021 nun wurde der neue Kongress nicht nur mit einem heidnischen Gebet eröffnet – eine antibiblische, bzw. heidnische Agenda trat hinzu.

Der neue demokratisch kontrollierte Kongress wollte eine Agenda auf den Capitol Hill bringen, die im krassen Gegensatz zur biblischen Moral und den Werten steht, die Sexualität, Religionsfreiheit, das Geschlecht und das Leben ungeborener Kinder betreffen. Der neue Kongress trat im Kapitol zusammen, um die stärkste Pro-Abtreibungs-Agenda in der amerikanischen Geschichte zu verabschieden.

Es war also nicht nur das Gebet, das Amerikas „Tempel" in einen heidnischen Tempel verwandelte – sondern die Agenda. In dieser ersten Woche des Jahres 2021 übernahm diese Agenda die volle Kontrolle über den Capitol Hill und den Tempel der Amerikanischen Republik. Und das alles geschah, als *ein Jehu noch an der Macht und in der Hauptstadt war*. Dies waren die Zutaten der alten Vorlage. Dieser Kampf wartete darauf, stattfinden zu können.

Jehus Versammlung

Im zehnten Kapitel des Buches der 2. Könige wird berichtet, dass Jehu eine Versammlung in der Hauptstadt einberief. Genauso berief Präsident Trump für den 6. Januar ein Treffen in der Hauptstadt Washington, D.C. Jehus Versammlung sollte sich letztlich an den Nationaltempel in der Hauptstadt richten. Trumps Zusammenkunft am 6. Januar war ebenfalls auf Amerikas Nationaltempel gerichtet – das Kapitol.

Die alte Vorlage drehte sich um zwei Versammlungen oder zwei Gruppen von Menschen, die in dieser Stadt zusammenkamen: die Priester und Anbeter Baals, die sich im Tempel versammelten, und die Anhänger Jehus, die außerhalb des Tempels standen. So stellte die Versammlung, die am 6. Januar im Kapitol stattfand, den Sieg einer antibiblischen Agenda dar. Die vor dem Kapitol stehende Gruppe repräsentierte die Anhänger des modernen Präsidenten Trump.

Jonadab im Haus

Bemerkenswerterweise berichtet die alte Vorlage von Jehu und seinem Partner Jonadab, die eine herausragende Rolle bei dem spielten, was im Baalstempel geschah. Sowohl Trump als auch Pence spielten nun eine herausragende Rolle bei den Ereignissen des 6. Januar im Kapitol, dem Nationaltempel Amerikas.

In der alten Vorlage gehen sowohl Jehu als auch Jonadab zum Baalstempel. Trump hatte geplant, an diesem Tag zum Kapitol zu gehen, doch sein Sicherheitsteam hinderte ihn daran. Aber Pence, der heutige Jonadab, betrat an diesem Tag gemäß dem Paradigma tatsächlich den Nationaltempel. Bemerkenswert ist, dass wir zwar davon ausgehen können, dass Jonadab das Gebäude verließ, nachdem er es betreten hatte, der Bericht jedoch keine Aufzeichnungen oder Hinweise darauf enthält. Am 6. Januar betrat Pence das Kapitol. Er verließ es nicht wieder, sondern blieb vielmehr die ganze Nacht dort.

Die Menschen außerhalb des Tempels

In der alten Vorlage wies Jehu die Menge seiner Anhänger an, zum Baalstempel zu gehen und sich davor aufzustellen. Am 6. Januar wies Trump die Vielzahl seiner Anhänger praktisch an, zum Kapitol zu gehen und draußen zu protestieren.

Jehus Anhänger standen vor dem Nationaltempel, während im Inneren die Verhandlungen stattfanden. Auch Trumps Unterstützer standen vor dem Nationaltempel, während im Inneren die Verhandlungen stattfanden. Die Anhänger Jehus blieben nicht außerhalb des Baalstempels und die Anhänger Trumps blieben nicht vor dem Kapitol.

Die Belagerung

Im biblischen Bericht über Jehus Krieg gegen den Baalstempel erhielten seine Anhänger die Aufforderung:

Geht hinein ... 2. Könige 20:25

Daraufhin belagerten die Leute Jehus den Tempel. Am 6. Januar taten die Anhänger Trumps dasselbe.

Sie glaubten, sie hätten die Autorität, *hineinzugehen*. Also gingen sie hinein und besetzten es. In der antiken Vorlage betraten die Anhänger Jehus den Baalstempel und unterbrachen dessen Abläufe auf dramatische und gewaltsame Weise. Am 6. Januar betraten Trumps Anhänger das Kapitol und unterbrachen das Verfahren auf dramatische Weise, wenn auch weniger gewaltsam als im antiken Fall. In der alten Vorlage gehen Jehus Anhänger in den Tempel, um Blut zu vergießen – was sie auch taten.

Am 6. Januar waren unter den Erstürmern des Kapitols einige, wenn auch nicht die Mehrheit, die Blut forderten und sich auf Gewalt vorbereitet hatten.

Entweihung

Um zu verhindern, dass der Baalstempel und der Boden, auf dem er stand, jemals wieder als Ort heidnischer Praktiken genutzt würden, schändete und entweihte Jehus Volk ihn. Ebenso betraten am 6. Januar unter denen, die in das Kapitol eindrangen, es auch jene, die es zu schänden und zu entweihen versuchten.

Im Hinblick auf Jehu und den Baalstempel sind die Reaktionen der Kongressabgeordneten nach dem 6. Januar besonders bedeutsam und konsistent. Der neue Mehrheitsführer im Senat sagte: „Dieser Tempel der Demokratie wurde entweiht.“[33]

Ein Senator sagte an diesem Abend vom Capitol Hill aus: „Dieser heilige Ort wurde entweiht. … Dieser Tempel der Demokratie wurde geschändet.“[34]

Der Sprecher des Repräsentantenhauses sprach von Menschen, die sich „an der … Entweihung dieses, unseres Tempels beteiligten …“[35]

Shmonim Ish – Die achtzig Männer

Nach dem 6. Januar setzte die Regierung harte Maßnahmen gegen alle in Gang, die an dem Einbruch in das Kapitol beteiligt waren. Ende der Woche gab die Polizeibehörde von Washington, D.C. die Zahl der Personen bekannt, die sie im Zusammenhang mit den Unruhen auf dem Capitol Hill festgenommen hatte. Die Zahl machte Schlagzeilen:

Achtzig Personen wegen Unruhen im US-Kapitol und in der Umgebung von D.C. verhaftet.

---

33 „READ: Chuck Schumer's Statement to the Senate on the Storming of the Capitol," U.S. News and World Report, 6. Januar 2021, https://www.usnews.com/news/elections/articles/2021-01-06/read-chuck-schumersstatement-to-the-senate-on-the-storming-of-the-capitol

34 „Durbin Speaks on Senate Floor About Violence at the U.S. Capitol & 2020 Election Certification," US Senate Committee on the Judiciary, 8. Januar 2021, https://www.judiciary.senate.gov/press/dem/releases/durbin-speaks-on-senate-floor-about-violence-at-the-us-capitol-and-2020-election-certification

35 Elena Moore, „Pelosi Reconvenes the U.S. House: ‚Our Purpose Will Be Accomplished,'" NPR, 6. Januar 2021, https://www.npr.org/sections/congress-electoral-college-tally-live-updates/2021/01/06/954244836/pelosi-reconvenes-the-u-s-house-our-purpose-will-be-accomplished

Das Metropolitan Police Department hat im Zusammenhang mit den Unruhen im US-Kapitol und rund um D.C. 80 Personen festgenommen.[36]

Die Zahl derer, die mit der Belagerung des Kapitol-Gebäudes in Verbindung standen, betrug also 80. Die alte Vorlage gibt die Zahl der Männer Jehus, die den Baalstempel belagerten, mit zwei hebräischen Wörtern an: Shmonim Ish.

Die Übersetzung von „Shmonim Ish“: Achtzig Männer! So steht es in der alten Vorlage geschrieben: Jehu hatte für sich Männer außerhalb des Tempels aufgestellt.

Jehu aber stellte außen achtzig Mann auf ...

2. Könige 10:24 (Luther)

Die genau gleiche Anzahl. Niemand hätte diese Verbindung orchestrieren können. Aber die Vorlage existierte schon seit über zweieinhalbtausend Jahren.

Das Geheimnis des amerikanischen Tempels

In den Mauern des amerikanischen Tempels, dem Kapitol, scheint ein Geheimnis verborgen zu sein. In den Jahren vor der Planung und dem Bau bereiste ein englischer Gelehrter den Nahen Osten. Dort untersuchte er antike Ruinen, Bauwerke und Tempel. Er schrieb ein Buch, in dem er seine Ergebnisse detailliert darlegte. Es enthielt auch Beschreibungen und Zeichnungen. Das Buch hatte großen Einfluss auf die damaligen Gelehrten und Architekten.

Eines der antiken Gebäude, die er untersuchte und über die er schrieb, war der Baalstempel. Es wird angenommen, dass sein

36 Michael O'Connell, „80 Arrested for Civil Unrest at US Capitol and Around DC,“ Patch, 8. Januar 2021, https://patch.com/districtcolumbia/washingtondc/80-arrested-civil-unrest-us-capitol-around-dc

Buch Menschen inspiriert hat, die das Kapitol der Vereinigten Staaten entworfen haben, und dass sich ein Teil des Baalstempels tatsächlich im Kapitol-Gebäude widerspiegelt.

Darüber hinaus handelte es sich bei dem von ihm untersuchten Baalstempel zufällig um den Tempel von Palmyra in Syrien. Mit anderen Worten: Es handelte sich um denselben antiken Tempel, der zwei Monate nach Trumps Machtergreifung einstürzte.

Vorlagen und Prototypen

So wie der alte Jehu gegen den großen nationalen Tempel kämpfte, stritt der moderne Jehu gegen den großen nationalen Tempel Amerikas. Der moderne Jehu hatte keine Ahnung von der alten Vorlage, von seinem antiken Prototyp oder von der Rolle, die er spielen sollte. Aber auch die achtzig Teilnehmer unter den Besetzern des Kapitols am 6. Januar hatten keine Ahnung von den Achtzig, die im Namen Jehus den Tempel des Baals belagerten. Es spielte keine Rolle. Die Parallelen waren nicht natürlich. Die Vorlage manifestierte sich aber dennoch.

Die Herrschaft Baals

Die Belagerung des Baalstempels und sein anschließender Fall bildeten den Beginn der Herrschaft Jehus. Der Fall des Baalstempels markierte zugleich den Beginn von Trumps Aufstieg zur Macht. Aber im Fall von Trump etablierte dies, so wie es den Beginn seiner Herrschaft markiert hatte, auch das Ende. Es ist kein Unfall der Geschichte, dass sich die alte Vorlage genau an dem Tag wiederholte, der das Ende seiner Präsidentschaft besiegelte.

Es war gewissermaßen eine Revanche. Nur konnten sich der moderne Jehu und seine Streitkräfte dieses Mal nicht durchsetzen. Es war ein Zeichen dafür, dass die Pläne Baals in Amerika vorherrschen würden und sein Einfluss auf den Thronen sowohl der politischen als auch der kulturellen Macht ruhen würde.

◆ ◆ ◆

Das, was am 6. Januar 2021 geschah, war weder das Ende der Geschichte noch der Vorlage oder der Schlacht Jehus am Baalstempel. Es gab eine weitere Manifestation. In vielerlei Hinsicht war dies die bedeutendste. Sie wurde zum Schlüssel, um die Geheimnisse Jehus und derer, die ihm vorausgingen – als auch denen, die folgen würden – miteinander zu verbinden. Wir eröffnen nun diese letzte Manifestation Jehus und des Baalstempels.

21

Die Götter vertilgen

Baals Verbindung zur Kinderopferung war ebenso berüchtigt wie die des Gottes Molech. Als schließlich das Gericht über das Nordreich Israel erging, erschien in 2. Könige 17 der Nachruf auf die Nation. Eine der Hauptursachen für ihre Zerstörung war, dass das Volk Baal diente. Und sie ließen ihre Söhne und Töchter durch das Feuer gehen (siehe 2. Könige 17:16–17).

Baals Vertreibung aus Israel

Der Baalskult und die Kinderopferung führten zur Zerstörung der Nation. Dieser Kult und diese Handlung standen im Mittelpunkt und wurden in der Landeshauptstadt vom Baalstempel verkörpert. Als Jehu gegen diesen Tempel vorging, wandte er sich gegen eine Institution, eine Religion, ein Priestertum, ein System und eine Praxis. Er führte Krieg gegen die systematische Ermordung der Kinder der Nation. Und so zerstörte er, wie es im Bericht heißt, nicht nur einen Tempel, sondern vertrieb auch einen Gott und seinen Kult:

So tilgte Jehu den Baal aus Israel aus. 2. Könige 10:28

Darin war Jehu einmalig. Er war der einzige Herrscher in der Geschichte des Nordreichs Israel, der aktiv versuchte, Baal aus dem Land zu vertreiben und der Praxis der Kinderopfer ein Ende zu setzen. Selbst im weniger abtrünnigen Königreich Juda gab es nur eine verschwindend geringe Zahl Könige, die dasselbe taten.

Baals Vertreibung aus Amerika

Nach dem Vorbild des alten Königs führte Donald Trump ebenfalls Krieg gegen die systematische Tötung von Kindern. Und so wie Jehu in seinem Krieg gegen Baal unter den Königen des Nordreichs einzigartig war, war Trump unter den amerikanischen Präsidenten in der Zeit nach *Roe gegen Wade* einzigartig in der Wirksamkeit seines Feldzugs gegen die Tötung von Kindern. Jehu hatte Baal aus Israel getilgt; ähnliches strebte Trump im Hinblick auf die Abtreibung in Amerika an.

Seine Regierung ging stetig voran bei ihren Versuchen, die Ungeborenen zu schützen. Trump hielt als erster amtierender amerikanischer Präsident beim jährlichen Marsch für das Leben in Washington, D.C. eine Rede. Seine Regierung handelte, um die Freiheit derjenigen zu schützen, deren Gewissen es ihnen verbietet, die Tötung ungeborener Kinder zu finanzieren oder dabei zu helfen. Und wie Jehu jegliche staatliche Unterstützung für den Baalskult und für die Kindsopfer einstellte, strich Trump alle staatlichen Mittel für Abtreibungen und forderte die Streichung von Mitteln des Bundeshaushalts für Abtreibungsorganisationen der ganzen Welt.

Den Tempel zum Einsturz bringen

In seinem Wahlkampf von 2016 versprach Trump, als Präsident werde er Richter ernennen, die für das Leben eintreten, was dann zur Abschaffung der Abtreibung, wie sie die Nation kannte, führen sollte. Und so ging es auch beim Paradigma von Jehu und dem Baalstempel um viel mehr als nur um ein Gebäude. Im Fall von Trump war das Ziel, eine Institution, ein Urteil und eine Praxis zu Fall zu bringen. Und die einzigartige Rolle, die er bei dessen Fall spielte, war kein Zufall, sondern ein Erfordernis des alten Paradigmas.

Baal erreicht New York

Einen Monat vor seiner letzten Debatte mit Hillary Clinton und weniger als zwei Monate vor der Wahl geschah etwas Seltsames. Auf den Straßen von New York City tauchte ein Fremdkörper auf. Es handelte sich um die Darstellung eines Objekts aus dem Nahen Osten aus Palmyra in Syrien, der Stadt des Baalstempels, die kurz nach Trumps Machtergreifung zerstört worden war.

Es handelte sich um einen Torbogen. Manche nannten es den Baalsbogen. Durch diesen Bogen traten die Baalsanbeter in der Antike in dessen Tempel. Man errichtete ihn auf dem Gelände des Rathauses. Die Enthüllung erfolgte auf Anordnung der Stadtbeamten unter Musik, die an die Baalsverehrung erinnern sollte – und unter dem Jubel der Anwesenden.

Der Tempel Baals war gefallen, als der amerikanische Jehu seinen Aufstieg begann. Doch nun wurde im Land des heutigen Jehu ein mit diesem Tempel verbundenes Objekt errichtet. Tatsächlich stand es im Land beider Präsidentschaftskandidaten – in New York. Und vielmehr noch befand es sich in New York City, wo das Blut von mehr Kindern vergossen wurde als irgendwo sonst im Land. Es befand sich sogar eine Beschriftung am Bogen, die ihn als den Baalstempel identifizierte.

Gerade jetzt, als der amerikanische Jehu kurz davorstand, an die Macht zu kommen – eine Herrschaft, welche die blutige Praxis im Zusammenhang mit der Baalsverehrung gefährdete – erschien im Land ein Gegenstand, der den Namen jenes Gottes trug und mit dessen Tempel verbunden war.

Erster Akt

Damit Trump sein Versprechen einhalten konnte, Richter des Obersten Gerichtshofs auf Lebenszeit zu ernennen, mussten mehrere Faktoren zusammenkommen, die alle außerhalb seiner

Kontrolle lagen. Zuerst musste er die Wahl gewinnen. Entgegen allen Widrigkeiten und den Vorhersagen praktisch aller Umfragen schaffte er dies. Zweitens mussten sich die Türen zum Obersten Gerichtshof öffnen – was bedeutet, dass Richter des Obersten Gerichtshofs während seiner Amtszeit zurücktreten oder sterben mussten. Dies geschah ebenfalls.

Seine erste Nominierung für den Obersten Gerichtshof erfolgte weniger als zwei Wochen nach seinem Amtsantritt als Präsident. Als Ersatz für den verstorbenen Richter Antonin Scalia nominierte er Neil Gorsuch. Dieser wurde am 7. April 2017 bestätigt. Gorsuch als konservativer Richter ersetzte einen anderen konservativen Richter. So veränderte die Ernennung das Gleichgewicht des Gerichts nicht, sondern bewahrte es.

Zweiter Akt

Im Juni des folgenden Jahrs wurde eine weitere Stelle am Obersten Gerichtshof frei, als Richter Anthony Kennedy seinen Rücktritt ankündigte. Obwohl Kennedy als gemäßigt galt, stimmte er bei Themen wie Homo-Ehe und Abtreibung mit dem liberalen Flügel des Gerichts. Trump wählte Brett Kavanaugh als seinen Nachfolger. Im Gegensatz zu Kennedy war Kavanaugh ein Konservativer und entschiedener Lebensbefürworter. Sollte er bestätigt werden, würde dies das Gericht verändern und ihm eine Pro-Life-Mehrheit verschaffen.

Dies machte die Anhörungen zu dessen Bestätigung zu einem Schlachtfeld, einem Brennpunkt der Kulturkämpfe. Eine Flut von Vorwürfen, Verteidigungen und Gegenvorwürfen strömte um die Nominierung. Hinter der Kontroverse stand die Frage von Leben und Abtreibung. Und dann passierte etwas Seltsames.

Baal erreicht Washington

Die Medien waren dafür blind. Und die meisten Menschen bemerkten nicht einmal, dass es passierte. Doch in den Tagen der Kavanaugh-Anhörungen und der sie umgebenden Wut tauchte in Washington, D.C. ein Objekt auf. Es erschien auf dem *National Lawn*, dem Rasen gegenüber dem Kapitol, dem Ort, an dem die Anhörungen stattfanden.

Es war ein Fremdkörper - aus Palmyra. Der Baalsbogen stand nun in der Landeshauptstadt als Repräsentant für den Baalstempel.

Während also auf dem Capitol Hill der Kampf um Abtreibung und Leben tobte, erschien davor jenes Objekt, das den Tempel von Baal, dem alten Gott der Kinderopfer, darstellte. Die Elemente des alten Paradigmas manifestierten sich erneut - Jehu, wie er von Trump verkörpert wurde; Jehus Krieg gegen den Baalskult und die systematische Tötung von Kindern, wie er in seiner Nominierung für den Obersten Gerichtshof zum Ausdruck kam; und der Tempel des Baals und die Opferung von Kindern, verkörpert durch Abtreibung und diesen Bogen.

Der Bogen war ein Tor, durch das Gläubige den Baalstempel betraten. Er wurde zuerst in New York City errichtet. Durch dieses Tor hatten sich die Kinderopfer nach Amerika ausgebreitet. Nun wurde es auch in Washington, D.C. errichtet, der Landeshauptstadt und dem Tor, durch das sich die Kinderopfer mittels *Roe gegen Wade* in der Nation verbreiteten.

Dritter Akt

Nach einem Sturm voller Kontroversen, Auseinandersetzungen und Anschuldigungen wurde Kavanaugh am 6. Oktober 2018 vom US-Senat mit einem Vorsprung von zwei Stimmen bestätigt, und das nur, weil der Senat zufällig unter Kontrolle der Republikaner stand. Das Gericht war nun überwiegend für das Leben. Und die Auswirkungen waren enorm.

Dennoch waren zur Erfüllung des Paradigmas ein weiterer Richter am Obersten Gerichtshof und eine weitere Stimme erforderlich. Auch dies sollte außerhalb der Absicht oder Kontrolle von irgendjemandem geschehen. Es passierte ganz am Ende der Trump-Präsidentschaft, so kurz vor dem Ende, dass es zweifelhaft war, ob es überhaupt geschehen würde.

Nur acht Tage vor der Präsidentschaftswahl, die das Ende von Trumps Präsidentschaft bedeutete, spitzte sich alles zu. Aber es ging durch und gab dem Gericht eine noch stärkere und entschiedenere Pro-Life-Mehrheit. Dieser dritte Richter des Obersten Gerichtshofs gab die entscheidende Stimme für ein Urteil ab, welches den Kurs der Nation änderte.

Die Säulen brechen

Trumps Ernennung der drei Richter des Obersten Gerichtshofs erwies sich als eine der folgenreichsten Handlungen seiner Präsidentschaft. Die erste Ernennung erfolgte weniger als zwei Wochen nach Beginn seiner Präsidentschaft, die letzte war gegen Ende abgeschlossen.

Als Jehu den Baalstempel zerstörte, vernichtete er nicht nur ein Gebäude; er brachte eine Institution zu Fall. Abtreibung war Amerikas Form der Baalsverehrung. Sie beruhte auf einem grundlegenden Urteil des Obersten Gerichtshofs – dem Urteil *Roe gegen Wade. Roe gegen Wade* stellte eine moderne Version des Baalstempels dar. Es war das Gefäß, die Struktur, die das Opfern von Kindern ermöglichte. Der heutige Jehu versuchte also, den modernen Baalstempel zum Einsturz zu bringen.

Für nichtig erklärt

Wäre Trump nicht genau zu diesem Zeitpunkt an die Macht gekommen, wäre das alles nie passiert. Er musste zum Präsidenten ernannt werden, und zwar genau zu diesem Zeitpunkt. Trumps vier Jahre an der Macht reichten soeben aus, um die Ernennung der drei Richter des Obersten Gerichtshofs in Gang zu setzen und sich die drei notwendigen Stimmen zu sichern, um den modernen Baalstempel zu Fall zu bringen.

Seine letzte und kritischste Nominierung legte er am Ende seiner Präsidentschaft im Jahr 2020 vor. Und so wurde Jehus Einsturz des Baalstempels, die Abschaffung der Abtreibung, *im fünfzigsten Jahr nach dem Einzug der Abtreibung in das Land in Gang gesetzt – dem Jubeljahr.*

Das Jubiläum macht zunichte, was zuvor getan wurde. Jehu zerstörte den Baalstempel. Jetzt kamen die beiden Annullierer zusammen – der moderne Jehu und das antike Jubilee. Niemand hätte es planen können. Und keiner hätte es inszenieren können. Aber alles lief genau zum festgelegten Zeitpunkt zusammen.

Und dennoch wäre es immer noch nicht geschehen, hätte es nicht einen weiteren Strom von Ereignissen und Geheimnissen und eine weitere Konvergenz der Puzzleteile gegeben. Auch dies stand mit dem Jubeljahr in Verbindung, war aber anderer Natur. Es entsprang dem anderen Bereich des Jubeljahres. Und obwohl seine Strömung fast unbemerkt blieb, veränderte sie nach Erfüllung seiner Mission den Lauf der amerikanischen Geschichte.

TEIL V

DIE JUBELJAHR-ERLÖSUNG

22

Eine düstere Empfängnis

Die Abtreibung hielt in die amerikanische Gesellschaft und in das amerikanische Recht Einzug, aber nicht auf einmal, sondern Schritt für Schritt, Gesetz für Gesetz und Staat für Staat.

Doch sie wählte einen anderen Zugang, anders als die anderen. Dieser wurde nicht von einem Landesparlament oder einem Regierungsbeamten initiiert. Es begann, als eine besorgte junge Frau die Kanzlei des texanischen Anwalts Henry McCluskey aufsuchte.

Es dauerte Jahre, bis sich das in diesem Büro Erdachte verwirklichen sollte. Als es dann aber dazu kam, hatte es erdbebenartige Auswirkungen auf die amerikanische Kultur und veränderte das Leben von Millionen von Geborenen und Ungeborenen.

Die Entstehung von Jane Roe

Norma Leah McCorvey war einundzwanzig Jahre alt, als sie ihre Schwangerschaft entdeckte. Es war ihr drittes Kind. Sie hatte Alkoholprobleme und konsumierte illegale Drogen. Sie wollte das Baby abtreiben. McCluskey verwies sie an zwei Anwälte, die nach einer weißen schwangeren Frau als Klägerin bei einer Klage wegen Abtreibung suchten. Bei einem Treffen mit ihnen wurde McCorvey gesagt, ihr ungeborenes Kind sei „nur ein Stück Gewebe".[37]

---

37 „Affidavit of Norma McCorvey," Civil Action No. 3-3690-B und 3-3691-C, 11. Juni 2003, https://thejusticefoundation.org/wp-content/uploads/2020/05/Norma_McCorvey_Affidavit.pdf

Sie erklärte sich bereit, ihnen als Klägerin zu dienen, da sie davon überzeugt war, dadurch weiterhin trinken und Drogen nehmen zu können, ohne sich um ihr ungeborenes Kind sorgen zu müssen.

Das Jubeljahr von Roe gegen Wade

Die Klage wurde eingereicht gegen den Bezirksstaatsanwalt von Dallas County, Henry Wade, der den Bundesstaat Texas vertrat. McCorvey erhielt für die Klage einen neuen Namen: *Jane Roe*. Daher wurde die Klage unter dem Namen *Roe gegen Wade* bekannt.

Obwohl der Fall durch das gleichnamige Urteil des Obersten Gerichtshofs von 1973 berühmt wurde, begann er nicht erst 1973, sondern im selben kritischen Jahr, in dem die Abtreibung in Amerika Einzug hielt. *Roe gegen Wade* wurde 1970 eingereicht.

Somit war das Jahr 2020 nicht nur das Jubeljahr des Jahres, in dem die Abtreibung auf Verlangen in Amerika ins Leben gerufen wurde, sondern auch das Jubeljahr des Jahres, in dem *Roe gegen Wade* initiiert wurde. Mit anderen Worten, fünfzig Jahre nach Beginn von *Roe gegen Wade*, im Jubiläumsjahr seiner Entstehung, kam die Seuche nach Amerika.

Monat der Empfängnis – Januar 1970 / Januar 2020

Roe gegen Wade begann mit dieser Besprechung im Büro von McCluskey. Wann fand dies statt? Im Januar 1970. Fünfzig Jahre danach befinden wir uns im *Januar 2020*, dem Jubeljahr von Roe gegen Wade. Im *Januar 2020* begann die Seuche in Amerika. Es war das Jubeljahr des Monats, in dem *Roe gegen Wade* in Amerika begann.

Den genauesten Berichten zufolge fand das erste Treffen zwischen McCorvey und McCluskey *Ende Januar 1970* statt. Das platzierte ihr Jubeljahr auf *Ende Januar 2020.* Und so betrat die Seuche *Ende Januar 2020* Amerika.

Monat der Erfüllung – März 1970 / März 2020

Das Treffen von McCorvey und McCluskey bildete den entscheidenden Moment bei der Einreichung der Klage, welche die amerikanische Geschichte veränderte. Zwei Monate später trug es Früchte, als der Prozess *Roe gegen Wade* gegen den Bundesstaat Texas angestrengt wurde.

Die Klage wurde im *März 1970* eingereicht. Fünfzig Jahre danach katapultiert uns zum *März 2020.* So kam auch die Seuche in Amerika zum Tragen. Sie brach im *März 2020* mit voller Wucht und Kraft aus, als Amerika in den Ausnahmezustand Lockdown und in die Lähmung verfiel. Dies alles geschah im Jubeljahr der Empfängnis und Anstrengung des Rechtsstreits, der als *Roe gegen Wade* berühmt wurde.

◆ ◆ ◆

Wieder sehen wir das Prinzip der Rückerstattung, Leben für Leben. Aber wie steht es mit dem anderen Werk des Jubeljahres, der Wiederherstellung und Erlösung? Auch das manifestierte sich. Es kam wie die Seuche mit Präzision und zu den festgesetzten Zeiten.

23

Es kommt zur Aufhebung

Wir haben das Jubeljahr als ein zweiseitiges Phänomen erkannt. Von jenem, der das angestammte Land eines anderen eingenommen oder besetzt hat, nimmt es das Jubeljahr wieder fort. Aber für den, der es verloren hat, stellt das Jubeljahr es wieder her. Für beide Seiten beinhaltet es eine Rückkehr und eine Aufhebung des Geschehens. Doch die eine manifestiert sich in Form von Wiedergutmachung, Gerechtigkeit oder Gericht und die andere in Form von Wiederherstellung und Erlösung.

Die Kehrseite

Wir haben die erste Seite in Form einer Seuche erlebt. Hierbei wurde jener Generation, die das Leben anderer genommen hatte, nunmehr ihr Leben genommen. Aber was ist mit der anderen Seite, der Seite der Wiederherstellung und Erlösung? Wo bleibt die Aufhebung, die nicht Tod, sondern Leben bringt? Im Jubeljahr 2020 zog der Tod über das Land. Gab es eine weitere Bewegung – nicht des Todes, sondern des Lebens?

Dobbs gegen Jackson

Roe gegen Wade hatte als Klage gegen den Bundesstaat Texas begonnen. Stellt das Jubeljahr eine Rückkehr und Umkehrung einer damaligen Tat dar, können wir erwarten, dass eine gegen einen Staat eingereichte Klage wieder aufgenommen wird. Und genau das geschah.

Im März 2018 verabschiedete der Gesetzgeber von Mississippi ein Gesetz, das Abtreibungen nach der fünfzehnten Schwangerschaftswoche verbot. Eine Abtreibungsklinik in Mississippi reichte umgehend Klage gegen das Gesetz ein. Die Klage, die als *Dobbs gegen Jackson* bekannt wurde, landete beim US-Bezirksgericht für den südlichen Bezirk von Mississippi. Das Gericht entschied gegen den Staat und für die Abtreibungsklinik.

Die Klageschriften

Roe gegen Wade gelangte ebenfalls vor ein US-Bezirksgericht. Auch entschied das Gericht gegen den Staat und für die Abtreibung. Der Bundesstaat Texas legte gegen die Entscheidung Berufung ein und verwies *Roe gegen Wade* an den Obersten Gerichtshof. Als das Bezirksgericht gegen Mississippi und für die Abtreibungsklinik entschied, legte der Staat ebenfalls Berufung ein.

Und genau wie bei *Roe gegen Wade* führte dies dazu, dass der Fall beim Obersten Gerichtshof landete. Und wie im Fall *Roe gegen Wade* erging ein entscheidendes und historisches Urteil.

Tage der Berufung – Juni 1970 / Juni 2020

Jetzt wiederholte sich alles, wie es vor fünfzig Jahren ablief. *Roe gegen Wade* wurde 1970 als Berufung an den Obersten Gerichtshof geschickt. Der Fall, der zu seiner Aufhebung führen sollte, *Dobbs gegen Jackson*, wurde 2020, fünfzig Jahre später als Berufung an den Obersten Gerichtshof geschickt.

Ausschlaggebend für das Einlegen der Berufung gegen *Roe gegen Wade* war das Urteil des US-Berufungsgerichts für den fünften Gerichtsbezirk. Mit der Veröffentlichung des Urteils begannen beide Seiten, eine Berufung zur Weiterleitung an den Obersten

Gerichtshof zu formulieren. Dieses Urteil und der Beginn der Berufung am Obersten Gerichtshof erfolgten im Juni 1970. Die Übermittlung der Berufung im Fall *Dobbs gegen Jackson* an den Obersten Gerichtshof erfolgte im Juni 2020 – nach fünfzig Jahren, einem Jubeljahr und genau in dem Monat, in dem die Berufung Roe gegen Wade begann.

◆ ◆ ◆

Könnten eine alte Königin, ein historischer Verbrecher, ein uralter böser Erlass und ein weiterer guter Erlass hinter zwei geschichtsentscheidenden Fällen des Obersten Gerichtshofs stecken? Die Antwort finden wir im Geheimnis des 23. Siwan.

24

Das Geheimnis des 23. Siwan

Das Buch Esther berichtet, wie die Juden Persiens vor der Vernichtung gerettet wurden. Alles begann mit dem Aufstieg des brutalen persischen Beamten Haman.

Der Erlass des Bösen

Am dreizehnten Tag des Monats Adar schmiedete Haman einen Plan zur Ausrottung der Juden im Persischen Reich. Nachdem der König seine Zustimmung gegeben hatte, wurde der Plan besiegelt.

Doch Esther, die jüdische Königin von Persien, enthüllte zusammen mit Mordechai, ihrem Cousin, vor dem festgesetzten Tag dem König die Pläne Hamans und sorgte so für dessen Sturz. Der böse Erlass, sein Vernichtungsplan, sollte jedoch am vereinbarten Tag in die Tat umgesetzt werden.

Esther ersuchte den König und sprach:

Wenn es dem König recht ist und wenn ich Gunst vor ihm gefunden habe und die Sache vor dem König genehm ist und ich ihm wohlgefällig bin, dann widerrufe man schriftlich die Briefe mit dem Anschlag des Agagiters Haman, des Sohnes Hammedatas, die er geschrieben hat, um die Juden auszurotten, die in allen Provinzen des Königs leben. Ester 8:5

Der Aufhebungserlass

Die Antwort des Königs bestand darin, die Ausarbeitung eines zweiten Erlasses zu ermöglichen:

Ihr aber, schreibt ihr nun, was die Juden betrifft, im Namen des Königs, wie ihr es für gut haltet, und versiegelt es mit dem Siegelring des Königs. Ester 8:8

Daher wurde ein neuer Erlass aufgesetzt, dessen Zweck darin bestand, die Wirkung des ersten Erlasses aufzuheben. Er ermächtigte die Juden Persiens, sich am vereinbarten Tag zu versammeln und sich mit aller nötigen Gewalt zu schützen. Dieser Beschluss des Lebens war die Antwort auf einen Beschluss des Todes. Er wurde von den königlichen Schreibern niedergeschrieben und dann in alle Provinzen des Reiches verschickt. Das Schreiben gibt den Tag an, an dem der Erlass zur Versendung schriftlich festgeschrieben wurde:

So wurden denn in jener Zeit, nämlich im dritten Monat, das ist der Monat Siwan, am 23. Tag desselben die Schreiber des Königs gerufen. Und es wurde nach allem, was Mordechai befahl, an die Juden geschrieben und an die Satrapen und die Statthalter und die Obersten der Provinzen von Indien bis Kusch, 127 Provinzen, in der Schrift jeder einzelnen Provinz und in der Sprache jedes einzelnen Volkes; ebenso an die Juden in ihrer Schrift und in ihrer Sprache. Ester 8:9

Der 23. Siwan

So wurde er versiegelt, um ihn am dreiundzwanzigsten Tag des hebräischen Monats Siwan, dem 23. Siwan, ins ganze Reich zu verschicken. Der 23. Siwan wurde daher im jüdischen Kalender zum Gedenktag, an dem man für die Aufhebung böser Erlasse betet. Ein jüdischer Schreiber bemerkt:

> **Die heiligen Bücher lehren uns, dass dieser Tag ein sehr kraftvoller Tag für Gebete ist, um Erlasse und alles Schlechte, Böse und Schreckliche gegen uns aufzuheben.**[38]

Am 23. Siwan wird vom jüdischen Volk folgendes Gebet für die Aufhebung aller bösen Erlasse auf Hebräisch gesprochen:

> **O Herr, mein Fels und mein Erlöser. Von dir erbitte ich Gnade! … Schenke uns allen deine Barmherzigkeit, um alles Böse in Gutes zu verwandeln, alle harten Erlasse, die uns betreffen, aufzuheben, das Böse unseres Urteils zu zerreißen …**[39]

Gegen den bösen Erlass

Das Urteil des Obersten Gerichtshofs im Fall *Roe gegen Wade* war in Wirklichkeit ein *Erlass des Todes und der Zerstörung.* Wie bei Hamans Erlass gegen die Juden Persiens öffnete es die Tür, „um die Unschuldigen einer ganzen Nation zu zerstören, zu töten und zu vernichten“ (Ester 3:13).

Die Folge von *Roe gegen Wade* war die Zerstörung von Millionen unschuldiger Leben, also ein Vielfaches der in Persien lebenden Juden. Es war ein äußerst böser Beschluss.

Der Erlass Hamans wurde durch den Erlass Mordechais zunichte gemacht. Er wurde auf die gleiche Weise und in gleicher Form durch einen Erlass rückgängig gemacht, um einen früheren Erlass aufzuheben; eine königliche Anordnung zur Aufhebung einer anderen königlichen Anordnung.

38 „Special Prayer for the 23rd of Sivan,“ Atzmut, aufgerufen am 6. Juni 2023, https://www.atzmut.org/sivan23/

39 „Special Prayer for the 23rd of Sivan,“ Atzmut

Im Fall von Roe gegen Wade wiederholte sich das gleiche Muster. Der böse Beschluss war in diesem Fall ein Urteil des Obersten Gerichtshofs. Daher musste er mit den gleichen Mitteln und in gleicher Form annulliert und rückgängig gemacht werden – durch ein Urteil des Obersten Gerichtshofs, das Urteil *Dobbs gegen Jackson*.

Wann wurde der Fall verhandelt, der *Roe gegen Wade* für ungültig erklären sollte? Wann wurde er an den Obersten Gerichtshof weitergeleitet? Es fand am 15. Juni 2020 statt. Nun entspricht dies natürlich dem Datum des westlichen gregorianischen Kalenders.

Nach biblischem Kalender lautet das Datum der Versendung an den Obersten Gerichtshof – *der dreiundzwanzigste Tag des Siwan – der 23. Siwan!*

Der Tag des Widerrufs

Mit anderen Worten, der Fall, der das böse Urteil von *Roe gegen Wade* widerrufen sollte, wurde an dem Tag der Antike an den Obersten Gerichtshof weitergeleitet, als das Urteil über das Leben erlassen wurde, um das Urteil über den Tod aufzuheben. Das Dokument, das *Roe gegen Wade* für nichtig erklärte, wurde am selben Tag herausgegeben, an dem das Dokument, das Hamans Todeserlass für nichtig erklärte, herausgegeben wurde.

Es wurde am selben Tag an den Obersten Gerichtshof geschickt, an dem in der gesamten jüdischen Welt Gebete erhoben wurden, um die Erlasse des Bösen aufzuheben, zu widerrufen und zu zerreißen.

Natürlich hatten diejenigen, die diese Gebete beteten, keine Ahnung, dass das Dokument verschickt wurde, und diejenigen, die das Dokument verschickten, hatten keine Ahnung, dass diese Gebete gesprochen wurden.

Der Beschluss Hamans und Mordechais

Der Erlass Mordechais war nicht nur in seinem Zweck und seiner Wirkung mit dem Erlass Hamans verbunden, sondern auch in der Art und Weise, wie er umgesetzt wurde. Nachfolgend findet man die Aufzeichnungen darüber, wie jedes der beiden Dekrete erlassen wurde – erstens das von Haman initiierte Todesurteil und zweitens das von Mordechai verfasste Lebensurteil:

Da wurden die Schreiber des Königs gerufen im ersten Monat, am dreizehnten Tag desselben. Ester 3:12

So wurden denn in jener Zeit, nämlich im dritten Monat, das ist der Monat Siwan, am 23. Tag desselben die Schreiber des Königs gerufen. Ester 8:9

Und … geschrieben nach allem, was Haman befahl … Ester 3:12

Und es wurde nach allem, was Mordechai befahl an die Juden geschrieben … Ester 8:9

… an die Satrapen und die Statthalter und die Obersten der Provinzen … und in der Sprache jedes einzelnen Volkes … Ester 8:9

Im Namen des Königs Ahasveros wurde es geschrieben und mit dem Siegelring des Königs versiegelt. Ester 3:12

Und er schrieb im Namen des Königs Ahasveros und versiegelte es mit dem Siegelring des Königs. Ester 8:10

Die Eilboten zogen auf das Wort des Königs eilig aus. Ester 3:15

Und er sandte durch die Eilboten zu Pferd, die auf den königlichen Postpferden … Ester 8:10

Der Erlass von Roe und Dobbs

Mordechais Erlass folgte also demselben Muster, denselben Schritten und demselben Weg wie der Erlass, den er aufheben sollte. Mit anderen Worten, die Erlösung sollte genauso erfolgen wie das Böse; die Anordnung des Lebens nahm die Form der Anordnung des Todes an.

Auch der Fall, der am 23. Siwan 2020 an den Obersten Gerichtshof weitergeleitet wurde, folgte diesem Muster, den gleichen Schritten und dem gleichen Weg wie *Roe gegen Wade*, der Fall, den er für nichtig erklären sollte.

Dobbs gegen Jackson entsprach bei seiner ersten Anhörung, bei seinem Urteil durch ein Bundesgericht, bei seiner Berufung vor dem Obersten Gerichtshof und bei seinem Zeitplan genau den Schritten, dem Weg und dem Zeitplan von *Roe gegen Wade*. Und dadurch entsprach das Urteil auch dem Erlass von Mordechai am 23. Siwan, der wiederum dem Erlass Hamans entsprach. Es war ein Mysterium innerhalb eines Mysteriums innerhalb eines Mysteriums.

Dobbs gegen Jackson wurde am 23. Siwan, dem Tag des Erlasses, der das Urteil über Tod und Zerstörung aufhebt, an den Obersten Gerichtshof verwiesen.

Es wurde im Jahr 2020 verschickt, dem fünfzigsten Jahr der legalisierten Abtreibung, dem Jubeljahr, dem Jahr der Aufhebung. Und es wurde in dem Jahr an den Obersten Gerichtshof geschickt, in dem der Präsident, der in die Fußstapfen von Jehu trat, seine dritte Nominierung für das Gericht vollzog, um das böse Dekret aufzuheben.

◆ ◆ ◆

Also wurde es weitergesandt. Was geschah nun, als es ankam?

25

Die Annahme

Beide Fälle landeten beim Obersten Gerichtshof. Aber ihre Einreichung war natürlich noch keine Garantie für eine Anhörung. Von den etwa siebentausend Fällen, die jedes Jahr an das Gericht weitergeleitet werden, werden nur etwa 2 Prozent angenommen und verhandelt.

Das Jahr der Annahme – 1971 / 2021

Im Jahr 1970 gab es keine Garantie dafür, dass das Gericht *Roe gegen Wade* verhandeln, und fünfzig Jahre später, dass es *Dobbs gegen Jackson* aufnehmen würde. Doch 1971 kündigte der Oberste Gerichtshof an, er werde den Fall *Roe gegen Wade* aufgreifen und anhören. Fünfzig Jahre später befinden wir uns im Jahr 2021 und das Gericht verkündete, den Fall *Dobbs gegen Jackson* aufzugreifen und zu verhandeln. So befasste sich das Gericht im Jubeljahr, in dem sich das Gericht mit dem Fall *Roe gegen Wade* befasste, mit dem Fall *Dobbs gegen Jackson*.

Der Monat der Annahme – Mai 1971 / Mai 2021

Das Gericht kündigte an, es werde sich im *Mai* mit dem Fall *Roe gegen Wade* befassen. Und das Gericht vermeldete, es werde sich fünfzig Jahre später im *Mai* mit *Dobbs gegen Jackson* befassen – dasselbe Gericht, dieselbe Tat, dieselbe Angelegenheit – *und fünfzig Jahre später – ein Jubeljahr – im selben Monat.*

Auf Leben und Tod

Am Tag von *Roes* Anhörung argumentierte der Anwalt der Klägerin, es sei ein persönliches Recht, die Schwangerschaft abzubrechen. Auf die Frage, ob dies bedeute, ein Kind könne bis zur Geburt abgetrieben werden, antwortete der Anwalt, dies sei der Fall. Der Bundesstaat Texas argumentierte, sobald ein Kind gezeugt wurde, habe man kein Recht, diesem Leben ein Ende zu setzen.[40] Am Tag von *Dobbs* Anhörung konzentrierten sich die Argumente darauf, die Frage der „Lebensfähigkeit" anzuwenden, um festzustellen, ob ein Kind abgetrieben werden könnte. Mit anderen Worten: Das Kind könnte abgetrieben werden, wenn es zu diesem Zeitpunkt außerhalb der Gebärmutter nicht überleben könnte. Die Abtreibungsklinik plädierte dafür, dieses Maß der Lebensfähigkeit bei der Entscheidung zu verwenden, ob eine Abtreibung durchgeführt werden könne. Mississippi argumentierte, dieser Maßstab sei falsch.[41]

Mississippi strebte nicht die Aufhebung des Urteils *Roe gegen Wade* an, sondern das Recht der Staaten, Abtreibungsbeschränkungen über die Durchführbarkeit hinaus aufrechtzuerhalten. Aber der Ausgang des Falles *Dobbs gegen Jackson* erwies sich als weitaus folgenreicher und bedeutsamer, als es sich der Staat vorgestellt hatte. *Dobbs gegen Jackson* diente somit als Instrument, als ein Jubeljahrinstrument, durch das eine Annahme erfolgte.

40 „Sarah Weddington and Jay Floyd: Roe V. Wade Oral Arguments Before the USSC," American Rhetoric, 13. Dezember 1971, https://www.americanrhetoric.com/speeches/roevwadeoralarguments.htm

41 „Thomas E. Dobbs, State Health Officer of the Mississippi Department of Health, Et Al., Petitioners, V. Jackson Women's Health Organization, Et Al., Respondents," Supreme Court of the United States, 1. Dezember 2021, https://www.supremecourt.gov/oral_arguments/argument_transcripts/2021/19-1392_4425.pdf

Das Jahr der Anhörung – 1971 / 2021

Roe gegen Wade wurde 1971 vor dem Obersten Gerichtshof verhandelt. Fünfzig Jahre später befinden wir uns im Jubeljahr – 2021. Die Anhörung im Fall *Dobbs gegen Jackson*, die zur Aufhebung des Urteils *Roe gegen Wade* führte, fand im Jahr 2021 statt, dem *Jubeljahr* von Roes erster Anhörung.

Der Monat der Anhörung – Dezember 1971 / Dezember 2021

Wann fand im Jahr 1971 die erste Anhörung von *Roe gegen Wade* vor dem Obersten Gerichtshof statt? Es geschah im *Dezember*. Ein Jubeljahr später bringt uns zum *Dezember 2021*. Wann fand die Anhörung zum Fall *Dobbs gegen Jackson* statt? Es geschah im *Dezember 2021*. Der Jubilee-Fall wurde im fünfzigsten Jahr des Verfahrens verhandelt, den er annullieren sollte, in seinem Jubeljahrmonat und innerhalb von zwölf Tagen nach seinem fünfzigjährigen Höhepunkt.

Der dreizehnte Tag des zwölften Monats

Wir müssen eine weitere Konvergenz zur Kenntnis nehmen. Wir sahen, wie der Fall *Dobbs gegen Jackson* am 23. Siwan an den Obersten Gerichtshof weitergeleitet wurde, am selben Tag, an dem Mordechais Erlass an das Persische Reich übermittelt wurde, um den Erlass Hamans aufzuheben.

Der Zweck eines jeden bestand darin, ein Todesurteil rückgängig zu machen. Der Erlass Mordechais sollte den Erlass Hamans aufheben. Und Hamans Entscheidung war mit dem dreizehnten Tag des zwölften Monats verbunden. Dobbs gegen Jackson machte sich auf, Roe gegen Wade aufzuheben. Die Anhörung von Roe gegen Wade vor dem Obersten Gerichtshof fand am 13. Dezember statt, dem *dreizehnten Tag des zwölften Monats.*

Sowohl die alte als auch die moderne Eröffnung, die am 23. Siwan erlassen wurde, diente also dazu, ein Todesurteil aufzuheben, das mit dem *dreizehnten Tag des zwölften Monats* verbunden war.

◆ ◆ ◆

Könnte ein Fehler, eine Panne, ein Verstoß gegen das Protokoll oder ein Verstoß gegen die Ordnung gemäß einer festgelegten Anordnung aufgetreten sein? Konnte etwas Falsches zur richtigen Zeit geschehen sein?

26

Das Leck

Das nächste große Ereignis im Fall *Dobbs gegen Jackson* folgte keiner Verfahrensweise, keinem Plan oder Protokoll.

Der durchgesickerte Entwurf

Es verstieß gegen alle Protokolle für Beratungen des Obersten Gerichtshofs. Es war Praxis des Gerichts, streng die Vertraulichkeit aller internen Mitteilungen und Meinungen zu jedem zur Debatte stehenden Fall zu wahren. Aber was im Fall Dobbs gegen Jackson geschah, verstieß gegen diese Konventionen.

Im Frühjahr 2022 veröffentlichte das Nachrichtenunternehmen Politico ein Dokument, das durch ein Leck des Obersten Gerichtshofs weitergereicht worden war. Offenbar hatte einer der Mitarbeiter des Gerichts beschlossen, eine interne Mitteilung an die Presse zu veröffentlichen.

Es handelte sich um einen Entwurf, der von Richter Samuel Alito im Fall *Dobbs gegen Jackson* verfasst wurde. Der Entwurf stellte keine endgültige Entscheidung dar, aber er verblüffte einen Großteil der Nation und der Welt – da er darauf hindeutete, dass *Roe gegen Wade* aufgehoben werden könnte oder würde.

Schockwellen und Gewalt

Das durchgesickerte Dokument löste Schockwellen in den Medien und in der Gesellschaft aus. Nur wenige Stunden nach seiner Veröffentlichung kam es in Washington und im ganzen Land zu Protesten und Demonstrationen. Vor dem Gebäude des Obersten Gerichtshofs demonstrierten Abtreibungsbefürworter und Abtreibungsgegner. Auf das Gericht lastete ein beispielloser Druck. Abtreibungsbefürworter drohten mit einem „Sommer der Wut", falls *Roe* aufgehoben würde.[42]

Das Heimatschutzministerium begann sich auf gewalttätige Angriffe gegen Regierungsbeamte, Minister und Organisationen vorzubereiten, die sich mit Abtreibungen befassen. Kurz nach der Enthüllung kam es zu einer Welle von Angriffen auf Krisenschwangerschaftszentren und Pro-Life-Kirchen. Vor den Häusern der Richter des Obersten Gerichtshofs versammelten sich Menschenmengen, die vermutlich für *Roes* Sturz waren. Ein Mann wurde in der Nähe des Hauses von Richter Kavanaugh wegen versuchten Mordes festgenommen. Als Reaktion auf die Proteste verabschiedete der Kongress ein Gesetz, um den Schutz der Richter und ihrer Familien zu erhöhen.

Ein weiteres Leck

Viele beschrieben das Leck als beispiellos. Es existiert aber ein dramatischer Präzedenzfall. Dabei handelt es sich um einen ebenso monumentalen Fall wie den von *Dobbs gegen Jackson*, nämlich den Fall *Roe gegen Wade.*

Das Leck im *Dobbs*-Fall stammte aus einem von Richter Alito verfassten und unter seinen Kollegen verbreiteten Dokument. Das Leck bei *Roe* stammte aus einem Dokument, das von Richter Douglas verfasst und unter seinen Kollegen verbreitet wurde. Das Leck bei *Dobbs* erschien in einem Artikel von Politico. Das Leck bei *Roe* erschien in einem Artikel der *Washington Post*. Der

42 „WOMEN'S MARCH CALLS FOR A SUMMER OF RAGE AFTER SCOTUS DECISION TO OVERTURN ROE V. WADE," Women's March, aufgerufen am 6. Juni 2023, https://www.womensmarch.com/newsroom/womens-march-calls-for-a-summer-of-rage-after-scotusdecision-to-overturn

Politico-Artikel konzentrierte sich auf die internen Beratungen des Gerichts. Auch der Artikel der *Washington Post* konzentrierte sich auf die internen Beratungen des Gerichts.

Das eine Ereignis war wiederum die Parallele zum anderen. Wir müssen uns nun der Frage des Timings zuwenden.

Das Jahr des Lecks – 1972 / 2022

Wann sind die beiden Leaks jeweils aufgetreten? Das Leck in *Roe gegen Wade* ereignete sich im Jahr 1972. Addiert man die fünfzig Jahre des Jubilee dazu sind wir im Jahr 2022. Das Leck im Fall *Dobbs gegen Jackson* ereignete sich im Jahr 2022. Somit folgte auch das Leck jeweils dem Timing und der Dynamik des Jubeljahres.

◆ ◆ ◆

Könnten die im 3. Buch Mose angegebenen Parameter ein modernes Ereignis bestimmt haben, das die amerikanische Geschichte veränderte?

27

Die Jubeljahr-Erlösung

Das Urteil des Obersten Gerichtshofs im Fall *Roe gegen Wade* wurde am 22. Januar 1973 gefällt. Mit dieser einen Entscheidung wurde die Abtreibung auf Verlangen zum Gesetz des Landes. Bis zum Jubeljahr wurden daraufhin über sechzig Millionen Kinder getötet.

Die Parameter von 3. Mose

Wann genau fand das Jubilee von *Roe gegen Wade* statt? Die Antwort findet sich in der Anordnung des Jubeljahres in 3. Mose 25:

> **Und du sollst dir sieben Sabbatjahre zählen, siebenmal sieben Jahre, sodass die Tage von sieben Sabbatjahren dir 49 Jahre ausmachen.**
> **Und ihr sollt das Jahr des fünfzigsten Jahres heiligen …**
>
> 3. Mose 25:8,10

Sieben mal sieben Jahre vom 22. Januar 1973 führen uns zum 22. Januar 2022. Das Jubeljahr von *Roe gegen Wade beginnt somit am 22. Januar 2022* und *endet ein Jahr später*. Alles findet bis auf zweiundzwanzig Tage im Jahr 2022 statt.

Das Jubeljahr von Roe gegen Wade

Wir sahen die kontinuierliche Entfaltung von Konvergenzen zwischen dem Fall, der die Abtreibung legalisierte, und dem Fall, der sie rückgängig machte. Jetzt kommen wir zum letzten Ereignis, von dem alles Weitere abhängt.

Das Jubeljahr von *Roe gegen Wade* begann am *22. Januar 2022* und endete am 22. Januar 2023. Damit das Geheimnis vollständig ist, müsste das letzte Ereignis des Jubeljahres, die Rückkehr und die Aufhebung, innerhalb der Parameter jener Tage stattfinden. Wann wurde *Roe gegen Wade* aufgehoben?

Der Oberste Gerichtshof verkündete sein Urteil im Fall *Dobbs gegen Jackson* im Juni 2022. *Damit liegt es zwischen den beiden Parametern des 22. Januar 2022 und des 22. Januar 2023.*

So erfolgten das Kippen und die Aufhebung des Urteils *Roe gegen Wade* im Jubeljahr von *Roe gegen Wade*. Es geschah alles im Einklang mit dem alten Mysterium und innerhalb des im 3. Buch Mose festgelegten Zeitrahmens.

Das Jubeljahr ist dazu bestimmt, Aufhebung und Umkehr herbeizuführen. Daher wurde im Jubeljahr von *Roe gegen Wade* die Sterbeanordnung umgekehrt. Und die Umkehrung des Todes bedeutete Leben.

Nach über sechzig Millionen Toten wurde nun das Leben Unschuldiger bewahrt und der Nation eine neue Chance gegeben, diese zu retten. Das Jubeljahr brachte somit eine Form der Erlösung.

Die einzelne Stimme

Und das alles geschah durch eine Stimme. Während das Abtreibungsverbot in Mississippi durch eine etwas entschiedenere Abstimmung bestätigt wurde, kam die Aufhebung des Urteils *Roe gegen Wade* durch die Stimme eines einzigen Richters des

Obersten Gerichtshofs zustande. Jede Veränderung, die sich aus dieser Entscheidung ergab, selbst die Änderung des Kurses einer Nation, hing von dieser einen Stimme ab. Aber als *Dobbs gegen Jackson* an den Obersten Gerichtshof geschickt wurde, existierte diese eine Stimme noch nicht einmal. Sie entstand nur durch eine Reihe von Wendungen und Launen, durch Ereignisse, die wieder einmal außerhalb der Kontrolle irgendeines Menschen lagen.

Die Stimme, welche *Roe gegen Wade* aufhob, kam nur durch einen weiteren Strom von Geheimnissen zustande – durch einen alten Kalender und ein Geheimnis vorbestimmter Tage.

TEIL VI

DIE VORBESTIMMTEN TAGE

28

Ein Geheimnis von Tagen

Ist es möglich, dass das kritischste aller Jahre, 2020, das Jahr der Seuche und des Lockdowns, der Unordnung und des Chaos und so vieler anderer dramatischer Ereignisse, tatsächlich von einem dreitausend Jahre alten Kalender bestimmt wurde – sogar von den heiligen Tagen des alten Israel?

Die vorbestimmten Zeiten

Wenn ja, wäre es nicht das erste Mal, dass bedeutende historische Ereignisse von ihnen geprägt werden. Die Bibel selbst liefert uns die ersten Präzedenzfälle. Die Kreuzigung des Messias fand wie das Opfern eines Lammes am Passah statt, dem Tag des geopferten Lammes. Auch das Kommen des Geistes über die ersten Gläubigen in Jerusalem, der als Pfingsten bekannte Tag, fand am festgesetzten hebräischen Feiertag Schawuot statt. Sogar bedeutsame postbiblische Ereignisse in der jüdischen Geschichte – wie die Befreiung Jerusalems von der türkischen Herrschaft durch General Allenby im Dezember 1917 – fielen auf den Vorabend von Chanukka, dem alten jüdischen Fest, das die Befreiung Jerusalems feiert.

Heilige Tage und Gericht

Könnte also eines der dramatischsten, folgenreichsten und bedrohlichsten Jahre der modernen Geschichte, das Jahr 2020, von den alten heiligen Tagen der Bibel geprägt gewesen sein? Und da das Jahr die Zeichen des biblischen Gerichts trug, konnten sich diese heiligen Tage dann auch mit den Zeichen des Gerichts manifestieren?

◆ ◆ ◆

Wir öffnen nun das Geheimnis der heiligen Tage, eine Offenbarung, die das nächste Puzzleteil und den Schlüssel zum größeren Geheimnis liefern wird. Wir müssen mit dem ersten aller Feste beginnen, das Israel gegeben wurde und den heiligen Kalender eröffnet – dem Passah.

29

Der Tag des Lammes

Über allen anderen Festen und festgelegten Zeiten im alten Israel steht das Passah. Es war historisch gesehen und im heiligen Jahreskalender das erste aller festgesetzten Feste.

Passah 2020

Der erste und zweite Tag des Passahs stehen im Mittelpunkt des Festes. Es sind die beiden Tage, an denen traditionell der Seder, das Gedenken und die Feier des Auszugs aus Ägypten, abgehalten wird. Im Jahr 2020 fielen die ersten beiden Tage des Passahfestes auf den 9. und 10. April. Dies war genau der Zeitpunkt, als das ganze Gewicht der Seuche über die Welt hereinbrach; als Milliarden von Menschen auf der ganzen Welt erlebten, wie sich ihr Leben auf eine Weise veränderte, die sie sich nie zuvor hätten vorstellen können. Im Nu war alles verändert. Die Welt kam fast zum Stillstand, als ein unsichtbarer und seltsamer Geist des Todes darüber hinweg zog.

Fest der Seuche

Ein einzigartiger Aspekt des Passahfestes liegt in seiner Konzentration *auf dem Kommen einer Seuche*. So fiel im April 2020 der uralte Feiertag, der vom Kommen einer Pest erzählt, *mitten in die Ankunft einer Seuche*. Passah erklärt die Geschichte einer Pest, die das Land Ägypten heimsuchte und dort eine Spur des Todes hinterließ.

In den Tagen des Passahfestes 2020 sahen Menschen auf der ganzen Welt voller Angst und Schrecken zu, wie eine Seuche ihr Land heimsuchte und eine Spur des Todes hinterließ.

Die Verbindung zwischen dem Passahfest und der Seuche ist so stark, dass der Name des Feiertags von genau dieser Verbindung abgeleitet ist:

> **Wo ich das Blut sehe, will ich an *euch vorübergehen*, und die *Plage* soll euch *nicht widerfahren* …** 2. Mose 12:13 (Luther)

Kein anderer biblischer Feiertag oder anderer wichtiger Feiertag weist einen solchen Zusammenhang auf. Im Jahr 2020 kam alles zusammen.

Das Passah-Volk

Die Seuche an Passah war insofern einzigartig, als sie nicht wahllos ausbrach. Auch war die moderne Seuche, welche die Welt während der Passah-Tage zum Stillstand brachte, nicht wahllos. Sie hatte ihre ganze Wut auf Amerika konzentriert.

Außerhalb Israel war Amerika das Land, in dem das Passahfest im Jahr 2020 am häufigsten gefeiert wurde. Mit Ausnahme Israels gab es in Amerika mehr Juden als in jedem anderen Land der Erde. Und innerhalb Amerikas konzentrierte sich die jüdische Bevölkerung vor allem auf ein kleines Gebiet – New York und insbesondere dessen Metropolregion. Und diese bildete genau jenen Bereich, auf den die Seuche ihre Wut konzentrierte. Während Passah gefeiert wurde, das Fest der Seuche, erreichten die Auswirkungen der Seuche auf New York ihren Höhepunkt. Als jüdische Menschen im gesamten Großraum New York das Passah feierten, wütete um sie herum eine echte Seuche.

Fest des Lockdowns

Aber beim Passahfest handelte es sich nicht nur um eine Plage, sondern auch um eine vor diesem Hintergrund ergriffene vorbeugende Maßnahme. Beim ersten Passahfest wurde dem Volk Israel gesagt, es solle in seine Häuser gehen und dortbleiben, bis die Plage das Land heimgesucht habe. Mit anderen Worten: Passah brachte auch eine *Abriegelung* mit sich, einen Lockdown, welcher der Nation aufgrund einer Seuche auferlegt wurde. Passah war der *erste dokumentierte nationale Lockdown in der Weltgeschichte.*

Im Jahr 2020 sah Passah eine Welt, in der man den Menschen befahl, in ihre Häuser zu gehen und dort zu bleiben, bis sie sicher wieder herauskommen konnten. Als das Passahfest in Amerika begann, waren die Lockdowns auf ihrem Höhepunkt. Während des Seuchenfestes befanden sich etwa 95 Prozent der Amerikaner im Lockdown, die meisten von ihnen waren auf ihre Häuser beschränkt.

3.000 Jahre später

Das jüdische Volk hielt also über die gesamte Zeit das Fest ein und rezitierte die uralten Berichte darüber, wie die Bewohner des Landes von ihren Anführern angewiesen wurden, in ihren Häusern zu bleiben, bis die Plage an ihnen vorbeigezogen war. Und genauso taten die Menschen dies im modernen Amerika als ihre aktuellen Anführer ihnen befahlen, in ihren Häusern zu bleiben, bis eine Seuche an ihnen vorbeigezogen sei.

Und im Land Israel befahl die Regierung angesichts der das Land heimsuchenden Seuche am selben Passahfest den Menschen, vom Passahabend bis zum Passahmorgen in ihren Häusern zu bleiben. Dies geschah erstmals seit über dreitausend Jahren, seit dem Tag des ersten Passahfestes, als Mose seiner Nation den gleichen Befehl gab.

Eine Welt im Passah

Und obwohl Amerika zum Zentrum der Seuche geworden war, hatte diese bereits die ganze Welt erfasst. Während der Passah-Tage erreichte die weltweite Abriegelung ihren Höhepunkt und ohne jeden Präzedenzfall hatte die Hälfte der gesamten Menschheit Zuflucht hinter den Mauern ihrer Häuser gesucht.

Die Heilige Schrift spricht in Bezug auf das Passah vom Evangelium, der Botschaft des Messias. Der neutestamentliche Glaube begann am Passah mit der Kreuzigung.

Der als Messias offenbarte Jeschua, Jesus, wird als das Passahlamm bezeichnet, die einzige Hoffnung und Antwort auf das Gericht. Es war schon immer ein Passah-Glaube.

In der zweiten Hälfte des 20. Jahrhunderts wich ein Großteil des *christlichen Westens*, darunter Amerika und Europa, merklich vom christlichen Glauben ab. Zu Beginn des 21. Jahrhunderts wurde immer mehr vom Ende eines *christlichen Amerikas* und der Abkoppelung der westlichen Zivilisation vom Christentum gesprochen.

Daher ist es bemerkenswert, dass das Passah im Jahr 2020 zurückkehrte und sich machtvoll manifestierte, als Amerika und andere Nationen von ihrem *Passah-Glauben* und vom *Passah-Lamm* abgefallen waren. Dieselbe Zivilisation, welche sich vom Passah-Fest verabschiedet hatte, wurde wieder zu ihm zurückgebracht; eine Seuche, ein Gericht und der Befehl, zu Hause zu bleiben, bis die Seuche vorüber war. Es fehlte nur das Lamm. Eine Zivilisation, die sich vom Lamm abgewandt hatte, brauchte Ihn nun dringend.

◆ ◆ ◆

Passah ist das erste der festgesetzten Zeiten und Feiertage. Es leitet über zu einem anderen. Und es war dieser andere uralte heilige Tag, der den Schlüssel zum nächsten dramatischen Ereignis dieses höchst dramatischen Jahres darstellte. Und auch dieser trug die Dynamik des Gerichts in sich.

30

Tage voller Feuer und Atem

Passah, das erste große Fest Israels, leitet das zweite ein. Mitten im ersten Fest beginnt der Countdown für das zweite.

Das Fest der Siebener – Schawuot

Der Countdown ähnelt dem des Jubeljahres, außer dass er statt aus Jahren aus Tagen besteht.

Es sollen sieben volle Wochen sein. Bis zum andern Tag nach dem siebten Sabbat sollt ihr fünfzig Tage zählen. Dann sollt ihr dem HERRN ein neues Speisopfer darbringen. 3. Mose 23:15-16

Das zweite der großen Feste und festgesetzten Versammlungen Israels erhält seinen Namen von diesem Countdown: *Das Fest der Wochen* oder *Siebener*, oder auf Hebräisch *Schawuot*.

Schawuot ist mit der großen Sommerernte verbunden, einer mehrmonatigen Zeitspanne, in der die Israeliten ins Land zogen und ihre Felder und Weinberge aberntenten. Die Sommerernte näherte sich ihrem Ende erst mit dem Beginn der Herbstfeiertage.

Durch die Berechnung der Tage des Countdowns ab dem ersten Passah kamen die Rabbiner zu dem Schluss, dass Mose am Tag Schawuot den Berg Sinai bestieg, um das Gesetz zu empfangen. So wurde der Feiertag auch zu einem Gedenken an die Erteilung des Gesetzes am Sinai.

Pfingsten

Als die Bibel aus dem Hebräischen ins Griechische übersetzt wurde, erhielt das Fest des Frühsommers einen neuen Namen: *das Fest des Fünfzigsten Tages*, auf Griechisch *pentecoste* oder auf Deutsch *Pfingsten*. Unter diesem Namen kennen es die meisten Menschen.

Die Apostelgeschichte berichtet, wie der Geist Gottes am Pfingsttag auf die ersten Gläubigen fiel. So bekam das hebräische Frühsommerfest eine neue Bedeutung. Es wurde als der Tag bekannt, an dem der Geist Gottes über die Jünger kam, um sie zu befähigen, zu den Nationen zu gehen und das Evangelium bis an die Enden der Erde zu verkünden.

Das Fest des Gesetzes

Wenn sich das erste festgesetzte Fest in Form eines Gerichtes manifestierte, könnte es das zweite dann auch tun? Passah leitet Schawuot ein und die erste Erschütterung Amerikas führte zu einer zweiten. Als das Land immer noch von den Auswirkungen der Seuche heimgesucht wurde, kam es im Frühjahr 2020 zu einer zweiten Erschütterung. Viele glaubten, die zerstörerischen Auswirkungen der Seuche auf die amerikanische Gesellschaftsordnung ebneten den Weg für das nun Kommende.

Während Schawuot oder Pfingsten die Übergabe des Gesetzes markierte, sollte es nun die Aufhebung des Gesetzes bedeuten. Alles begann damit, dass die mit der Aufrechterhaltung und Durchsetzung des Gesetzes Betrauten gerichtet wurden, weil sie es gebrochen hatten.

Infolge seiner brutalen Behandlung durch Polizeibeamte starb der Afroamerikaner *George Floyd* auf den Straßen von Minneapolis.

Sein Tod löste eine Welle von Wut und Protest, von Gesetzlosigkeit, Gewalt und Zerstörung aus. Es begann in Minneapolis und breitete sich dann auf andere amerikanische Städte aus. Zahlreiche Forderungen wurden erhoben, den Strafverfolgungsbeamten die Mittel zu entziehen oder sie ganz abzuschaffen. Und an manchen Orten wurde ihre Präsenz praktisch eliminiert, da Teile der Städte zu Kriegsgebieten wurden.

Gesetzlos

In über 140 amerikanischen Städten kam es zu Protesten, Gewalt, Demonstrationen, Unruhen und Zerstörungen. Bis zum Ende des Sommers überschritt die Zahl der Demonstrationen oder Unruhen die Zehntausend. Der durch die Unruhen verursachte Schaden stieg in die Milliarden. Mindestens neunzehn Menschen verloren ihr Leben. Über 14.000 Menschen wurden verhaftet. Die Zahl der Teilnehmer wurde auf 15 bis 26 Millionen geschätzt. Mehr als die Hälfte aller amerikanischen Bundesstaaten musste die Nationalgarde einberufen. Sogar die Hauptstadt des Landes schien unter Belagerung zu stehen.

Möglicherweise handelte es sich um die größte oder am weitesten verbreitete Ausbreitung von Protesten, Unruhen und Krawallen in der amerikanischen Geschichte.

Und all dies überflutete eine Nation, die bereits von einer tödlichen Seuche schwer traumatisiert war, die immer noch auf ihrem Gebiet wütete. Und es blieb nicht allein bei den Unruhen. In derselben Phase explodierten im ganzen Land die Gewaltverbrechen. Zur Zeit des zweiten Festes, der Feier des Gesetzes, herrschte Gesetzlosigkeit.

Fest des Atems

Aber der festgesetzte Tag hatte noch mehr zu bieten. Unter seinem griechischen Namen Pfingsten wird das zweite Fest am häufigsten mit dem Heiligen Geist in Verbindung gebracht. Er ist als „Tag des Geistes“ bekannt. Das Johannesevangelium berichtet von Jeschua, Jesus, der dieses Ereignis vorhersagt:

> **Und als er dies gesagt hatte, hauchte er sie an und spricht zu ihnen: Empfangt Heiligen Geist!** Johannes 20:22

Der Geist ist mit Atem verbunden und diese Verbindung ist beabsichtigt. Im Alten Testament lautet das Wort für Geist auf Hebräisch *ruach*. Und *Ruach* bedeutet auch *Atem*.

Das Wort für *Geist* im Neuen Testament ist das griechische Wort *pneuma. Pneuma* bedeutet ebenfalls *Atem*. Der Tag des Geistes ist der Tag des Atems. Die Gabe des Geistes ist die Gabe des Atems. Und der Atem Gottes bringt Leben.

Der Raub des Atems

Wenn also die Zeit von Schawuot, Pfingsten, mit der Gabe des Atems verbunden war, was passierte dann, wenn sie in Form eines Gerichts käme? Es würde den Raub des Atems bedeuten. Auslöser der damaligen Gewaltexplosion war der Tod von George Floyd in den Straßen von Minneapolis. Seine letzten Worte vor seinem Tod lauten: „Ich kann nicht atmen.“ So wurde in der Zeit des Ruach, des Pneuma und des Atems der Atem geraubt.

Und alles, was dann über die Nation kam, die Explosion von Gewalt, Protesten, Chaos und Zerstörung, begann mit dem Raub des Atems. Eine Zeit, die einst eine Bewegung des Lebens und ein vom Atem Gottes erfülltes Volk hervorbrachte, gebar nun eine Bewegung des Todes und ließ Menschenmassen in allen Städten des Landes die Worte „Ich kann nicht atmen“ skandieren. Und das alles geschah in einem Land, das bereits von einer Seuche heimgesucht wurde, welche ebenfalls den Menschen ihren Atem raubte.

So wie das Passah in jenem Jahr zu einer Zivilisation sprach, die sich vom Lamm abgewandt hatte, so sprach das darauffolgende Pfingstfest zu jemandem, der den Geist, den Atem Gottes, verloren hatte.

Das Fest des Feuers

Aber der alte Feiertag hatte noch ein weiteres Element zu bieten, das zu seinem Zeichen werden sollte:

Und als der Tag des Pfingstfestes erfüllt war, waren sie alle an einem Ort beisammen. Und es erschienen ihnen zerteilte *Zungen wie von Feuer*, und sie setzten sich auf jeden Einzelnen von ihnen. Und sie wurden alle mit Heiligem Geist erfüllt …
Apostelgeschichte 2:1, 3-4

Dasselbe Element erscheint in den Worten von Johannes dem Täufer, als er von der Taufe im Heiligen Geist sprach:

… er wird euch mit Heiligem Geist und *Feuer* taufen. Matthäus 3:11

Das Element erscheint sogar bei der Erteilung des Gesetzes auf dem Berg Sinai, wie es an Schawuot, Pfingsten, gefeiert wird:

Und der ganze Berg Sinai rauchte, weil der HERR *im Feuer* auf ihn herabkam. 2. Mose 19:18

Die Apostelgeschichte verwendet das Feuer als Hauptsymbol zur Darstellung von Pfingsten. Es ist bekannt als der Tag des heiligen Feuers, des Feuers des Geistes Gottes und des Feuers, das buchstäblich über den Jüngern erschien, als der Geist kam.

Eine andere Flamme

Das Pfingstfeuer war ein Segen. Aber für eine Nation, die im Gericht steht, brachte Pfingsten nun ein anderes Feuer mit sich, ein Feuer nicht des Segens, sondern des Gerichts. Jetzt loderten Feuer in den Straßen Amerikas, in seinen Geschäften, seinen Betrieben, seinen Häusern und sogar seinen Polizeistationen. Feuer erhellten nun die Städte und ihre Nachthimmel. Das Feuer fiel zum festgelegten Zeitpunkt, aber nicht zum Guten, sondern zur Zerstörung.

28. Mai 2020

Auf welches Datum fiel das Fest der Pfingsten oder Schawuot im Jahr 2020? Sowohl im jüdischen als auch im christlichen Kalender fiel es in die letzten Maitage.

Wann ereigneten sich in Amerika jene Erschütterungen, die Städte in Brand setzten? Sie erreichten Amerika *in den letzten Maitagen.*

In den Tagen vor Pfingsten wurde das Feuer entfacht. George Floyd wurde getötet und die ersten Proteste begannen in Minneapolis.

Doch der 28. Mai brachte alles zum Überkochen. An diesem Tag kam es nicht nur in Minnesota, sondern auch in den Großstädten anderer Bundesstaaten zu großen Protesten.

Und in dieser Nacht explodierte alles. Damals überfielen Randalierer die Polizeiwache im dritten Bezirk von Minneapolis und steckten sie in Brand. Und zu diesem Zeitpunkt wurden die Nation und ein Großteil der Welt darauf aufmerksam und man erkannte, etwas Großes nahm seinen Lauf.

Am selben Abend des Feuers, am Donnerstagabend des 28. Mai, begann ein uraltes Fest – das Schawuot-Fest, Pfingsten. Es fing kurz vor Sonnenuntergang an, als jüdische Menschen sich anschickten, die Kerzen des Feiertags anzuzünden – Schatten jener großen Feuer, die noch in derselben Nacht angezündet werden sollten.

Schawuot wird in der jüdischen Welt bis ins Wochenende gefeiert und läutet dann den Pfingstsonntag ein. An jenem Pfingstsonntag, als die Christen den Tag des heiligen Feuers feierten, breitete sich aber ein ganz anderes Feuer im gesamten Land aus.

Sommerernte

Schawuot ist auch der Feiertag, an dem die Sommerernte gefeiert wurde. Im Jahr 2022 leitete es eine Sommerernte voller Wut und Gewalt ein. Zu den Zeichen, die in der Bibel einer Nation im Gericht gegeben werden, gehören Gesetzlosigkeit, Gewalt, Spaltung und Zerstörung, ganz zu schweigen von Pest und Seuche. All dies manifestierte sich nun gleichzeitig in ganz Amerika.

◆ ◆ ◆

In die Zeit des Passahfestes, des Festes der Seuche und des Lockdowns, fiel eine Seuche und der Lockdown. Dann, zur Zeit von Schawuot, Pfingsten, dem Fest des Gesetzes, des Atems und des Feuers, wurde das Gesetz ausgehebelt, der Atem geraubt und ein anderes Feuer entfacht.

Aber der uralte Kalender war noch nicht abgeschlossen. Er griff nun in einen völlig anderen Bereich ein. Der nächste historische Feiertag unterschied sich stark von seinen Vorgängern und seine Manifestation konzentrierte sich auf eine bestimmte Stadt und ein bestimmtes Gebäude. Was also brachte er mit sich?

31

Der himmlische Gerichtshof

Wir kommen jetzt zur heiligsten und beeindruckendsten Zeit des alten biblischen Kalenders, bekannt als die Tage der Ehrfurcht.

Yom Teruah

Gegen Ende der Sommerernte richtete sich der Fokus in biblischen Zeiten wieder auf die Heilige Stadt Jerusalem. Man beging die Tage von *teschuwa*, ein hebräisches Wort, das sowohl Rückkehr als auch Buße bedeutet. Es war die seit der Antike bestimmte Zeit, um zu Gott zurückzukehren, auf den rechten Weg zu gelangen, Buße zu tun, zu vergeben und Vergebung zu erhalten.

Der erste Hohe Feiertag läutete die Tage der nationalen Buße und Rückkehr ein. Dieser Tag war durch einen alten, ebenso geheimnisvollen wie kurzen Erlass festgelegt worden:

Sage zu den Israeliten: Am ersten Tage des siebenten Monats sollt ihr Ruhetag halten mit Posaunenblasen zum Gedächtnis, eine heilige Versammlung. 3. Mose 23:24

Man nannte ihn Yom Teruah oder Tag des Posaunenstoßes oder das Posaunenfest. Später wurde er auch bekannt als Rosch ha-Schana, das jüdische Neujahr. Aber es war nicht das neue Jahr – sondern der Beginn des siebten Monats, des letzten Monats des heiligen Kalenders.

Der Klang der Trompete oder des Schofars war in diesem Fall ein spiritueller Alarm, eine Erinnerung an das bevorstehende Gericht, an dem jeder bereit sein muss, vor Gott zu stehen. Es war ein Weckruf, um wieder in Ordnung zu kommen, Buße zu tun und zurückzukehren.

Tag des Richters

Das Posaunenfest war auch als Yom Ha Din, der Tag des Gerichts, bekannt. Es bezieht sich auf ein Urteil, das nicht so sehr ein Unglück oder eine Katastrophe darstellt, sondern eher das Urteil eines Richters oder Magistrats ist, vor den man geladen wird. Das hebräische Gebet *U'Netanneh Tokef* wird am Posaunenfest rezitiert und beschreibt dieses Gericht:

Du allein bist der, welcher urteilt, prüft, weiß und Zeugnis ablegt; der schreibt und versiegelt, der zählt und rechnet; der sich an alles erinnert, was vergessen wurde. Du wirst das Buch der Chroniken öffnen. ... Der große Schofar wird erklingen und ein leiser, dünner Klang wird zu hören sein. Engel werden herbeieilen, Zittern und Schrecken werden sie ergreifen – und sie werden sagen: „Siehe, es ist der Tag des Gerichts."[43]

Das hier gezeichnete Bild stellt Gott als Richter aller dar. Dem Gebet zufolge ist Gott nicht nur der Richter, sondern auch ein Zeuge, der aussagt, ein Anwalt, der den Fall beweist, und ein Protokollant, der alles Wichtige aufschreibt. Er ist alles in allem.

Somit handelt es sich bei dem am Posaunenfest und an den Tagen der Ehrfurcht ergangenen Gericht um das Urteil eines vorsitzenden Richters nach Anhörung des Angeklagten. Der Kontext ist gerichtlich. Die Bilder beschreiben einen Gerichtssaal.

43 Rabbi Yitzchak Schwartz, „Part 3: Chapter 1, Verse 6 Commentary," Torah.org, aufgerufen am 4. Juli 2023, https://torah.org/learning/iyoviyov3/?printversion=1&print-posts=print

Und genau dies ist der Kontext und die Bildsprache, durch welche die jüdische Welt die Hohen Feiertage betrachtet – die eines Richters, eines Gerichts und eines Urteils. Wenn der Sommer zu Ende geht, wird die Sicht der Juden auf einen Gerichtshof gelenkt.

Der himmlische Gerichtshof

Die Bräuche, Lehren und Gebete der Hohen Feiertage beziehen sich natürlich nicht auf irgendein Gericht, sondern auf das Gericht, das über allen anderen Gerichten steht. Es ist als himmlischer Gerichtshof bekannt. Als biblische Grundlage werden Verse aus Psalm 82 angeführt, in denen beschrieben wird, wie Gott einem himmlischen Gericht vorsteht und über die Erde urteilt:

Gott steht in der Gottesversammlung, inmitten der Götter richtet er. Psalm 82:1

Der zentrale Text des rabbinischen Judentums, der Talmud, beschreibt die Beratungen dieses himmlischen Gerichts. Am Posaunenfest, so heißt es, werden die Bücher des himmlischen Gerichtshofes geöffnet. Und für jene, die denen vergeben haben, die gegen sie gesündigt hatten ...

...verzichtet das himmlische Gericht wiederum auf Strafe.[44]

Die Tage der Ehrfurcht konzentrieren sich also auf das himmlische Gericht und die in seinen Beratungen gefällten Urteile.

44 Rosh Hashanah 17a:15, https://www.sefaria.org/Rosh_Hashanah.17a.15?lang=bi&with=Sheets&lang2=en

Das höchste aller Gerichte

Das Jahr näherte sich nun Ende September, der Zeit des Posaunenfestes und der Tage der Ehrfurcht, an denen sich eine Nation der Justizbereich, dem Gerichtsgegenstand und dem Gerichtshof zuwenden muss. Würde sich das Geheimnis auch diesbezüglich manifestieren?

In eben dem Augenblick, als sich der heilige Kalender dem richterlichen Bereich zuwandte, richteten sich auch Amerikas Augen auf den richterlichen Bereich. Der heilige Kalender wendet sich an das *höchste* aller Gerichte. Es gibt offensichtlich nur eine Institution, die im Hinblick auf Amerika die höchste sein könnte – der Oberste Gerichtshof, Amerikas *Supreme Court.* Und das Gericht in der Liturgie des Posaunenfestes ist tatsächlich als das *höchste* aller Gerichte bekannt.

Und als sich der heilige Kalender dem höchsten Gericht zuwandte, richteten sich im selben Moment die Augen Amerikas auf das höchste Gericht der Nation.

Das Posaunenfest ruft alle dazu auf, auf Ihn zu schauen, *der urteilt, prüft, weiß und Zeugnis ablegt,* den höchsten Richter. In gleicher Weise richteten sich die Augen Amerikas auf einen Richter, den höchsten Richter der Justiz des Landes, auf einen der neun am Obersten Gerichtshof.

Wer die Erde verlassen muss

Man glaubte, zu den vom himmlischen Gericht während der Tage der Ehrfurcht erlassenen Urteilen gehörten auch solche für jene, die Entscheidungsbefugnis über Leben und Tod hatten. Das an Rosch ha-Schana gesprochene Gebet spricht vom Urteil des Gerichts darüber,

… wie viele werden von der Erde verschwinden und wie viele werden erschaffen; wer wird leben und wer wird sterben; Wer wird zu seiner vorherbestimmten Zeit sterben und wer vor seiner Zeit …[45]

Und als sich der heilige Kalender den Tagen zuneigte, an denen wohl das himmlische Gericht sein Urteil darüber fällte, *wer von der Erde gehen würde*, erging tatsächlich ein Urteil. Auf dieses hin verließ jemand die Erde. Es war eine Frau, die an den höchsten Gerichten des Landes gesessen hatte; Richterin Ruth Bader Ginsburg ging von dieser Erde.

Sonnenuntergang

In dem Jahr, in dem sich die Themen jedes der alten Feiertage in konkreten physischen Realitäten und Ereignissen manifestierten, zeigten sich diese auch am Posaunenfest – die Hinwendung zum Gericht, das höchste Gericht, der Richter, der Urteilsspruch und das Fortgehen von der Erde. Alles geschah zu der vom heiligen Kalender festgelegten Zeit.

Im Jahr 2020 begann das Posaunenfest bei Sonnenuntergang am Freitag, dem 18. September. Wann verließ Richterin Ginsburg die Erde? Am Freitag, 18. September, dem Posaunenfest.

Als die Liturgie der jüdischen Welt an diesem Freitagabend vom Urteil des höchsten Gerichts sprach und darüber, wer von der Erde gehen würde, teilte das höchste nationale Gericht der Welt mit, dass eine seiner Richterinnen von der Erde gegangen war.

Wie alle hebräischen Feiertage begann das Posaunenfest am Freitagabend bei Sonnenuntergang. Am 18. September 2020 ging in Washington, D.C. die Sonne um 19:11 Uhr unter. Die

45 Schwartz, „Part 3: Chapter 1, Verse 6 Commentary"

Verkündigung des Obersten Gerichtshofs über den Tod von Richterin Ginsburg erfolgte kurz nach Sonnenuntergang.

Richter und Urteil

Richterin Ginsburg ging an dem Tag von der Erde, an dem es darum geht, vor dem himmlischen Gericht zu erscheinen. Dies könnte als Zeichen dafür angesehen werden, dass alle vor Gott stehen müssen und selbst höchste Richter vor dem Gericht des Allerhöchsten gerichtet werden. Und alle Urteile und Entscheidungen der Menschen werden durch das Urteil und die Entscheidung Gottes gerichtet.

Dies bringt uns zur anderen Seite des Geheimnisses. Alle Zusammenhänge und Manifestationen der uralten heiligen Tage führten zu diesem einen. Und sie alle fanden im Jubeljahr der Abtreibung statt. Das Jubeljahr bringt Umkehr. Die Generation, die den Tod brachte, erlebte nun, wie der Tod über sie kam. Und nun, am Yom Ha Din, dem Tag des Gerichts, starb eine von ihnen, eine Richterin am Obersten Gerichtshof.

Der Oberste Gerichtshof spielte die zentrale und entscheidende Rolle bei der Sanktionierung und Einführung der Abtreibung im ganzen Land. Dabei übernahm er die Rolle des himmlischen Gerichts und urteilte darüber, wer leben und wer sterben wird. Sein Urteil verurteilte Millionen der Unschuldigsten und ließ sie vorzeitig sterben.

Der Umsturz

Das Jubeljahr ist die Zeit der Rückkehr. Jetzt würde also alles an den Obersten Gerichtshof zurückkehren. Hier am Yom Ha Din wurde der Oberste Gerichtshof zum Angeklagten, Amerika wurde zum Angeklagten und beide waren schuldig. An diesem Tag des Gerichts begann das himmlische Gericht damit, über das

Urteil des Menschen, über das Urteil des Obersten Gerichtshofs zu urteilen – und es aufzuheben. Und alles begann mit Einbruch der Nacht von Yom Ha Din, der Zeit, welche Rückkehr und Buße in Gang setzt. Der Tod von Richterin Ginsburg zu diesem Zeitpunkt setzte Rückkehr und Buße in Gang – und leitete den Umsturz ein.

„Das Übel des Erlasses beseitigen"

In derselben Nacht versammelten sich jüdische Menschen in Synagogen im ganzen Land zum Gebet und um Gnade vor dem Gericht zu bitten. Sie rezitierten gemeinsam die letzte Zeile des festgelegten U'Netanneh Tokef-Gebets, das wie folgt lautet:

Aber Buße, Gebet und Gerechtigkeit beseitigen das Übel des Erlasses![46]

Das Übel des Erlasses kann als verordnete Katastrophe oder bestimmtes Unglück angesehen werden. Aber im Fall Amerikas können die Worte auch anders verstanden werden. Ein böses Urteil des Obersten Gerichtshofs, *Roe gegen Wade*, hatte zum Tod von Millionen von Kindern geführt. Und in dieser Nacht, als sie die Worte „Entfernt das Übel des Erlasses" skandierten, wurde ein Richter des Obersten Gerichtshofs abgesetzt. Genau dieses Ereignis ermöglichte die Aufhebung des bösen Erlasses.

Den Fall *Dobbs gegen Jackson* hatte man dem Obersten Gerichtshof nur drei Monate vor dem Tod der Richterin Ginsburg vorgelegt. Er wurde am 23. Siwan eingereicht, dem Tag der Aufhebung des bösen Beschlusses. Er lag also dem Gericht vor, aber erst an dem Tag, als die Worte „Entfernt das Übel des Erlasses" verkündet wurden, ermöglichte der Tod der Richterin, dass der böse Erlass tatsächlich aufgehoben werden konnte.

46 Schwartz, „Part 3: Chapter 1, Verse 6 Commentary"

Das Herbstfenster

Wäre die Richterin des Obersten Gerichtshofs nicht genau zu diesem Zeitpunkt von der Erde gegangen, wäre jede weitere Rückkehr und Umkehrung des Jubeljahres unmöglich geworden.

Der Tod musste zur Zeit des uralten Feiertags stattfinden. Vom Tag dieses Todes an war der amerikanische Präsident, dessen Vorbild Jehu war, nur noch vier Monate an der Macht – und ein Zeitfenster von etwas mehr als *einem Monat* bis zur Wahl hätte seine Handlungsfähigkeit faktisch zunichte gemacht.

Und ebenso klein war das Zeitfenster, das dem von den Republikanern geführten Senat verblieb, das Gleiche zu tun.

Nun, genau in diesem Sommer jährte sich zum fünfzigsten Mal jener Sommer, in dem Roe gegen Wade an den Obersten Gerichtshof geschickt worden war. Und noch im selben Sommer, dem Jubeljahrsommer dieser Eingabe, war *Roes* Jubeljahr-Parallele, *Dobbs gegen Jackson*, ebenfalls beim Obersten Gerichtshof eingereicht worden.

Gemäß der Jubeljahr-Anordnung kehrte alles heim und kam an den Ort seines angestammten Ursprungs zurück, der im Fall von *Roe gegen Wade* der Oberste Gerichtshof war.

Hätte Richterin Ginsburg noch auf der Richterbank gesessen, als *Dobbs gegen Jackson* vor dem Gericht verhandelt wurde, wäre das böse Urteil nie aufgehoben worden. Die eine Stimme, auf welche die Rücknahme beruhen könnte, existierte noch nicht und konnte nicht vor dem Sonnenuntergang jenes heiligen Tages da sein, der vom himmlischen Gericht und seinem Urteil sprach. Erst der Tod der Richterin ermöglichte die erforderliche Stimme zur *Aufhebung des bösen Erlasses.*

Was sich in jenen Tagen abspielte, lag wieder einmal jenseits aller Möglichkeiten menschlichen Handelns und Planens. Die Hand, die alles an seinen Platz brachte, war nicht aus Fleisch und Blut. Jede Strömung eines jeden Mysteriums, die des Jubeljahres, die von Jehu und dem Tempel, die alten festgelegten Zeiten und heiligen Tage, von Yom Ha Din und dem himmlischen

Gerichtshof, alle mussten zur genauen Zeit und am genauen Ort ineinander zusammenlaufen, um das Fenster zu passieren, das sich in der Nacht des uralten, heiligen Tages öffnete.

Der Tag, der seit jeher dazu bestimmt war, bei Sonnenuntergang die Wende einer Nation in Gang zu setzen, tat dies erneut, und zwar bei Sonnenuntergang. Das himmlische Gericht hatte seinen Beschluss gefasst.

◆ ◆ ◆

Und trotz alledem wirkte noch ein weiteres Geheimnis, das mit allen anderen übereinstimmen musste und ohne welches die anderen niemals erfüllt werden konnten. Was bei Sonnenuntergang begann, öffnete die Tür für das nächste Geheimnis. Und dieses hatte seinen Ursprung am Nil in Ägypten.

TEIL VII

DAS KIND AUS DEM NIL

32

Der Junge im Schilf

Sie warfen Babys in den Fluss. Dieser Feldzug bestand in einem Massenmord an Kindern – denn eine ganze Zivilisation führte Krieg gegen eine Generation von Kleinkindern.

Kinder im Nil

Diese Zivilisation war Ägypten. Es hatte das Volk Israel versklavt, welches sich innerhalb seiner Grenzen niedergelassen hatte. Aber Israel vermehrte sich. Der Pharao sah darin eine Bedrohung und begann einen Vernichtungskrieg gegen die hebräischen Babys. Also befahl er seinem Volk:

Jeden Sohn, der geboren wird, sollt ihr in den Nil werfen ...

2. Mose 1:22

Also begannen die Ägypter mit der Jagd auf neugeborene hebräische Kinder. Fanden sie einen Jungen, brachten sie ihn zum Nil und warfen ihn ins Wasser, und besiegelten so seinen Tod.

Das Baby aus der Arche

Dann berichtet die Bibel von einem kleinen Jungen, der den Hebräern geboren wurde. Aus Angst um dessen Leben hielt ihn seine Mutter drei Monate nach seiner Geburt versteckt. Aber als sie ihn nicht länger verbergen konnte …

... nahm sie für ihn ein Kästchen aus Schilfrohr und verklebte es mit Asphalt und Pech, legte das Kind hinein und setzte es in das Schilf am Ufer des Nil. 2. Mose 2:3

Um ihr Baby vor dem Tod zu retten, legte sie ihn in die Arche und setzte sie auf dem Nil aus. Das Kind schwamm nun in demselben Gewässer, in das die anderen hebräischen Babys geworfen worden waren. Da ihn die Tochter des Pharaos fand, wurde sein Leben gerettet und er wurde als ihr eigener Sohn großgezogen.

Das Baby war natürlich Mose. Als Erwachsener floh er aus dem Land Ägypten, kehrte aber Jahre später dorthin zurück, gesandt von Gott mit der Mission, Sein Volk zu befreien. Als der Pharao Moses Forderung nach Freisetzung ablehnte, wurde Moses zum Gefäß des ägyptischen Gerichts, zum Instrument, durch das die Zehn Plagen über das Königreich hereinbrachen.

Todesvernichter

Es ist von Bedeutung, dass die ersten Plagen der Nation in demselben Gewässer begannen, in welches die hebräischen Babys geworfen worden waren: der Nil. Mit anderen Worten: Das nationale Gericht war an die Stelle der nationalen Sünde zurückgekehrt. Die Art dieser ersten Plage verdeutlichte den Zusammenhang – das Wasser des Nils verwandelte sich in Blut, so wie das Blut der hebräischen Kinder einst sein Wasser gerötet hatte. Und der Mann, durch den das Urteil erging, war einst denselben Fluss hinuntergeschwommen, während andere hebräische Babys in seinen Wassern getötet wurden. Auch hatte Mose eine Führungsrolle, als die zehnte und letzte Plage des Gerichts die Söhne Ägyptens tötete. So wie Ägypten den Tod der Söhne Israels angestrebt hatte, musste es nun den Tod seiner eigenen Söhne miterleben. Es war kein Zufall, dass die Plagen an dem Ort begannen, an dem die männlichen Babys Israels getötet worden waren, und ihren Höhepunkt in der Ermordung der Söhne der Nation fanden.

Es war auch kein Zufall, dass eines der hebräischen Babys, das Ägypten zu töten versucht hatte und das auf den Wassern des Todes geschwommen war, nun zum Instrument der Vernichtung des Königreiches wurde.

◆ ◆ ◆

Es handelte sich also um ein Kind, das mitten im ägyptischen Massaker geboren wurde und das Jahre später dazu diente, die alten Mächte zu vernichten, die dies ausgeführt hatten. Ist es dann auch möglich, dass ein Kind, das das amerikanische Massaker überlebte, dazu genutzt wird, die modernen Mächte zu vernichten, die dieses begangen hatten?

33

Schattenkinder

Der entscheidende Schritt in Amerikas Akzeptanz der Abtreibung auf Verlangen begann im Januar 1970, als sie in die Vereinigten Staaten Einzug hielt, und wurde im Januar 1973 mit dem Urteil des Obersten Gerichtshofs vollzogen, das sie in ein Gesetz des Landes goss.

Die Erstlinge der Abschlachtung

Die ungeborenen Kinder dieses Zeitfensters waren die ersten, über deren Leben das Phantom des legalisierten Mordes hing. Sie waren die Erstlinge der ihnen folgenden Generationen, über denen ebenfalls dieser Schatten lauern würde. Mehr als eine Million Kinder dieser Generation, die während dieses Zeitfensters noch im Mutterleib heranwuchsen, waren am Ende nicht mehr am Leben.

Im alten Ägypten war es eines der hebräischen Babys, das die Abschlachttage überlebt hatte und Jahre später die Macht vernichtete, welche das Blut der Kinder vergossen hatte.

Wie steht es mit dem amerikanischen Abschlachten seiner Kinder? Gab es ein Kind, das in diesem kritischen dreijährigen Zeitfenster der Abtreibungseinführung in Amerika bis zum Urteil im Fall *Roe gegen Wade* geboren wurde; ein Kind, das in den Tagen dieses ersten Massakers geboren wurde, dessen Leben verschont blieb und das noch Jahre später eine zentrale Rolle dabei spielte, die Macht hinter diesem Massaker zu brechen? Es gab dieses Kind tatsächlich.

Das Mädchen im Schilf

Bei dem Kind handelt es sich um ein kleines Mädchen, das mitten im Dreijahresfenster gezeugt wurde. Sie wurde am 28. Januar 1972 in New Orleans geboren. Ihre Eltern gaben ihr den Namen Amy. Jahre später wurde sie als Richterin Amy Coney Barrett am Obersten Gerichtshof berühmt. *Roe gegen Wade* wurde mit einer einzigen Stimme gestürzt. Sie war jene, die dies bewirkte. Ohne ihr Erscheinen vor Gericht genau zu diesem Zeitpunkt und ohne die Stimmabgabe, wie sie es im Fall *Dobbs gegen Jackson* tat, wäre *Roe gegen Wade* nie aufgehoben worden. Ihr Leben bildet das fehlende Puzzleteil.

Im Schatten von Roe

Es war also das Kind, geboren im Schatten der Abtreibung, das *Roe gegen Wade* stürzte und die Abkehr von dem Morden einleitete. Sie wäre tatsächlich die erste Richterin am Obersten Gerichtshof, die zu einer Zeit geboren wurde, als es gesetzlich erlaubt war, ihre Geburt zu verhindern. Hier entfaltete sich ein Geheimnis, das über dreitausend Jahre bis zum Baby im Nil zurückreicht.

Sie kam nicht nur in diesem kritischen Fenster des bevorstehenden Gemetzels auf die Welt, sondern auch zu der ebenso entscheidenden Zeit, als *Roe gegen Wade* sich auf dem Weg durch das amerikanische Justizsystem bewegte, um zu einem Gesetz des Landes zu werden.

Tatsächlich wurde sie wahrscheinlich im selben Monat gezeugt, in dem auch der Fall, der *Roe gegen Wade* aufhob, vor demselben Gericht eintraf. Der Fall erhielt zwei Anhörungen vor dem Obersten Gerichtshof und Barrett wurde zwischen diesen beiden Anhörungen geboren. In Übereinstimmung mit dem Mysterium, traf dann jene, deren Geburt von *Roe gegen Wade* umgeben war, genau da am Obersten Gerichtshof ein, als auch der *Roe gegen Wade* aufhebende Fall vor Gericht kam.

Die Prinzessin Ägyptens

Alles musste genau an seinem Platz sein. Wäre Richterin Ginsburg nicht an jenem Posaunenfest gestorben, wäre Amy Coney Barrett wohl nie als Richterin am Obersten Gerichtshof angetreten, und schon gar nicht zu der Zeit, als der entscheidende Fall bezüglich der Abtreibung vor ihm anhängig war. Aber das Gleiche galt auch für Mose. Die ägyptische Prinzessin kam wie zufällig an den Nil, als ein Baby im Wasser schwamm. Ohne diese Kombination von Ereignissen hätte der Auszug nie so stattgefunden. Bei Amy Barrett musste also alles in genau dieser Weise ablaufen, damit *Roe gegen Wade* gestürzt werden konnte.

Richterin Ginsburg gehörte zu der Generation, welche die Tötung ungeborener Kinder legalisiert hatte. Richterin Barrett war Teil jener Generation, deren Tötung im Mutterleib von der Generation legalisiert worden war, zu der Richterin Ginsburg gehörte. Nun wurde die eine fortgenommen und die andere trat an ihre Stelle. Und zum ersten Mal saß ein Kind, das in den Tagen der Abtreibung auf Verlangen geboren wurde, im Obersten Gerichtshof und entschied für die Kinder, die noch nicht getötet worden waren. Und alles geschah im Jahr des Abtreibungs-Jubeljahres, in dem alles zurückgesetzt, umgekehrt und ungeschehen gemacht wird.

◆ ◆ ◆

Die Aufhebung des Urteils *Roe gegen Wade* beinhaltete nicht nur das Jubeljahr der Sünde Amerikas, sondern auch das Jubeljahr jener Frau, die es aufhob.

34

Kind des Nils

Mose erhielt in den Tagen der Plage seine Berufung als Befreier seines Volkes. Das Gericht war über das Land gekommen. Auch Amy Barrett nahm ihre Berufung in den Tagen der Plage an. Ihre Nominierung, ihre Bestätigung und ihre Vereidigung fanden in den Tagen der Gesichtsmasken, der sozialen Distanzierung und des Todes statt, dem ersten Jahr, in dem die Seuche das Land heimsuchte.

Das Jahr der Ankunft

Das Kind, geboren als die Abtreibung in den Gerichts- und Justizsälen Amerikas auf dem Vormarsch war, sollte an den Obersten Gerichtshof gelangen, genau wie im Juni der Fall *Dobbs gegen Jackson* an das Gericht verwiesen wurde. Sie wurde Ende September nominiert. Der Fall *Dobbs gegen Jackson* war gerade in diesem Sommer bei Gericht eingereicht worden.

Da sie geboren worden war, als *Roe gegen Wade* vor Gericht anhängig war, kam sie genau dann an das Gericht, als *Dobbs gegen Jackson* vor Gericht anhängig war.

Das Jubeljahr von Amy Coney Barrett

Aber das Geheimnis beinhaltete mehr als das Jubeljahr der Abtreibung. Wenden wir doch einmal den Jubeljahr-Countdown von 3. Mose 25 auf das Leben von Amy Barrett an! Sieben mal sieben Jahre nach ihrer Geburt befinden wir uns am 28. Januar

2021. Dieser Tag markiert den Abschluss ihres neunundvierzigsten Lebensjahres und den Beginn ihres fünfzigsten, Ihr Jubeljahr.

Amy Barrett wurde Ende Oktober 2020 als Richterin am Obersten Gerichtshof vereidigt. Drei Monate nach ihrer Vereidigung begann ihr Jubeljahr. Und so bildete ihr Jubeljahr den größten Teil ihres ersten Jahres bei Gericht.

Und in ihrem Jubeljahr, im Mai 2021, befasste sich der Oberste Gerichtshof mit dem Fall *Dobbs gegen Jackson*. Als der Fall dann im Dezember 2021 seine Anhörung erhielt, wurde er in Barretts Jubeljahr verhandelt. Und als Amy Barrett zum ersten Mal die entscheidende Stimme abgab, die *Roe gegen Wade* stürzte, tat sie dies im Jahr ihres Jubeljahres.

Mose am Hof des Pharaos

Die Jubeljahre von Amy Barrett und von *Roe gegen Wade* fallen bis auf sechs Tage zusammen. Das Jubiläum von *Roe gegen Wade* wurde dann fortgesetzt. Und mittendrin wurde *Roe gegen Wade* gestürzt. Und zu dieser Zeit war Barrett, welche die entscheidende Stimme abgegeben hatte, *fünfzig Jahre alt*.

Ein hebräischer Junge, der aus dem Nil in den Palast des Pharaos gebracht wurde, war dazu auserkoren, eines Tages dorthin zurückzukehren und zur festgesetzten Zeit seine bestimmte Aufgabe zu erfüllen: Die Befreiung seines Volkes. Ebenso erging es auch dem Mädchen, das in den Tagen geboren wurde, als *Roe gegen Wade* seinen Weg durch die Gerichtssäle des Obersten Gerichtshofs fand, um in eben diesen Sälen die ihr zugewiesene Aufgabe zum festgelegten Zeitpunkt zu erfüllen.

Denn Amy Coney Barrett war Amerikas Kind aus dem Nil.

◆ ◆ ◆

Im nächsten Abschnitt werden die bisher betrachteten Geheimnisse im Verlauf eines einzigen Tages zusammengefasst.

TEIL VIII

TAG DER WENDE

35

Die Rückkehr

Kann man den Lauf der Geschichte ändern? Können die Gebete eines Überrestes den Kurs von Nationen verändern?

Kehre mit ganzem Herzen zu mir zurück

Im Buch Joel spricht Gott von einer Nation, die von Seinen Wegen abgekommen ist und dann von einer Katastrophe, einer vernichtenden Plage und Verwüstung heimgesucht wird. Daraufhin erfolgt ein Aufruf und ergeht eine Antwort:

> **Doch auch jetzt, spricht der HERR, kehrt um zu mir mit eurem ganzen Herzen und mit Fasten und mit Weinen und mit Klagen! Und zerreißt euer Herz und nicht eure Kleider und kehrt um zum HERRN, eurem Gott! Denn er ist gnädig und barmherzig …**
>
> Joel 2:12-13

Der Aufruf besteht darin, zurückzukehren. Die Schrift richtet sich hier an eine Nation – für eine nationale Rückkehr oder die Rückkehr derer, die die Nation vertreten und für sie eintreten. Würde dies geschehen, brächte Gott Heilung und Wiederherstellung. Er würde den Fluch der Nation in einen Segen umwandeln und die Jahre wiederherstellen, welche *die Heuschrecken gefressen haben* (Joel 2:25).

Wenn mein Volk

Ich bin schon seit langem davon überzeugt, dass Amerika ohne Erweckung verloren gehen wird und es ohne Buße keine Erweckung geben kann. Wie Gott Israel in seinen letzten Tagen vor dem Gericht zur Rückkehr aufrief, ruft er nun Amerika dazu auf. Ich habe bereits lange über diesen Aufruf Amerikas gesprochen. In *Der Vorbote* habe ich darüber geschrieben und das Versprechen nationaler Wiederherstellung zitiert, das König Salomo in 2. Chronik 7:14 gegeben wurde.

... und dann mein Volk, über das mein Name genannt ist, sich demütigt, dass sie beten und mein Angesicht suchen und sich von ihren bösen Wegen bekehren, so will ich vom Himmel her hören und ihre Sünde vergeben und ihr Land heilen.
2. Chronik 7:14 (Luther)

Die heilige Versammlung

Aber der Aufruf zur Rückkehr im Buch Joel enthält eine noch konkretere Form der Bekanntmachung:

Blast die Posaune zu Zion, sagt ein heiliges Fasten an, ruft einen Feiertag aus! Versammelt das Volk ... Joel 2:15–16 (Luther)

Die Rückkehr manifestiert sich als Tag des Gebets und der Buße, insbesondere in Form einer heiligen Versammlung, einer feierlichen Einberufung der Fürbitte vor Gott im Namen der Nation.

Lincolns Aufruf

Die amerikanische Geschichte sah im Lauf der Jahre mehrere solcher Tage. Zu den dramatischsten gehörte mitten im Bürgerkrieg ein Tag des Gebets und der Buße, den Abraham Lincoln und der Kongress der Vereinigten Staaten einberufen hatten. Schon bald nach diesem Tag setzten sich dann die Streitkräfte der Union in Gettysburg und Vicksburg durch. Diese beiden Siege wurden in zwei aufeinander folgenden Tagen errungen und markieren die beiden entscheidenden Wendepunkte des Bürgerkriegs. Sie führten zum Sieg der Union und zum Erhalt der Nation.

Die Hand und die Schrift

Eine moderne Version dieser Art Versammlung fand 1980 statt, zu einer Zeit, als Amerika durch eine Flut nationaler Krisen, wie der Geiselnahme von 52 Amerikanern im Iran, einer sich verschlechternden Wirtschaft und einer Energiekrise so schwer traumatisiert war, dass man schon das Ende des amerikanischen Zeitalters erwartete. Damals versammelten sich Christen aus dem ganzen Land in der *National Mall* von Washington, D.C. zum Gebet, und um Gottes Gnade zu bitten.

Das Leitmotiv dieses Tages finden wir in 2. Chronik 7, 14: „Wenn mein Volk…“ Zu den dramatischen Auswirkungen dieser Versammlung gehört die Wahl eines neuen Präsidenten. Die Freilassung der amerikanischen Geiseln im Iran geschah zeitgleich mit der Einsetzung des neuen Präsidenten. Es kam zu einer nationalen Wende, die manche als das „Erwachen Amerikas“ bezeichneten. Alles begann, als der neue Präsident seine Hand auf die Bibel legte und den Präsidenteneid ablegte. Seine Hand ruhte auf der Schriftstelle 2. Chronik 7, 14: „Wenn mein Volk …“

Die Versammlung

Nach den Wirren des 11. Septembers hatte ich die Vision eines nationalen Tages des Gebetes und der Buße für Amerika. Ich sah ihn als eine heilige Versammlung in Washington, D.C. in der

National Mall. In den folgenden Jahren kam ich in Kontakt mit Kevin Jessip, einem großen und demütigen Mann Gottes. Auch er hielt treu an einer ähnlichen Vision für einen solchen Tag und eine solche Versammlung fest. Über die Jahre blieben wir in Verbindung, beteten und suchten Gottes Willen in dieser Sache.

Im Jahr 2018 verspürten wir beide schließlich eine größere Dringlichkeit, und dass die Zeit der Vision näher rückte. Es sollte im Jahr 2020 stattfinden. Kevin konnte daraufhin die *National Mall* für Ende September dieses Jahres reservieren. Im Herbst 2019 betete ich über mein nächstes Buch, das ich schreiben sollte. Ich empfand sehr stark, 2020 würde ein Jahr dunkler Ereignisse und großer Erschütterungen sein. Diese würden die Fortsetzung des Geheimnisses bilden, über das ich in *Der Vorbote* geschrieben hatte. Dies brachte mich dazu, das Buch zu schreiben, mit dem ich jahrelang gezögert hatte. Es war die Fortsetzung von *Der Vorbote*, bekannt als *Der Vorbote II.*

Im Januar 2020 begann ich zu schreiben. Bald darauf kam es zu Erschütterungen und dunklen Ereignissen, deren Kommen ich geahnt hatte. Es begann mit einer Seuche: COVID-19. Mit der landesweiten Abriegelung und dem Verbot öffentlicher Versammlungen wurde es im März zweifelhaft, ob der nationale Gebetstag überhaupt stattfinden könnte. Dennoch führten wir die Planung fort.

Die Rückkehr

Obwohl das Programm der Veranstaltung laut Planung bis in die Nacht reichen sollte, hatte ich das starke Gefühl, die Kernveranstaltung, die zentrale Zeit des Gebets und der Fürbitte, sollte um fünf Uhr nachmittags enden. Deshalb planten wir den Höhepunkt der Veranstaltung auf diese Stunde. Danach konnten die Besucher gehen oder die Nacht mit einem eine Stunde später beginnenden, nachklingendem Gebet verbringen.

Bis dahin hieß er Nationaler Gebets- und Bußtag. Der Titel war korrekt, aber allgemein gehalten. Ich empfand, es brauchte einen anderen Namen, kürzer und einfacher und seinen Zweck zusammenfassend. Mir wurde klar, dass in *Der Vorbote* all dies ausgesagt wurde. Dieser Ruf zog sich durch das Buch:

... die Nation wurde aufgerufen, im Gebet zu Gott *zurückzukehren*.[47]

... hinter den Vorboten – hinter allem steht das Wort *Rückkehr!*[48]

Es ist das Wort der Propheten. ...Eine Stimme rief, rief die Nation zurück zu Gott und schrie: ‚*Kehre zurück*'."[49]

Dies teilte ich Kevin mit. Er stimmte völlig mit mir überein. Seitdem hieß die Veranstaltung *Die Rückkehr*.

Der Sturm zieht auf

Als die Zeit für *Die Rückkehr* näher rückte, klangen die über die Nation gekommenen Erschütterungen in keiner Weise ab. Die Seuche wütete immer noch. Der Sommer voller Brände, Unruhen, Demonstrationen und Gewalt hatte die Nation zusätzlich traumatisiert. Ein Großteil des Alltags war weiterhin stillgelegt und viele hielten sich immer noch hinter den Mauern ihrer Häuser versteckt.

Im September jenes Jahres wurde *Der Vorbote II* veröffentlicht. Darin ging es nicht nur um die Weiterentwicklung des Mysteriums und die anhaltenden Zeichen des nationalen Gerichts, sondern auch um die vergangenen Tage des Gebets und der heiligen

47 Jonathan Cahn, Der Vorbote (media!worldwidewings, 2013), Seite 223, Betonung hinzugefügt

48 Cahn, Der Vorbote, 215, Betonung hinzugefügt

49 Cahn, Der Vorbote, 215, Betonung hinzugefügt

Versammlung, die den Kurs der Nation verändert hatten. Und jetzt planten wir eine weitere Großveranstaltung. Würde diese Auswirkungen auf die Zukunft haben?

Ich hatte andere gewarnt, dass die Auswirkungen solcher Ereignisse oft nicht sofort, sondern erst später sichtbar würden. Außerdem seien wir unabhängig vom Ergebnis dazu berufen, Gott beim Wort zu nehmen und zu tun, wozu Er uns berufen hat.

Wenn ich eine Seuche sende

Es gab Anzeichen für etwas Einzigartiges in Bezug auf *Die Rückkehr*. Die in Joel einberufene heilige Versammlung findet vor dem Hintergrund einer Seuche statt, die das Land heimgesucht hat. *Die Rückkehr* würde also auch vor dem Hintergrund einer Seuche im Land stattfinden.

Der Kontext des berühmtesten Verses über nationale Buße in 2. Chronik 7:14 lautet wie folgt:

> **Wenn ich … eine *Pest* unter mein Volk *sende*, und mein Volk, über dem mein Name ausgerufen ist, demütigt sich, und sie beten …**
>
> 2. Chronik 7:13-14

Auch hier wurde im Zusammenhang ausdrücklich von einer *Pest* gesprochen. Wir befanden uns jetzt in diesem Kontext. Die Seuche war gekommen. Jetzt war es an der Zeit, uns zu demütigen und zu beten.

Tage der Ehrfurcht

Die Rückkehr war für den 26. September 2020 geplant. Den Termin hatten wir zwei Jahre zuvor festgelegt, als er bei der *National Mall* reserviert wurde. Nur acht Tage vor diesem Datum wurde Richterin Ginsburg am Tag, der das Posaunenfest einläutet, vom

Gericht entfernt. Aber das Posaunenfest bildet nie den Abschluss – sondern einen Anfang. Es läutet die Tage der Ehrfurcht ein.

Die Tage der Ehrfurcht wurden einer Nation als Gelegenheit gegeben, um sich vor Gott zu demütigen und mit dem Bekenntnis der Sünde, mit Buße und mit Gebet um Seine Gnade vor Ihn zu kommen. Und genau diesen Zweck verfolgten wir natürlich mit der Veranstaltung *Die Rückkehr*. Somit fiel *Die Rückkehr* auf einen der Zehn Tage der Ehrfurcht und sollte zu einem von ihnen werden.

◆ ◆ ◆

Wie das Posaunenfest die Tage der Ehrfurcht und Buße einleitet, so würde der Tod von Richterin Ginsburg am Posaunenfest ein entsprechendes Ereignis einleiten, das am Tag eines der Tage der Buße stattfinden würde.

36

Das Gefäß des Töpfers

Es war am Morgen *Der Rückkehr*. Gewitterwolken lagen über der Hauptstadt. Sie hatten sich in der vorhergehenden Nacht über die Stadt ergossen und drohten, dies erneut zu tun. Hinsichtlich des Wetters und dazu noch die Abriegelungen, Quarantänen, Verbote und soziale Distanzierung konnten wir unmöglich einschätzen, wie viele Menschen kommen würden.

Der Tag

Aber sie kamen. Sie erschienen zu Tausenden und Abertausenden aus allen Gesellschaftsschichten, Schwarze, Weiße, Asiaten, Hispanoamerikaner, aus allen ethnischen Gruppen, Juden und Nichtjuden, Alte und Junge, aus ganz Amerika und darüber hinaus. Sie kamen mit einem einzigen Ziel: sich zu demütigen und zu beten, das Angesicht Gottes zu suchen, Buße zu tun, Fürsprache einzulegen und um Gnade für das Land zu bitten. Mit dem Kapitol im Rücken auf der Bühne stehend schweifte mein Blick über die Menge. Ein Meer aus Farben erfüllte die *National Mall* bis hinauf zum *Washington Monument*.

An diesem Tag kamen viele auf die Bühne, um zu beten und Fürbitte zu tun, sich mitzuteilen und die Anbetung zu leiten – insgesamt über 150.000 Menschen. Zu ihnen gehörten geistliche Leiter, Kulturschaffende, Regierungsbeamte, Hollywood-Stars, Musiker, Anbetungsleiter, Männer und Frauen des Gebets, Führer aus der ganzen Welt und alle, angefangen von Billy Grahams Tochter bis zur Nichte von Martin Luther King Jr., verband das gleiche Ziel: sich zu demütigen und zu beten.

Über die Zuschauer auf der *Mall* hinaus verfolgten noch viele weitere Menschen die Ereignisse im Fernsehen, online, in Kirchen und zu Hause, in Amerika und auf der ganzen Welt. Uns wurde gesagt, die Zahl der Teilnehmer an „Der Rückkehr" ging in ganz Amerika und auf der gesamten Welt in die Millionen.

Eine äußerst entscheidende Stunde

Um 9 Uhr morgens eröffnete ich *Die Rückkehr* mit einem alten hebräischen Gebet und der Verheißung aus 2. Chronik 7, 14. Dann sagte ich Folgendes:

> **Wir befinden uns in einer äußerst kritischen Stunde. Die Zeit ist vorangeschritten. Eine große Nation steht auf der Kippe. ... Wir haben das finsterste Jahr seit Menschengedenken erlebt, ein Jahr, in dem die Welt und insbesondere Amerika bis ins Mark erschüttert wurden wie nie zuvor in der Neuzeit, durch Seuche, wirtschaftlichen Zusammenbruch, Lähmung, Aufstände und Brände, Unruhen und eine Spaltung, die das nationale Gefüge zu zerstören droht. ... Dies ist eine heilige Versammlung.**
> **Wir sind mit einer heiligen Absicht hierhergekommen. ... Wir werden beten und anbeten und Fürbitte tun ... bis wir erreicht haben, wozu Gott uns berufen hat.**[50]

Viele andere betraten dann die Bühne und leiteten Ansprachen, Gebete, Sündenbekenntnisse und Fürbitten um Gottes Barmherzigkeit für Amerika und die Nationen.

50 in:ciite, „Die Rückkehr" Live Stream, Vimeo, 6. Juli 2022, https://vimeo.com/727437096

Tausende Engel schwören

Um 11 Uhr teilte ich jenes Wort mit, welches *Die Rückkehr* ausmachen sollte und begann wie folgt:

Vor zweieinhalbtausend Jahren stand der Prophet Jeremia außerhalb der Mauern Jerusalems, neben dem Tal Hinnom. In seiner Hand hielt er ein Töpfergefäß.[51]

Ich war geführt worden, die Botschaft so zu formulieren, indem ich vom Propheten Jeremia sprach, als er das Tal Hinnom überblickte, wo die Kinder der Nation geopfert worden waren. Ich sprach über die Abkehr Amerikas von Gott und die vielen Sünden, die mit dieser Abkehr einhergingen, aber ich fühlte mich besonders dazu veranlasst, die Millionen Kinder anzusprechen, welche das Land ermordet hatte:

Was wir einst verehrten, verunglimpfen wir jetzt, und was wir einst als falsch erkannten, feiern wir jetzt. Auch wir haben das Heilige entweiht und das Profane geheiligt. Und was unsere Kinder betrifft, unser unschuldigster Besitz, wir haben sie auf den Altären der Zügellosigkeit geopfert. Hier in dieser Stadt wurde ihr kollektiver Mord gesegnet und freigegeben.
Aber selbst tausend Gesetze, tausend Urteile des Obersten Gerichtshofs und tausend Engel, die auf tausend Bibeln schwören, können nicht ein Jota diesen Grundsatz der Moral ändern: Das Vergießen des Blutes eines ungeborenen Kindes bedeutet, ein Menschenleben zu ermorden, und zwar das unschuldigste aller Menschenleben. Das Volk des alten Israel legte Tausende seiner Kinder auf die Altäre von Baal und Moloch. Und mit dieser Tat setzten sie ihre eigene Zerstörung in Gang.
Doch wir haben sogar Millionen geopfert. Und unsere kollektiven Hände sind voller Blut …[52]

51 in:ciite, „Die Rückkehr" Live Stream

52 in:ciite, „Die Rückkehr" Live Stream

Das zerbrochene Gefäß

Dann wurde ich geführt, meine Worte an die Führung des Landes zu richten, angefangen beim Obersten Gerichtshof:

Sie, die Richter des Obersten Gerichtshofs, Sie eröffnen Ihre Sitzungen mit den Worten „Gott schütze diesen Obersten Gerichtshof." Aber wenn Sie die Entscheidungen Gottes außer Kraft setzen, wenn Sie die Urteile Gottes verurteilen, wenn Sie die ewigen Gebote Gottes niederschlagen, wie kann Gott dann Ihr Gericht bewahren? Seien Sie gewiss, es gibt ein viel höheres Gericht und einen viel höheren Richter. Und vor Seinem Urteil werden einst alle Richter stehen und Rechenschaft ablegen.[53]

Irgendwann musste ich wegen des Donnergrollens und -polterns über der Landeshauptstadt innehalten. Und doch fuhr ich mit der Botschaft fort. Ich dachte an die Schriftstelle: „Der Herr donnerte vom Himmel und der Allerhöchste sprach Sein Wort“ (siehe Psalm 18:14).

Jeremias Prophezeiung über Hinnom konzentriert sich auf einen einzelnen Gegenstand, ein Tongefäß, ein Töpfergefäß. Ich wurde geführt, ein Tongefäß nach Washington mitzubringen, das ich aus einer Töpferei in der Nähe meines Hauses erhalten hatte. Jeremia wurde angewiesen, das Gefäß zu zerschlagen – als Zeichen der Zerstörung, welche der Nation widerfahren würde, wenn sie ihren bisherigen Kurs fortsetzte. Ich wurde geführt, dasselbe zu tun. Als ich von Amerika sprach und vor einem nationalen Urteil warnte, zerschmetterte ich das Gefäß auf der Bühne in tausende Stücke.

Während es noch Tag ist

Dann erzählte ich von der Hoffnung, von Gottes Willen zur Rettung und Wiederherstellung, von seinem Ruf zur Barmherzigkeit und Erlösung:

---

53 in:ciite, „Die Rückkehr" Live Stream

Und die Stimme Gottes ruft: „Kehre zurück! Kehre zurück! Kehre zurück! Kehre zurück, Amerika, denn du bist in deiner Sünde gefallen. Kehre zurück, Amerika, solange es noch Tag ist. Und es liegen Leben und Tod vor dir. Wähle das Leben und nicht die Zerstörung. Kehre zurück, Amerika, und ich werde Erbarmen mit dir haben."[54]

Und schließlich sprach ich vom Geist und der Verheißung der Erweckung. Ich kniete auf dem Holzboden der Bühne nieder, und Tausende in der *National Mall* taten es mir gleich auf dem Gras und auf der Erde. Die *Mall* war jetzt voller Männer, Frauen und Kinder, die knieten, sich beugten, saßen, sich ausstreckten, mit dem Gesicht zum Boden gekehrt. Einige wandten sich in tiefer Fürbitte für Amerika zum Himmel und flehten um Gottes Gnade und das Handeln Seiner Hand.

Der Tag des Schuwa

Einer der zehn Tage der Ehrfurcht ist besonders hervorgehoben und heißt Schabbat Schuwa. Dieser Sabbat führt das Posaunenfest hinüber zu Jom Kippur. Im Jahr 2020 fiel der Schabbat Schuwa auf den 26. September. *Die Rückkehr* fiel auf den Schabbat Schuwa. Niemand hatte es deswegen so geplant; es passierte einfach. Und das wurde mir erst in den Wochen vor der Veranstaltung bewusst.

Das Wort *shabbat* bedeutet einfach Sabbat. *Die Rückkehr* fand also am Samstag, dem biblischen Sabbat, statt. Das Wort aber, das die Einzigartigkeit des Tages beschreibt, ist Schuwa. Was bedeutet es? Es bedeutet *die Rückkehr*! Schabbat Schuwa bedeutet wörtlich der Sabbat-Tag *der Rückkehr*! Ohne unser bewusstes Zutun wurde *der Tag der Rückkehr* auf den uralten *Tag der Rückkehr* festgesetzt!

54 in:ciite, "Die Rückkehr" Live Stream

Die festgesetzte Schriftstelle

Da Schabbat Schuwa ein Sabbat ist, gibt es eine aus vergangenen Zeiten bestimmte Schriftstelle, die an diesem Tag gelesen werden soll. Sie beginnt mit diesen Worten:

Kehr um, Israel, bis zum HERRN, deinem Gott! Denn du bist gestürzt durch deine Schuld. Hosea 14:2

Die Passage ruft eine abgefallene Nation, die einst Gott kannte, dazu auf, zum Herrn zurückzukehren. Das war die Botschaft für *Die Rückkehr.* Aber es gibt noch eine andere Schriftstelle, die ebenfalls für Schabbat Schuwa bestimmt ist. Sie ist die Blaupause für *Die Rückkehr* – das Buch Joel:

Blast das Horn auf Zion, heiligt ein Fasten, ruft einen Feiertag aus! Versammelt das Volk ... Joel 2:15-16

Der nächste Feiertag

Und so feierten jüdische Menschen in den Synagogen Amerikas und auf der ganzen Welt den Schabbat Schuwa, den Tag der Rückkehr, während Gläubige aus ganz Amerika und der Welt am *Tag der Rückkehr* teilnahmen.

Und während jüdische Menschen die alten Worte rezitierten, die zu einer heiligen Versammlung und landesweiten Zusammenkunft der Buße auffordern, um Gottes Barmherzigkeit zu erbitten, fand dies tatsächlich in der *National Mall* statt.

Es war die nächste Manifestation im Geheimnis der heiligen Tage. Das Jahr hatte mit der Seuche und dem Lockdown am Passahfest begonnen, ging dann über zu Atem und Feuer an Pfingsten und ergriff daraufhin die Säle und Urteile des höchsten Gerichts am Posaunenfest. Nun ging es weiter zum nächsten heiligen Tag, dem

Schabbat Schuwa, der heiligen Versammlung der Rückkehr, wie in Joel 2 festgelegt. Und jetzt war auch dies zur Erfüllung gekommen.

Der Tag der Wende

Das Wort *shuvah* kann auch mit „die Wende" übersetzt werden. Somit kann man den Tag von Schuwa als „Tag der Wende" bezeichnen. Könnte womöglich der heilige Tag, der seit jeher als Tag der Wende bekannt ist und sich jetzt in der Rückkehr oder Wende manifestiert, die tatsächliche Wende einer Nation in Gang setzen?

◆ ◆ ◆

In der Antwort auf diese Frage kommen nun alle Geheimnisse und Puzzleteile zusammen, die wir bisher gesehen haben.

37

Die Wende

Die Wende einer Nation – wie geschieht so etwas? In diesem Fall standen alle Chancen dagegen.

Das erste Fenster

Bis zum 18. September und der Tod der Richterin des Obersten Gerichtshofs war dies unmöglich. Danach gab es nur noch allerkleinste Fenster, durch die sich die Ereignisse hindurchquetschen konnten. Obwohl Präsident Trump zwei Richter des Obersten Gerichtshofs ernannt hatte, reichte dies noch nicht aus. Eine dritte Stimme war erforderlich.

Das Fenster war sogar noch kleiner als es schien. Die bevorstehenden Wahlen waren für den 3. November angesetzt. Danach konnte der Präsident nur noch eine Lame-Duck-Regierung führen. Seine Macht würde verschwinden, um eine hart umkämpfte Nominierung für den Obersten Gerichtshof durchzusetzen. Auch die Macht eines republikanisch geführten Senats würde am selben Tag zu schwinden beginnen.

Da die Wahl am Dienstag stattfinden sollte, bedeutete dies im Grunde, der Prozess von Nominierung und Bestätigung eines neuen Richters am Obersten Gerichtshof musste innerhalb der am Freitag, dem 30. Oktober, endenden Woche abgeschlossen sein; nur zweiundvierzig Tage nach dem Tod von Richterin Ginsburg. Und dazu hatte der Präsident Ende September noch nicht einmal einen Kandidaten gefunden.

Das zweite Fenster

Aber dies war nicht das einzige Fenster. Das andere hatte mit dem Fall *Dobbs gegen Jackson* zu tun, der erst im Sommer vor dem Tod von Richterin Ginsburg vor Gericht gebracht worden war. Das Gericht hatte ihn noch nicht angenommen, und es gab keine Garantie dafür. Selbst wenn dies geschehen sollte, hing alles davon ab, was mit dem von Richterin Ginsburg frei gewordenen Sitz passieren würde.

Es ging also nicht nur um die entscheidende Stimme bei einem künftigen Fall des Obersten Gerichtshofs, sondern um den Fall selbst. Beide waren gleichzeitig ins Spiel gekommen. Jeder von ihnen hing an einem seidenen Faden. Und ein Fall, der die Möglichkeit in sich trägt, dass *Roe gegen Wade* rückgängig gemacht wird, wird wahrscheinlich nie wieder an das Gericht weitergeleitet oder dort angenommen.

Das dritte Fenster

Und es gab noch ein weiteres Fenster, ein uraltes und spirituelles – die Zehn Tage der Umkehr – die Zeitspanne, die gewährt wurde, sich von seinen Sünden abzuwenden, Buße zu tun, alles rückgängig zu machen, wiedergutzumachen und zu Gott zurückzukehren. In der jüdischen Welt glaubte man, nach Ablauf der zehn Tage würde sich das Fenster schließen und das Schicksal besiegelt sein.

Amerika besaß das kleinste Fenster, um sich von seiner Sünde abzuwenden und sein Übel ungeschehen zu machen. Es hatte die Chance, das durch seine Menschen vergossene Blut von über sechzig Millionen Kindern zu bereuen und die fünfzig Jahre alte Übertretung rückgängig zu machen. Aber die Fenster der Gelegenheit würden sich bald schließen. Und den darauffolgenden Ereignissen nach zu urteilen, war das tatsächliche Zeitfenster des

Präsidenten zur Nominierung eines neuen Richters am Obersten Gerichtshof nicht viel größer als das der Zehn Tage der Umkehr.

Das Fenster hatte sich am 18. September mit dem Tod von Richterin Ginsburg geöffnet. Es war derselbe Tag oder die gleiche Nacht, die einer Nation für ihre Umkehr gewährt wurde, um Buße zu tun und *den bösen Erlass zu widerrufen.* Beide begannen am exakt gleichen Tag, zur exakt gleichen Stunde und mit dem exakt gleichen Sonnenuntergang.

Der Tag der Umkehr für den Präsidenten

Im Jahr 2020 ging Ende September die uralte Zeit der Buße zur Neige, wenn nach jüdischem Glauben jede Handlung vor dem höchsten Gericht des Himmels besiegelt wurde. Gleichzeitig verfügte der Präsident über ein politisches und logistisches Handlungsfenster. Ohne es zu beabsichtigen oder sich seiner Bedeutung bewusst zu sein, wollte er genau an dem Tag handeln, der einer der zehn heiligen Tage der Umkehr war.

Der Zeitpunkt schien seltsam. Der Präsident wollte seine dritte Nominierung für den Obersten Gerichtshof nicht an einem Wochentag, sondern am Wochenende in die Wege leiten. Direkt auf dem Rasen des Weißen Hauses nominierte er das amerikanische Kind vom Nil, das erste, das während des Abschlachtens von Kindern geboren wurde, Amy Coney Barrett, für den Obersten Gerichtshof. Damit setzte er die eine Stimme ein, welche das Urteil aufhob, das das Blut von Millionen vergossen hatte – für *die Aufhebung des bösen Erlasses.*

Dies war eine der folgenschwersten Amtshandlungen seiner Präsidentschaft. Wann wurde sie in Gang gesetzt? Sie wurde ins Leben gerufen am Schabbat Schuwa, dem Tag der Rückkehr. Da *shuwah* mit „Rückkehr“ und „Umkehr“ übersetzt werden kann, wurde damit auch festgelegt, dass die Umkehr am Tag der Rückkehr tatsächlich beginnen sollte. Schabbat Schuwa wurde zur Buße festgesetzt, um das Getane rückgängig zu machen. An diesem Tag begann eine Nation ihre Buße und die Rückgängigmachung dessen, was sie getan hatte.

Der physische und spirituelle Bereich

Was im spirituellen Bereich bei *Der Rückkehr* in der *National Mall* stattfand, ereignete sich im physischen Bereich auf dem Rasen des Weißen Hauses. Während wir auf der *National Mall* um Buße und Umkehr beteten, unternahm der Präsident im Weißen Haus eine Anstrengung, welche Amerika von dem Bösen seiner Vergangenheit befreite.

Dass die beiden Ereignisse gleichzeitig am selben Tag stattfanden, war nicht das Ergebnis menschlicher Absicht oder Planung. Der Präsident entschied sich aus politischen und logistischen Gründen zufällig für diesen Samstag, den 26. September. Eine Woche zuvor existierte keiner dieser Gründe und Faktoren. Sie entstanden nur aufgrund des Ausscheidens einer Richterin vom Obersten Gerichtshof am Posaunenfest. Und nach dem uralten Kalender ist das, was mit den Posaunen beginnt, verbunden mit dem Geschehen am Schabbat Schuwa, dem Tag der Rückkehr.

Auf den Spuren des Geheimnisses

Was auf dem Rasen des Weißen Hauses passierte, war das Abspulen scheinbar zufälliger Ereignisse. Und doch fügte sich alles in *Die Rückkehr* ein. *Die Rückkehr* wurde *zwei Jahre zuvor* für genau diesen Tag geplant und folgte also nicht den Ereignissen, die den Obersten Gerichtshof und dann das Weiße Haus erschütterten. Aber was am Obersten Gerichtshof und dann auf dem Rasen des Weißen Hauses geschah, folgte dem Geheimnis, das hinter *Die Rückkehr* lag.

◆ ◆ ◆

Die Verschmelzung der Geheimnisse greift noch tiefer und manifestierte sich noch dramatischer. Es geschah alles im Handumdrehen und mit dem uralten Gefäß der Macht Gottes.

38

17:04:33

Die festgelegte Zeit des Gebets und der Fürbitte bei *Die Rückkehr* näherte sich gegen *17 Uhr* ihrem Höhepunkt. Genau dieser Zeitparameter lag mir am Herzen. Auch als der Präsident seine Entscheidung traf, am Samstag, dem 26. September, mit seiner Nominierung für den Obersten Gerichtshof zu beginnen, musste er die genaue Uhrzeit entscheiden. Er wählte *17 Uhr.*

Die Stunde der Konvergenz

So setzte der Präsident seine folgenreichste Nominierung für den Obersten Gerichtshof genau dann in Gang, als die Gebete und Fürbitten bei *Die Rückkehr* ihren Höhepunkt erreichten. So fanden die Nominierung für den Obersten Gerichtshof und *Die Rückkehr* nicht nur am selben Tag statt – sondern beide flossen nun zur gleichen Tageszeit, zur selben Stunde, zusammen.

Aber es ging nicht nur um die Stunde, sondern auch darum, was in dieser Stunde passierte. Während der Planungsphase von *Die Rückkehr* war ich überzeugt, alles müsse mit Trompeten, unter dem Klang des Schofars, gipfeln.

Der Klang Gottes

So stand ich am späten Nachmittag in der *National Mall*, trug einen Tallit, den jüdischen Gebetsschal, über dem Kopf und hatte ein Schofar in der Hand. Ich ließ es sieben Mal erklingen, während die Menschen für sieben Absichten Gottes Fürbitte taten.

Bevor ich das Schofar an meinen Mund legte, sagte ich Folgendes:

In der Heiligen Schrift hat Gott die Posaune als ein Gefäß seiner Macht eingesetzt. Beim Klang der Posaune triumphierten die Heere Gottes und die Mauern Jerichos stürzten ein. Der Feind floh. Die Macht des Jubeljahres wurde freigesetzt. Die Segnungen Gottes brachen hervor … Dies ist ein Zeichen Seiner Macht … Wir glauben an den Durchbruch Gottes.[55]

Die Freisetzung Seiner Kraft

Es sollte eine Freisetzung von Gottes Absichten und Macht sein. Als ich anfing, den Klang sieben Mal ertönen zu lassen, hatte ich zu diesem Zeitpunkt keine Ahnung, dass sich in genau diesem Moment in der Nähe ein anderes Ereignis herauskristallisierte – die Versammlung auf dem Rasen des Weißen Hauses, welche den Sturz von *Roe gegen Wade* in Gang setzte. Es geschah alles gleichzeitig, das Ertönen der Trompeten und der Beginn der Bewegung.

In der Antike und danach läutete der Klang des Schofars die Zeit der *teshuwah* ein, hebräisch für Umkehr und Buße. Als nun der Schofar in Washington, D.C. erklang, läutete dies das Ereignis ein, das in Bezug auf das Blut der Kinder zu einer Kehrtwende führte.

Der Schofar brachte natürlich auch den Klang des Jubeljahres hervor. Jetzt, im Jubeljahr 2020, wurde die Umkehrung und das Rückgängigmachen durch das Jubeljahr mit dem Klang des Jubeljahres in Gang gesetzt.

55 in:ciite, „Die Rückkehr" Live Stream

Die geheime Geschichte

Hinter der Welthistorie dirigiert die Hand Gottes eine geheime Geschichte. In diesem Fall geschah dies sehr öffentlich, vor Millionen von Zuschauern. Der Sturz von *Roe gegen Wade* erhielt durch die Hand des Allmächtigen ein Kennzeichen.

Der Klang, der einst die Mauern von Jericho einstürzen ließ, erfüllte nun die *National Mall*. Und Mauern, welche in Amerika als Anker für die Abtreibung dienten, begannen zu bröckeln. Auch wenn die meisten Menschen nichts davon ahnten, begann die Aufhebung der Abtreibung mit dem Klang von Buße, dem Klang des Jubeljahres, dem Klang der Macht Gottes und dem Klang von Jericho.

Und noch mehr geschah.

Der Schlussakt

Die Veranstaltung im Weißen Haus lief etwas hinter dem Zeitplan, um einige Minuten nach 17 Uhr. Der Präsident ging zwischen den Säulen des Weißen Hauses hindurch in den Rosengarten, wo die versammelten Gäste warteten. Zu seiner Linken stand Amy Coney Barrett.

Ich hatte geplant, *Die Rückkehr* durch einen letzten prophetischen Akt zu besiegeln – ein letzter Posaunenstoß – als gleichzeitiges Ertönen mehrerer Posaunen. In der Bibel markierte der Klang der Posaune nicht nur die von Gott bestimmten Zeiten, sondern auch die bestimmten Augenblicke. Ein Beispiel dafür sind die Schofaroth von Jericho. Genau im *Moment* des Blasens stürzten die Mauern ein. Auch die Offenbarung zeigt sieben Engel, die sieben Posaunen ertönen lassen. Die Posaunenstöße gehen einher mit einem unmittelbaren und entsprechenden Ereignis in den Himmeln oder auf der Erde.

Die Besiegelung

Ich kündigte den letzten Akt an:

Wir besiegeln jetzt diese heilige Zeit.[56]

Ich rief all jene auf die Bühne, welche die Posaunen erklingen lassen sollten. Sechs Männer mit Gebetsschals und Schofaroth erklommen die Plattform und verteilten sich hinter mir auf der Bühne, während Kevin Jessip zu meiner Rechten stand. Ich wies die Versammelten in der Mall an, beim Klang der Posaunen zu schreien, so wie das Volk Israel beim Klang der Posaunen in Jericho geschrien hatte, als die Mauern fielen.

Dieser letzte Posaunenstoß sollte die Besiegelung von allem sein, was *Die Rückkehr* ausmachte, jedes Gebet, jede Fürbitte, jedes Wort, jede Erklärung, jede Bitte, jede Handlung – alles sollte nun zusammenfließen in diesem einen Moment, in diesem einen letzten Posaunenstoß und Schrei.

Es ging weder um die Schofaroth, die Schofarbläser oder um mich. Es ging um Gottes Macht. Der Schofar war nur ein Symbol dafür. Der letzte Klang beschloss ein halbes Jahrhundert voller Gebete, die von Gottes Volk erhoben wurden und in diesem Moment zusammenflossen.

Ich wandte mich zu den Männern hinter mir und fragte, ob sie bereit seien. Sie hielten die Schofaroth an ihren Mund und erhoben sie als Zeichen der Bereitschaft. Dann schaute ich wieder zu den Menschen in der *Mall*, die ebenfalls bereit waren und auf den Moment warteten. Es war jetzt kurz nach 17 Uhr. Als ich die Männer mit den Schofaroth auf die Bühne rief, hatte der Präsident gerade das Podium auf dem Rasen des Weißen Hauses erreicht, von dem aus er sprechen würde. Während die Versammelten in der *National Mall* gespannt auf den Klang der Posaunen harrten, warteten die Versammelten am Weißen Haus unruhig auf die Rede des Präsidenten.

56 in:ciite, „Die Rückkehr" Live Stream

Los!

Dann verkündete ich die Abschlusserklärung und das Gebet, um *Die Rückkehr* zu besiegeln und für die Freisetzung der Macht Gottes zu beten:

Von hier aus, Herr, während wir *Die Rückkehr* und die Macht Gottes besiegeln, lass nun, Herr, den Klang Deiner Macht in die Welt hinein ertönen ... im Namen Jesu, Yeshua ...[57]

Und dann erteilte ich den Befehl:

Los![58]

In diesem Moment erklangen die Posaunen auf der Bühne und der Jubel schwoll aus der Menge, die sich in der *National Mall* versammelt hatte. Wie es in Psalm 47 geschrieben steht:

Gott fährt auf unter Jauchzen, der HERR beim Schall der Posaune.

Psalm 47:6

Der Moment war jetzt.

Der Moment

Auf dem Rasen des Weißen Hauses stand der Präsident am Podium vor den versammelten Gästen. Er öffnete seinen Mund, um folgendes zu sagen:

Ich stehe heute vor Ihnen, um eine meiner erhabensten und wichtigsten Aufgaben zu erfüllen.[59]

57 in:ciite, „Die Rückkehr" Live Stream

58 in:ciite, „Die Rückkehr" Live Stream

59 Adam Shaw, „Trump Announces Amy Coney Barrett as Nominee for Supreme Court Seat," Fox News, 26. September 2020, https://www.foxnews.com/politics/

In diesem Moment wurde mit der Nominierung jener begonnen, welche die entscheidende Stimme zum Sturz von *Roe gegen Wade* abgeben würde. Sie erfolgte in dem Moment, als der Präsident zu sprechen begann. Dies veränderte die amerikanische Geschichte. Um wieviel Uhr geschah es?

17:04:33

Ich sagte: „Los!" und die Posaunen erklangen: Es war *17 Uhr – 4 Minuten – und 33 Sekunden.*

Als der Präsident seinen Mund zum Sprechen öffnete, um das Kippen von *Roe gegen Wade* einzuleiten, war es *17 Uhr – 4 Minuten – und 33 Sekunden!*

Die Wende, das Rückgängigmachen der Abtreibung, die Veränderung der Geschichte begann genau in dem Moment, in dem die Posaunen ertönten und der Jubel der Menge erklang – *genau im selben Moment.*

Die Aufhebung des Urteils, das Abtreibung im Land gesetzesfest machte, wurde am 26. September 2020 um 17 Uhr, vier Minuten und 33 Sekunden zum uralten Klang Gottes eingeleitet – im genau selben Moment.

Die genauen und unzähligen Momente

Der Präsident verzögerte den Beginn der Versammlung am Weißen Haus. Und durch den ihn begrüßenden Applaus verzögerte sich die Nominierung noch einmal um eine weitere Minute. Auch *Die Rückkehr* verspätete sich, denn weit über 150 Menschen betraten an diesem Tag die Bühne, um zu sprechen, anzubeten oder zu beten.

---

trump-amy-coney-barrett-supreme-court-pick

Hätte einer von ihnen einen Moment zu lange gebraucht oder einen Moment zu früh aufgehört, oder hätten jene, die ihre Zeit überschritten, nicht ihre Zeit für genau die Anzahl von Sekunden überschritten, wie sie es taten, hätte es nicht die genaue Anzahl an zusätzlichen Wörtern, zusätzlichen Noten, nicht gesprochenen Wörtern, nicht gespielten Noten, Pausen, Veränderungen, Drehungen und Wendungen gegeben, wie es sie gab – und hätte nicht alles genauso viele Sekunden gebraucht, wie es gedauert hat, oder genauso viele Sekunden eingespart, wie es geschah – die Übereinstimmung hätte nie stattgefunden.

Es war das Zusammentreffen zahlloser Faktoren im Weißen Haus, welche den Zeitpunkt der Ankündigung des Präsidenten veränderten, und ein weiteres Zusammentreffen zahlloser Faktoren bei *Die Rückkehr*, was dazu führte, dass der Schall der Schofaroth mit der Stimme des Präsidenten zeitlich konvergierte.

Die Verschmelzung von Mysterien

Und es war das Zusammentreffen nicht nur dieser beiden Ereignisse, sondern aller Geheimnisse, prophetischen Fäden, Puzzleteilen und Ströme in genau diesem einen Moment.

- Das Geheimnis des Jubeljahres lief hinein in das Ertönen der Posaunen in dem Jubeljahr, in dem die Abtreibung in Amerika Einzug hielt.
- Dieses wiederum fiel mit dem Einzug der Seuche in das Land genau zu den Zeiten und an den genauen Orten zusammen, an denen die Abtreibung ein Jubeljahr zuvor ins Land gekommen war.
- All dies wiederum konvergierte mit dem Mysterium des amerikanischen Jehu, der beim Ertönen der Posaunen den Einsturz des heutigen Baalstempels auf dem Rasen des Weißen Hauses in Gang setzte.

- All dies wiederum deckte sich mit dem Geheimnis der Person, die mitten im Massaker geboren wurde, dem amerikanischen Kind des Nils, das beim Klang der Posaunen an der Seite des Präsidenten stand und eingesetzt wurde, um den Zweck zu erfüllen, für den es geboren worden war.
- All dies wiederum fiel mit dem Jahr der Heiligen Tage zusammen, das mit dem Passah begann und nun am Schabbat Schuwa, dem Tag der Wende, zum Höhepunkt kam.
- All dies wiederum fiel zusammen mit dem hebräischen Feiertag des höchsten Gerichts und des höchsten Richters sowie dem Tag, an dem eine Richterin durch den Klang der Posaunen aus dem höchsten Gericht entfernt wurde, als Gebete zur *Aufhebung des bösen Erlasses* gebetet wurden. Und nun würde eine andere aufstehen, um ihren Platz an einem weiteren hebräischen hohen Feiertag einzunehmen. Die eine verließ ihren Platz im Gericht beim Klang der Trompeten; die andere begann ihren Aufstieg zu demselben Sitz bei demselben Klang – dem Klang von Trompeten.
- Und all dies stimmte weiter mit dem Fall überein, der gerade im Jubeljahr von *Roe gegen Wade* beim Obersten Gerichtshof angekommen war, mit dem Fall, der am 23. Siwan, eingereicht wurde, dem Tag des Erlasses, um den bösen Erlass zu widerrufen.

Manchen nimmt das Jubeljahr etwas fort. Aber für andere bringt es Wiederherstellung, Rückkehr und Erlösung. Nun, zum uralten Klang des Jubeljahres brachte es Letzteres.

◆ ◆ ◆

Wir stehen nun kurz davor, die Teile des Puzzles zusammenzusetzen, um den Schlüssel zur Lösung der Antwort zu offenbaren. Aber zunächst noch ein weiteres Geheimnis – ein Geheimnis der Posaunen.

39

Ein Geheimnis der Posaunen

Und nun verbindet ein Geheimnis die Jubeljahr-Anweisung mit der Stadt Jerusalem, mit einem mysteriösen Rabbiner, mit den festgesetzten Zeiten Israels, mit einem alten Gefäß, mit einem amerikanischen Präsidenten und mit jenem Moment, als alles beim Klang der Posaunen zusammenfloss.

Das Jubeljahr Jerusalems

Drei Jahre bevor die Abtreibung auf Verlangen auf amerikanischem Boden begann, ereignete sich weltweit ein Ereignis biblischen und prophetischen Ausmaßes. Die heilige Stadt Jerusalem wurde an Israel, an die Nation, der das Jubeljahr geschenkt wurde, zurückgegeben. Es geschah 1967, am dritten Tag des Sechstagekrieges. Dieses Ereignis war schon lange in der biblischen Prophezeiung vorhergesagt worden – ein Ereignis, das mit den letzten Tagen zusammenhängt – und sogar für die Wiederkunft des Messias Jesus erforderlich ist. Es bildete auch ein Jubeljahr-Ereignis – die Rückkehr der enteigneten Besitzer in ihren angestammten Besitz.

Kehrt man im Jubeljahr zum Erbe seiner Vorfahren zurück, werden die gesetzlichen Rechte auf diesen Besitz wiederhergestellt. Mit anderen Worten: Die Rückkehr wird rechtlich voll anerkannt. Das geschah im Falle Israels nie. Die Welt weigerte sich, seine Rückkehr nach Jerusalem anzuerkennen.

Die Jubeljahr-Verkündigung

Zählt man fünfzig Jahre seit dieser Rückkehr im Jahr 1967 hinzu, kommen wir zum Jahr 2017. In diesem Jubeljahr fand die nächste Wiederherstellung statt und zwar durch den amerikanischen Präsidenten Donald Trump. Am Ende seines ersten Amtsjahres verkündete er die Jerusalem-Erklärung. Diese erkannte die Rückkehr Israels in seine alte Hauptstadt rechtlich vollständig an. Es war das erste Mal seit der Antike, dass ein großer Weltführer die Souveränität Israels über Jerusalem anerkannte.

Der Jubeljahr-Rabbi

In dem Moment, als die israelischen Soldaten die Tore Jerusalems betraten, auf dem Tempelberg standen und sich der Klagemauer näherten, hörte man den Klang des Jubeljahres durch die antike Stadt erklingen. Rabbi Shlomo Goren, ein israelischer Militärkaplan, hatte die Truppen durch die Steintore begleitet. Und im Moment der Rückkehr fühlte er sich geführt, sein Schofar erklingen zu lassen.

Rabbi Goren wurde fünfzig Jahre zuvor geboren, im Jahr 1917, dem Jahr einer weiteren Jubeljahr-Wiederherstellung. Damals veröffentlichte das britische Empire die Balfour-Erklärung, in der es dem jüdischen Volk das Land Israel als nationale Heimat übergab.

Als Goren im Moment der Rückkehr Israels nach Jerusalem den Schofar erklingen ließ, war es auch sein eigenes Jubeljahr. Er war fünfzig Jahre alt – genau wie es Amy Barretts Jubeljahr war, als sie für die Aufhebung des Urteils *Roe gegen Wade* abstimmte.

Das Horn

In der Heiligen Schrift haben Namen oft eine große Bedeutung, egal ob bei der Geburt oder später im Leben vergeben. Der Name Abraham bedeutet Vater von *Vielen*. Genau zu dem wurde er. Der Name Mose bedeutet *herausziehen*. So zog er die Nation Israel aus Ägypten heraus. Der Name Gideon bedeutet *jemand, der niederschlägt*. So schlug er die Armeen Midians nieder.

Der Name Goren, wie von Rabbi Goren, bedeutet in seiner Herkunftssprache Horn. So wurde der Mann namens Horn geboren, um im Jubeljahrmoment das Jubeljahrhorn zu blasen. Und so war das zentrale Instrument bei der Wiederherstellung Jerusalems im Jubeljahr Israels ein Mann, der den Namen des Hauptinstruments des Jubeljahres trug – Rabbi Horn.

Die Posaune

Das Hauptinstrument im Jubeljahr dieser Wiederherstellung, in 2017, war Präsident Trump. Der Name Goren bedeutet Horn, was bedeutet der Name Trump? Auf Deutsch bedeutet er Posaune.

Die King-James-Bibel spricht von der Posaune Gottes, die in den letzten Tagen erklingen soll, und nennt sie „die letzte Posaune" (1. Korinther 15:52). Das Hauptinstrument der Jubeljahr-Wiederherstellung 2017 trug also den Namen des Hauptinstruments des Jubeljahres – Präsident Trump – zwei Jubeljahre, zwei Instrumente: ein Rabbiner, dessen Name *Horn* bedeutet, und ein Präsident, dessen Name *Posaune* bedeutet.

Solche Geheimnisse habe ich in dem Buch *Das Orakel* aufgedeckt. Darin bemerkte ich, dass Trump an einem Freitag geboren wurde. Und es gab eine Schriftstelle (4. Mose 10:1-10) aus vergangenen Zeiten, die an diesem Tag in den Synagogen der Welt gelesen und verkündet werden sollte. Wovon sprach sie? Hier war die Rede von Posaunen. Am Tag seiner Geburt sprach die festgelegte

Schriftstelle von der Herstellung, Formung und Vorbereitung der Posaune, die für Gottes Zwecke erklingen sollte.

Die Jubeljahr-Posaune

Im Jubeljahr wird die Posaune erhoben und erklingt im ganzen Land. Im Jubeljahr der Rückkehr Israels nach Jerusalem, 2017, wurde Trump erhoben, als er in diesem Jahr seine Präsidentschaft begann. Und von diesem Moment an erklang „die Posaune" im ganzen Land.

Im Jubeljahr, wenn die Posaune erklingt, wird dem Besitzer sein altes Erbe übergeben. So ertönte im Jubeljahr mit der Herausgabe der Jerusalem-Erklärung die „Posaune" und der Besitzer Jerusalems, Israel, erhielt den Besitz seines ehemaligen Erbes zurück. Aber hinter dem Geheimnis steckt noch mehr.

Das Jahr 2017 war zwar das Jubeljahr für Israel, aber 2020 war für Amerika das Jubeljahr in Bezug auf Abtreibung. Jedes Jubeljahr erfordert eine Posaune. So wie im Jahr 2017 gab es auch im Jahr 2020 eine Posaune, *Trump*, die im ganzen Land in Bezug auf die Seuche erklang. Die Trump-Präsidentschaft begann in dem einen Jubeljahr und endete in einem anderen.

Drei (Amts-)Einführungen

Trumps Präsidentschaft begann mit seiner Amtseinführung am 20. Januar 2017. Sein letztes Jahr als Präsident startete am 20. Januar 2020. Der 20. Januar 2020 war auch der Beginn der Seuche, der Tag, an dem sie offiziell amerikanischen Boden betrat. Der 20. Januar 2020 war auch die Eröffnung des Jubeljahres, des Jubeljahrtages der Einführung der Abtreibung in Amerika am 20. Januar 1970. Der Tag, der das letzte Jahr der Trump-Präsidentschaft einläutete, war also auch der Beginn des dunklen Jubeljahres für Amerika.

Die ersten Posaunen

Das Jubeljahr ist das hebräische *Jahr* der Posaunen; das Posaunenfest oder Rosch ha-Schana ist der hebräische *Tag* der Posaunen. Am 18. September 2020 kamen diese beiden bei Sonnenuntergang zusammen und die Richterin des Obersten Gerichtshofs verließ die Erde. Es war der Klang dieser Posaunen, der eine Woche später, am Tag der Wende, einen weiteren Klang auslöste – den Klang von Trump.

Der Tag, an dem Trump ertönte

Die Trump-Stimme im Jahr 2020, dem Jubeljahr, setzte den Umsturz und die Erlösung in Gang. Als ich am *Tag der Rückkehr* auf der Bühne stand und sagte: „Los!“, um das Signal für das Ertönen der Posaunen zu geben, hatte ich keine Ahnung, dass auch eine andere Posaune erklingen würde. Unsere Posaunen erklangen in der *National Mall* und im selben Moment erklang auf dem Rasen des Weißen Hauses auch eine weitere Posaune.

Und doch war im Geheimnis alles vorhanden: Es ist der Posaunenschall im Jubeljahr, der die Umkehrung, die Erlösung und die Wiederherstellung in Gang setzt. Und so war es der Klang der Trump-Stimme in diesem Jahr und an diesem Tag, der alle drei in Gang setzte.

Jenseits des Endes

Das Jubeljahr der Abtreibung, das am 20. Januar 2020 mit dem Ausbruch der Seuche begann, ging ein Jahr später zu Ende, am 20. Januar 2021. Genau an diesem Tag endete die Präsidentschaft eines Mannes namens Posaune, auf Englisch *trump*.

◆ ◆ ◆

Genau als an diesem Tag die Posaunen erklangen, konvergierte eine Vielzahl von Handlungen, Ereignissen und Geheimnissen. Dieses Zusammentreffen setzte wiederum einen weiteren Strom von Ereignissen in Gang, der seinerseits ein uraltes Muster freisetzte.

In diesem Muster liegt die Antwort für unsere Zeit. Dem wenden wir uns nun zu.

TEIL IX

DER ZERBROCHENE ALTAR

40

24.06.22

Es geschah am Freitagmorgen, dem 24. Juni 2022. Der Oberste Gerichtshof erließ seine Entscheidung im Fall *Dobbs gegen Jackson*. Das Urteil bestätigte nicht nur das Gesetz von Mississippi, das Abtreibungen nach fünfzehn Wochen verbietet, sondern hob auch jenes Urteil auf, das Abtreibung auf Verlangen zum Gesetz des Landes gemacht hatte: *Roe gegen Wade*. Die letzte Entscheidung kam mit 5 zu 4 Stimmen zustande – die entscheidende Stimme stammte von Amy Barrett.

Die Wut

Obwohl im Vormonat ein Dokument des Obersten Gerichtshofs an die Öffentlichkeit durchsickerte und diese auf das baldige Geschehen vorbereitet hatte, löste die Nachricht dennoch Schockwellen im ganzen Land und auf der ganzen Welt aus. Abtreibungsbefürworter und gleichgesinnte Führer verurteilten dies und versprachen, alles in ihrer Macht Stehende zu tun, um die Abtreibung in Amerika weiter voranzutreiben. Wütende Demonstranten machten ihrer Rage Luft, in Washington, D.C. sowie in Stadtzentren und auf öffentlichen Plätzen im ganzen Land.

Die Mainstream-Medien verurteilten die Entscheidung mit überwältigender Mehrheit in Artikeln, die sie als Aufhebung eines verankerten „Verfassungsrechts" darstellten.[60]

60 Siehe zum Beispiel Remy Tumin, „Special Edition: Roe v. Wade Is Overturned," New York Times, aktualisiert am 26. Juni 2022, https://www.nytimes.com/2022/06/24/briefing/roe-v-wade-abortion-supreme-courtguns.html

Kaum ein Artikel erwähnte den eigentlichen Kern des Problems – die Tötung von ungeborenen Kindern.

Gleichzeitig freuten sich andere. Viele jubelten. Einige weinten vor Freude. Viele dankten Gott für die Antwort auf jahrelange, ja jahrzehntelange Gebete, Bitten und Gesuche.

Der Zeuge der Medien

Die Auswirkungen der Entscheidung waren immens und weitreichend. Die New York Times nannte es ... *eine Entscheidung, die das amerikanische Leben verändern und die Politik der Nation neugestaltet.*[61]

Anschließend wurden die beiden entscheidenden Ereignisse angeführt, die zum Umsturz führten: ... *Richterin Ruth Bader Ginsburg starb im September. Ihre Ersetzung durch Richterin Amy Coney Barrett ... veränderte das Kräfteverhältnis am Gericht.*[62]

Dabei brachte die *Times* unabsichtlich den Sturz von *Roe gegen Wade* mit den beiden hebräischen Feiertagen, den beiden Tagen der Umkehr und den beiden Erklingen der Posaunen in Verbindung. Es blieb nicht die einzige Anspielung der Medien auf den biblischen Zeitplan. Der Zeitpunkt der Ereignisse machte dies unvermeidlich.

„Das 50-jährige Wahrzeichen“

Viele Artikel, in denen die richterliche Entscheidung verurteilt wurde, wiesen zunächst darauf hin, wie lange der Urteilsspruch im Fall *Roe gegen Wade* bereits her sei:

---

61 Adam Liptak, „In 6-to-3 Ruling, Supreme Court Ends Nearly 50 Years of Abortion Rights," New York Times, aktualisiert am 2. November 2022, https://www.nytimes.com/2022/06/24/us/roe-wade-overturnedsupreme-court.html

62 Liptak, „In 6-to-3 Ruling, Supreme Court Ends Nearly 50 Years of Abortion Rights."

Der Oberste Gerichtshof hob am Freitag das Urteil *Roe gegen Wade* auf. Diese folgenschwere Entscheidung demontierte das Wahrzeichen einer 50-jährigen Gesetzgebung zu Legalisierung von …[63]

Mit dem Urteil *Dobbs gegen Jackson* gibt die Women's Health Organization ein fast 50 Jahre altes Handlungsmuster auf …[64]

Der vor fast *50 Jahren* entschiedene Meilenstein wurde aufgehoben …[65]

Der Oberste Gerichtshof stimmte dafür, Roe gegen Wade niederzulegen, jenen bahnbrechenden Fall, der in den letzten 50 Jahren das Recht auf Abtreibung hochhielt.[66]

Sie alle bestätigten als Zeugen die Zeitspanne des Jubeljahres, des biblischen Jahres für Umkehr und Wiederherstellung. Und genau darum handelte es sich auch.

Das neunundvierzigste und das fünfzigste Jahr

Die uralte Verordnung spricht sowohl vom Countdown des neunundvierzigsten Jahres als auch vom fünfzigsten Jahr. In

63 Talia Lakritz, „The Supreme Court Overturned Roe v. Wade. Here's What That Means for Abortion Access in Your State," Insider, 24. Juni 2022, https://www.insider.com/roe-v-wade-overturned-states-banabortion-2022-6, Hervorhebung durch den Autor

64 „Roe v. Wade," Center for Reproductive Rights, aufgerufen am 7. Juni 2023, https://reproductiverights.org/roe-v-wade/, Hervorhebung durch den Autor

65 Devin Dwyer, „Supreme Court Overturns Roe v. Wade in Landmark Case on Abortion Rights," ABC News, 24. Juni 2022, https://abcnews. go.com/Politics/supreme-court-overturns-roe-wade-landmark-caseabortion/story?id=85160781, Hervorhebung durch den Autor

66 Josh Gerstein u. a., „Supreme Court Gives States Green Light to Ban Abortion, Overturning Roe," Politico, 24. Juni 2022, https://www.politico.com/news/2022/06/24/supreme-court-overturns-roe-vwade-00042244, Hervorhebung durch den Autor

den Artikeln, die das Ende von Roe gegen Wade anprangerten, tauchten also beide Zahlen auf:

> **Der Oberste Gerichtshof der USA hat seine 49 Jahre alte, wegweisende Entscheidung *Roe gegen Wade* aufgehoben, mit der Abtreibung in den gesamten USA legalisiert wurde.**[67]

> **… nachdem der Oberste Gerichtshof seine 50 Jahre alte Entscheidung *Roe gegen Wade* aufgehoben hatte …**[68]

> **Der Oberste Gerichtshof hob am Freitag offiziell seine 49 Jahre alte, bahnbrechende Entscheidung *Roe gegen Wade* auf und damit endete ein halbes Jahrhundert …**[69]

> **Roes 50. Geburtstag hat sein Versprechen annuliert.**[70]

Schon dreitausend Jahre zuvor hatte die Verordnung verfügt:

> **… sodass die Tage von sieben Sabbatjahren dir 49 Jahre ausmachen. Und ihr sollt das Jahr des fünfzigsten Jahres heiligen …** 3. Mose 25:8, 10

67 Callie Patterson and Samuel Chamberlain, „Supreme Court Overturns Roe v. Wade, Leaves Issue up to States," New York Post, 24. Juni 2022, https://nypost.com/2022/06/24/supreme-court-overturns-roe-v-wade/, Hervorhebung durch den Autor

68 „Roe v Wade: US Supreme Court Ends Constitutional Right to Abortion," BBC, 24. Juni 2022, https://www.bbc.com/news/world-uscanada-61928898, Hervorhebung durch den Autor

69 Julie Rovner, „Supreme Court Overturns Roe in Landmark Abortion Ruling," Hoptown Chronicle, 24. Juni 2022, https://hoptownchronicle.org/supreme-court-overturns-roe-in-landmark-abortion-ruling/, Hervorhebung durch den Autor

70 „Roe's 50th Year Undid Its Promise," At Liberty (podcast), 19. Januar 2023, https://www.aclu.org/podcast/the-50th-anniversary-of-roe-thatwell-never-see, Hervorhebung durch den Autor

Die Tausende des Jubeljahrs

So wie das Jubeljahr Wiederherstellung und Erlösung bringt, brachte auch das Jubeljahr der Abtreibung beides – in Form von Leben. Die meisten würden Folgendem zustimmen: Eine Handlung, die dazu führt, dass ein einzelnes Leben gerettet wird, also ein unschuldiges Leben rettet, das andernfalls getötet worden wäre, ist eine ausgesprochen moralische Handlung. Wie ist dann der Sturz von *Roe gegen Wade* zu sehen?

Der Studie einer *Abtreibungsbefürworter*-Koalition zufolge wurde bereits in den ersten zwei Monaten nach dem Fall von *Roe gegen Wade* durch den Obersten Gerichtshof das Leben von über zehntausend Kindern gerettet.[71] Wie in der Antike brachte das Jubeljahr Wiederherstellung und Erlösung und ermöglichte Tausenden und Abertausenden unschuldigen Kindern ihr Leben.

◆ ◆ ◆

Könnte das Geschehen vom 24. Juni 2022 mit einem uralten Tag der gebrochenen Flüche zusammenhängen?

71 „#WeCount Report," Society of Family Planning, 28. Oktober 2022, https://doi.org/10.46621/UKAI6324

41

Der Tag gebrochener Flüche

Als die Armeen Babylons den Tempel Gottes und die Stadt Jerusalem zerstörten, nahmen sie Scharen der Landesbewohner gefangen mit nach Babylon. Das als babylonische Gefangenschaft bekannte Exil dauerte mehrere Jahrzehnte und endete erst mit dem Fall Babylons und dem Aufstieg des Persischen Reiches an seiner Stelle. Der persische Kaiser Kyrus erließ eine Bekanntmachung, die es dem jüdischen Volk erlaubte, in seine Heimat zurückzukehren und den Tempel Gottes in Jerusalem wieder aufzubauen. Der Tempel war der Mittelpunkt Israels und das Zentrum der Bestimmungen Gottes.

Die Zeit vereitelter Absichten

Als die ersten Wellen der Vertriebenen nach Jerusalem zurückkehrten, fanden sie ihre Stadt und ihren Tempel in Trümmern vor. Sie machten sich an den Wiederaufbau. Sie legten den Grundstein für den Tempel, dankten Gott und beteten an. Doch bald darauf erhob sich Widerstand seitens der ebenfalls im Land lebenden Samariter und brachte den Wiederaufbau zum Stillstand.

Im Laufe der Zeit verlagerte sich der Fokus der Rückkehrer auf andere Dinge, ihre Häuser, ihren Lebensunterhalt, ihre Annehmlichkeiten. Unterdessen wurden auf dem heiligen Berg die Grundsteine, die sie zum Bau des Tempels gelegt hatten, vernachlässigt, aufgegeben und praktisch vergessen. Dadurch wurden die Absichten Gottes vereitelt. Die Pläne ihrer Feinde hatten sich fürs Erste durchgesetzt und diese Situation sollte noch viele Jahre andauern.

Ein Fluch auf dem Land

Dann sandte Gott ihnen den Propheten Haggai mit einem Wort der Zurechtweisung:

Ist es für euch selber an der Zeit, in euren getäfelten Häusern zu wohnen, während dieses Haus verödet daliegt? Und nun, so spricht der HERR der Heerscharen: Richtet euer Herz auf eure Wege! Ihr habt viel gesät, aber wenig eingebracht; ihr esst, aber werdet nicht satt …
Deshalb hat um euretwillen der Himmel den Tau zurückgehalten, und die Erde hat ihren Ertrag zurückgehalten. Haggai 1:4-6, 10

Die Behinderung der Absichten Gottes hatte einen Fluch über das Land gebracht. Der Fluch erstreckte sich von der Fruchtbarkeit ihrer Felder bis zum Erfolg ihrer Pläne, Bemühungen und Unternehmungen.

Der Tag an dem der Fluch gebrochen wurde

Die Worte des Propheten bewegten die Menschen und führten zu ihrer Buße. Sie machten sich daran, den Auftrag zu erfüllen, den Gott ihnen vor Jahren gegeben hatte. An diesem Tag fanden die Jahre des Stillstandes ein Ende. Die Arbeiten am Tempel wurden wieder aufgenommen.
Das Buch Haggai enthüllt das Datum, an dem dies geschah:

… sodass sie kamen und sich an die Arbeit am Haus des HERRN der Heerscharen, ihres Gottes, machten, am *24. Tag des sechsten Monats* im zweiten Jahr des Königs Darius. Haggai 1:14-15

Der vierundzwanzigste Tag des sechsten Monats war jener entscheidende Tag, der Wendepunkt, der Tag des Durchbruchs und des Sieges, als die Strategien des Feindes zunichte gemacht wurden, als die Hindernisse und der Kampf gegen Gottes Pläne aufgehoben wurden und die Absichten Gottes obsiegten. Der Fluch über dem Land begann am vierundzwanzigsten Tag des sechsten Monats zu zerbrechen.

Der vierundzwanzigste Tag des sechsten Monats

Natürlich war der Kalender der Rückkehrer und der, nach dem Haggai das Ereignis aufzeichnete, der des alten Israel. Aber würden wir dies in einen westlichen Kontext übersetzen, was wäre dann der vierundzwanzigste Tag des sechsten Monats? Der sechste Monat im westlichen Kalender ist der Juni. Der vierundzwanzigste Tag des sechsten Monats würde auf den 24. Juni fallen. Könnte der vierundzwanzigste Tag des sechsten Monats erneut als Tag des Durchbruchs bei den Absichten Gottes bestimmt werden?

Der Tag, an dem *Roe gegen Wade*, das Urteil, das die Abtreibung auf Verlangen zum Gesetz des Landes machte, aufgehoben wurde, war der 24. Juni, der vierundzwanzigste Tag des sechsten Monats.

Der Abbruch der Abbruchabsichten

So wurde der vierundzwanzigste Tag des sechsten Monats für ein anderes Volk und eine andere Zeit zum Wendepunkt, zu einem Tag des Sieges und Durchbruchs. Und wie in der Antike wurden die Wege und Strategien des Bösen zunichte gemacht. An diesem Tag wurde jeder Widerstand gegen die Absichten Gottes, die mit dem Leben eines Kindes zum Ausdruck kommen, zurückgedrängt.

Der Tag, der einst den über dem Land Israel hängenden Schatten entfernt hatte, verscheuchte nun einen Schatten von

Amerika. Könnten damit, wie in der Antike, auch die Flüche einer modernen Nation gebrochen werden? Das blieb zu dem Zeitpunkt abzuwarten. Aber der Tag hatte begonnen, einen von ihnen zu zerbrechen.

◆ ◆ ◆

Sieben Monate ehe der Oberste Gerichtshof sein verblüffendes Urteil erließ, erhielt ich ein Wort und eine Vision.

42

Die Vision

Nach *Die Rückkehr* betete ich im Blick auf das nächste Buch, das ich schreiben sollte.

Die Rückkehr der Götter

Ich wurde geführt, über ein Geheimnis zu schreiben, das seinen Ursprung bei den alten Göttern hatte und sich auf die Mächte und Geister bezog, die gemäß der Bibel hinter ihnen steckten. Ich schrieb über die alte Warnung, nicht die Tür für ihre Rückkehr zu öffnen. Das Buch enthüllt, dass die Tür geöffnet wurde, die Fürstentümer zurückgekehrt sind und dass ihr Wirken hinter den Veränderungen steckt, die unsere Kultur überrollen. Die Offenbarung war Die *Rückkehr der Götter.*

Bei einem Anbetungs-Gottesdienst an einem Freitagabend Anfang November 2021 bat ich erstmalig die Menschen von Beth Israel für das Buch zu beten, während ich mich auf das Schreiben vorbereitete. Auch war es die erste Ankündigung im Hinblick auf dieses Buch.

Obwohl ich keine Einzelheiten über den Inhalt des Buches weitergab, kannte einer der Besucher dieses Gottesdienstes ihn bereits. Denn an diesem Morgen war ihm etwas Seltsames passiert.

Eine nächtliche Vision

Einer meiner Mitarbeiter, ein bescheidener und frommer Mann, hatte mir etwas zu sagen. An dem Tag, an dem ich dann das neue Buch ankündigte, wurde er um drei Uhr morgens aus dem Schlaf geweckt. Etwas Mächtiges regte sich in seinem Geist.

Er stand auf, zog sich an, stieg in sein Auto und fuhr auf einen nahegelegenen Parkplatz. Dort holte er sein Handy heraus, schaltete die Aufnahmefunktion ein und sprach aus, was über ihn gekommen war. Er war noch nie zuvor mit etwas Ähnlichem an mich herangetreten. Es sah ihm nicht ähnlich, das zu tun. Aber direkt als es ihn überkam, wusste er, dies musste er mir sagen.

Die Altäre

Er sah mich von ihm abgewandt und inmitten einer trockenen Landschaft stehen. Vor mir lagen massive Gebilde aus hellgrauem und braunem Stein. Oben waren sie flach und breit und ruhten auf großen Steinfüßen oder Gestellen. Er wusste, dass es antike Altäre waren, gebaut zur Anbetung und Opferung für die Götter.

Der Zerbruch

Dann hörte er eine Stimme, die mir befahl, zu den Altären zu sprechen und zu prophezeien, um ihnen ein Wort Gottes zu verkünden. Ich hob meine Hand und zeigte auf die Altäre, öffnete meinen Mund und sprach. Als ich das Wort ausgesprochen hatte, begannen sich Risse auf den Oberflächen der Altäre zu bilden. Dann zerbrachen sie in zwei Teile, eine Seite fiel nach rechts, die andere nach links. Danach tauchten dunkle, schattenhafte Gestalten aus den zerbrochenen Altären auf – Geister, Fürstentümer, Götter, dämonische Wesenheiten, die sich entfernten. Dann sah er Wasser vom Himmel herabströmen.

Auslegung der Vision

Die Bedeutung der Vision verblüffte ihn. Er dachte zuerst an das alte Israel, das sich von Gott abwandte und Altäre errichtete, um den Göttern Opfer darzubringen. Aber er wusste, dass es mit dem zu tun hatte, was jetzt in Amerika und auf der ganzen Welt geschieht.

Ihm war nicht bekannt, dass ich gerade mit einem Buch begonnen hatte, das von den Göttern und ihren Altären handeln würde. Tatsächlich sollte eines der letzten Kapitel den Titel „Altäre der Götter" tragen. Und ich hatte keine Ahnung, dass die Vision, die er mir beschrieb, vorhersagte, was in sieben Monaten passieren würde.

◆ ◆ ◆

Könnten eine Schriftstelle, die mir beim Warten auf ein Flugzeug an einem Flughafengate vor Augen kam, und ein Mann namens Pinhas den fehlenden Schlüssel zum Ausgang einer Seuche liefern?

43

Der Pinhas-Faktor

In Tennessee, auf dem Flughafen von Chattanooga, hörte ich die Nachricht. Ich ging gerade zur Sicherheitskontrolle, als hinter mir aus der Ferne eine Männerstimme rief. „Warte! Warte!" Es war der Mann, der mich zum Flughafen gefahren hatte. „Das musst du sehen!" Er hielt sein Handy hoch. „Es ist von meiner Frau." Sie hatte ihm gerade eine SMS geschickt. Darin stand: „*Roe gegen Wade* wurde aufgehoben!"

Auf dem Weg durch die Sicherheitskontrolle zum Flugsteig dachte ich über diese Neuigkeit nach. Obwohl man schon seit über einem Monat damit gerechnet hatte, war es immer noch atemberaubend. Während ich auf meinen Flug wartete, holte ich mein Handy heraus und schaltete es ein. Auf dem Bildschirm erschien eine Schriftstelle.

Ihre Söhne und ihre Töchter

Es dauerte einen Moment, bis mir klar wurde, wie es auf mein Telefon gelangt war. Ich hatte nämlich bereits beim Schreiben von *Die Rückkehr der Götter* eine Websuche durchgeführt. Dennoch blieb es ein Rätsel, warum dies in diesem Moment erschien. Es handelte sich um einen Abschnitt aus Psalm 106, beginnend mit Vers 35:

Sie vermischten sich mit den Nationen und lernten ihre Werke. Sie dienten ihren Götzen, die wurden ihnen zum Fallstrick.

Und sie opferten ihre Söhne und ihre Töchter den Dämonen, vergossen unschuldiges Blut, das Blut ihrer Söhne und Töchter, die sie den Götzen Kanaans opferten. So wurde das Land durch die Blutschuld entweiht. Psalm 106:35-38

Es war die Anklage gegen eine Nation, die Gott im Stich gelassen hatte und nun ihre Söhne und Töchter auf den Altären der Götter opferte. Sie sprach vom alten Israel, aber die Worte bildeten nun eine Anklage gegen Amerika. Umso auffälliger war die Tatsache, dass es genau nach Erhalt der Nachricht auf meinem Handy aufgetaucht war.

Pinhas und die Seuche

Um den Kontext der Wörter zu erforschen, scrollte ich nach oben und stieß auf eine weitere Passage, die von der Annahme anderer Götter durch Israel erzählt:

Und sie hängten sich an Baal-Peor und aßen Schlachtopfer der Toten. So erbitterten sie ihn durch ihre Taten, *eine Plage brach unter ihnen aus*. Da stand Pinhas auf und übte Gericht, und *der Plage wurde gewehrt*. Psalm 106:28-30

Baal-Peor war mit Kinderopfern verbunden. Sie wandten sich von Gott ab, um einen Gott des Kinderopfers anzubeten, und *unter ihnen brach eine Seuche aus.* Ich dachte an COVID, die Seuche, welche über Amerika gekommen war.

Pinhas war Priester zur Zeit des Auszugs, ein Mann, der sich eifrig für die Wege Gottes einsetzte. Als Folge des Abfalls seines Volkes brach unter den Israeliten eine Seuche aus. Pinhas intervenierte, um den Abfall vom Glauben zu stoppen. Aufgrund seiner gerechten Tat wurde die Seuche beseitigt.

Der Gerichtshof und die Seuche

In dem Urteil vom 24. Juni 2022 strebte die Mehrheit der Richter des Obersten Gerichtshofs ebenfalls danach, die Sünde der Nation umzukehren. Wie die von Pinhas war ihre Tat gerecht und führte ebenfalls zur Rettung von Leben.

Als an diesem Morgen auf meinem Handy die Worte auftauchten vom Abfall einer Nation – von Kinderopfern, dem Kommen einer Seuche, einer gerechten Handlung und der Beseitigung der Seuche –, fragte ich mich, ob die Entscheidung des Gerichts mit einem Abklingen der Seuche zusammenhängen könnte, welche Amerika heimgesucht hatte. Angesichts der Vielzahl von Zusammenhängen zwischen Abtreibung und Seuche erscheint es möglich, dass bei einer Zurückdrängung der Abtreibung dies auch mit der Seuche geschieht.

Alitos Dokument

Im Januar 2022 trat die Seuche auf amerikanischem Boden in ihr drittes Jahr. Sie wütete, so mächtig und tödlich wie zuvor. Noch mehr, die Stärke und Dynamik nahm seit Monatsbeginn sogar zu. Bis zum Monatsende hatte sich die wöchentliche Zahl der Todesopfer im Vergleich zum Anfang fast verdoppelt.

Die Gesamtzahl amerikanischer Todesopfer der Seuche betrug im Januar über siebzigtausend.[72] Und ein Ende war nicht in Sicht.

Der Oberste Gerichtshof verhandelte am 1. Dezember 2021 den Fall *Dobbs gegen Jackson*. Betraut mit der Ausarbeitung der Mehrheitsmeinung und der Entscheidung, durch die *Roe gegen Wade* niedergeschlagen wurde, war Richter Samuel Alito.

72 „Daily Updates of Totals by Week and State: Provisional Death Counts for Coronavirus Disease 2019 (COVID-19)," CDC, aufgerufen am 7. Juni 2023, https://www.cdc.gov/nchs/nvss/vsrr/COVID19/index.htm

Üblicherweise wird ein fertiges Dokument vertraulich an die Richter des Obersten Gerichtshofs weitergeleitet. Alito hatte den ganzen Monat Januar 2022 hindurch an dem Dokument gearbeitet – im selben Monat, in dem die Seuche mit all ihren Auswirkungen in ganz Amerika wütete. Das Dokument wurde Anfang Februar fertiggestellt und am 10. Februar in Umlauf gebracht. Es war das erste Erscheinen der Stellungnahme und des Urteils, welche *Roe gegen Wade* zum Ende brachten. Dieses umfangreiche Werk bestand aus 98 Seiten, 118 Fußnoten und einem 31-seitigen Anhang.

Die Frage

Die Frage lautet also: Wenn das Urteil des Obersten Gerichtshofs in Form des Dokuments von Richter Alito die Umkehrung der Sünde einer Nation, eine Intervention, darstellte, könnte dies dann auch, wie die Intervention von Pinhas, zum Abklingen der Seuche führen? Gab es Anzeichen einer Veränderung, eine Wende? Sah man ein Abklingen der Seuche?

Dies gab es tatsächlich. Und die Veränderung geschah plötzlich und dramatisch. Im Januar 2022 war die Infektionsrate der Seuche so hoch wie nie zuvor seit ihrem ersten Eindringen in das Land. Tatsächlich war die Zahl der infizierten Amerikaner im Januar so hoch, dass sie einen mehr als dreimal höheren Höhepunkt darstellte als jeder andere Höhepunkt zur Zeit der Seuche auf amerikanischem Boden.[73] Aber dann geschah etwas.

Der Abschwung

Im Januar 2022 schrieb Richter Alito an der Ausarbeitung des Dokuments zu dem Urteil, das *Roe gegen Wade* aufhob. Dies stellte

73 „United States of America Situation", WHO

Amerikas erste große Abschaffung der Abtreibung auf nationaler Ebene dar. Die wöchentliche Infektionsrate der Seuche hatte ihren Höhepunkt mit 5.650.933 betroffenen Amerikanern erreicht.

Im Vergleich: Als Amerika China überholte und zum globalen Epizentrum des Virus wurde, gab es weniger als 200.000 Fälle. Und nun trat eine dramatische und plötzliche Veränderung ein. Die Zahl der von der Seuche Betroffenen sank plötzlich. Jede Woche gab es einen weiteren dramatischen Einbruch. Der Rückgang war so einschneidend, dass die Infektionsrate der Seuche in der ersten Februarhälfte, als Alitos Dokument fertig war und dann im Obersten Gerichtshof zirkulierte, auf fast ein Achtel des Standes vom Januar gesunken war.[74]

„Und der Plage wurde gewehrt"

Die Seuche war abgeklungen und sogar mehr als das. Nicht nur die Infektionsrate war dramatisch gesunken, sondern der einschneidende Rückgang hielt an - auch im Frühjahr, im Sommer, als die Entscheidung des Obersten Gerichtshofs verkündet wurde, im Herbst, im Winter und im darauffolgenden Jahr. Es handelte sich um das stärkste, umfangreichste und nachhaltigste Abklingen der Seuche seit ihrem Einbruch in das Land im Januar 2020. Es war beispiellos.

Der amerikanische Pinhas

Richter Alito wurde zum amerikanischen Pinhas. Wir haben die zentrale Bedeutung des Atems im Hinblick auf die Seuche festgestellt. Die Sünde der Nation hatte ihren ungeborenen Kindern den ersten Atem geraubt, bevor sie ihn einatmen konnten. Fünfzig Jahre später kam die Seuche, die den Alten den

74 „United States of America Situation", WHO

Atem raubte. Sowohl die Sünde als auch die Seuche waren mit dem Atem verbunden. Alito versuchte, die Sünde zurückzudrängen und damit auch die Seuche. Der Name Alito bedeutet *Atem.*

Samuel

Die von Alito entworfene Entscheidung sollte die Antwort auf die Gebete von fünfzig Jahren darstellen. Die Antwort trug seinen Namen und dieser stand im Urteil an erster Stelle. Und sein Name, Samuel, ist Hebräisch. Er stammt aus der Bibel und bedeutet, *Gott hat gehört.*

Wie in der Bibelstelle, die am Morgen des Urteils auf meinem Handy erschien, wie in den Tagen, als Pinhas gegen die Sünde seiner Nation intervenierte, gab es nun einen Eingriff im Hinblick auf die Sünde Amerikas. Das Böse war zurückgedrängt worden. Und die Seuche war abgeklungen.

◆ ◆ ◆

Und doch hatte das Weichen der Pest noch eine andere Seite – und enthielt ein Geheimnis.

44

Die Dämmerung des Jubeljahres

Hinter dem Einzug der Seuche in Amerika steckte das uralte Geheimnis des Jubeljahres. Der Tag des Patienten Null lag genau auf dem Tag vor fünfzig Jahren, auf exakt dem Tag, als die Abtreibung ins New Yorker Gesetz aufgenommen wurde. Der Tag, an dem sich alles änderte, als die ganze Wucht der Seuche über die Nation hereinbrach, war auf den Tag genau fünfzig Jahre nach der erstmaligen Legalisierung der Abtreibung im Land. Wir haben Korrelation nach Korrelation gesehen, Verknüpfung um Verknüpfung, Jahr für Jahr, Monat für Monat, Tag für Tag, Ereignis für Ereignis. Doch wie sieht das Ende aus?

Die Kennzeichnung

Im Fall der Einführung und Etablierung der Abtreibung in Amerika war das abschließende und besiegelnde Ereignis natürlich das Urteil des Obersten Gerichtshofs im Fall Roe gegen Wade, gefällt am 22. Januar 1973.

Fünfzig Jahre später befinden wir uns am 22. Januar 2023. Das ist Roes Jubiläum. Aber es war nicht der Anfang des Jubeljahres, sondern das Ende.

Das fünfzigste Jahr von *Roe gegen Wade*, sein Jubeljahr, begann am 22. Januar 2022. Dieses Datum war der Meilenstein, das Kennzeichen. Ist diesbezüglich etwas Bedeutsames passiert?

Die Antwort ist ja. Einen Teil davon haben wir bereits gesehen. Das Jubeljahr macht zunichte, was getan wurde. Als *Roes* Jubeljahr näher rückte, bereitete Richter Alito das Dokument vor, das den Untergang von *Roe gegen Wade* bedeuten sollte. Das Jubeljahr begann Ende Januar und zu diesem Zeitpunkt näherte sich Alito der Fertigstellung seines Dokumentes. Je näher das Jubeljahr von *Roe gegen Wade* rückte, desto näher rückte auch das Urteil, das den Fall aufheben würde.

Der Abzug der Seuche

Aber es geschah noch etwas anderes. Im Januar 2022 stieg nicht nur die Infektionsrate der Seuche sprunghaft an, sondern auch die Zahl der Todesopfer erreichte einen der höchsten Rekorde aller Zeiten. Gegen Ende des Monats lag die wöchentliche Zahl der Todesopfer bei 21.338.[75]

Und dann änderte sich alles. Die Dynamik der Todesopferzahl durch die Seuche kehrte sich um und sank. Zwei Wochen nach dieser Kehrtwende war der Wert auf 18.775 gesunken und in der nächsten Woche auf 15.332. In der darauffolgenden Woche fiel er auf 11.570, dann auf 8.295, danach auf 6.050, dann auf 4.407, und schließlich auf 3.128.[76]

In nur zwei Monaten fiel die Zahl der Seuche-Toten von 21.388 auf 3.128. Der Rückgang der Zahl der Todesopfer war so dramatisch, dass sie nur wenig mehr als 14 Prozent des Standes von Ende Januar betrug! Was hatte die Pest gewendet? Wir haben bereits gesehen, was im Obersten Gerichtshof geschah. Aber es passierte noch etwas anderes.

75 „Daily Updates of Totals by Week and State", CDC

76 „Daily Updates of Totals by Week and State", CDC

22. Januar 2022

Das Jubeljahr von *Roe gegen Wade* begann Ende Januar 2022. Und die Seuche kehrte Ende Januar 2022 ihre Dynamik um. Mit diesem Jubeljahr von Roe gegen Wade begann sich somit die Seuche zu mildern. Es zeigte sich jetzt nicht nur ein zögerlicher Rückgang, sondern dieser Prozess gewann an Fahrt. Der Beginn des Jubeljahres markierte den Beginn für den Abzug der Seuche.

Und da war noch mehr. Das Nationale Zentrum für Gesundheitsstatistik aller Zentren zur Kontrolle von Krankheiten verzeichnet ein Datum, das den Höhepunkt der Todeszahlen im Januar und den Beginn des Niedergangs der Seuche markiert. Es kennzeichnet das Ende des Höhepunkts und den Beginn der Trendwende für die Woche, die mit dem *22. Januar 2022* endet.

Der 22. Januar 2022 ist genau der Tag, an dem das fünfzigste Jahr von Roe v. Wade beginnt – dieser Tag läutet das Jubeljahr ein! Der durch die Seuche verursachte Tod begann sich umzukehren, abzumildern, zu stürzen und dann zu verschwinden – *genau an dem Tag, an dem das Jubeljahr von Roe gegen Wade begann!*

Das Ende des Jubeljahres

Das Jubeljahr, das am 22. Januar 2022 eingesetzt wurde und den Beginn des Abzugs der Seuche markierte, brachte fünf Monate später auch den Sturz von *Roe gegen Wade* mit sich. Weitere sieben Monate nach dem Sturz endete das Jubeljahr, der fünfzigste Jahrestag von *Roe gegen Wade.*

Nur acht Tage nach *Roes* fünfzigjährigem Jubiläum und dem Abschluss des entsprechenden Jubeljahres machte der Präsident eine Ankündigung. Er beendete den von Präsident Trump drei Jahre zuvor, am 13. März 2020, wegen COVID ausgerufenen Ausnahmezustand. Um plötzliche Störungen zu vermeiden, gab es eine Übergangs- und Entspannungsphase. Der nationale Ausnahmezustand, der durch die tödliche Seuche eingeleitet worden war, hatte Ziel und Zweck verloren.

Innerhalb weniger Tage nach dem Einzug des Abtreibungsjubeljahres auf amerikanischem Boden hatte der eine Präsident den Beginn des Notstands ausgerufen. Der andere Präsident erklärte das Ende des Ausnahmezustands wenige Tage nach dem Jubeljahr von *Roe gegen Wade.* Es war das Ende des Jubeljahres und des dreijährigen Zeitfensters der Seuche und des nationalen Notstands. Diese drei Jahre entsprachen den drei Jahren der dunkelsten aller Sünden der Nation vor fünfzig Jahren.

Das Jubeljahrfenster, das mit dem Tod in Form einer Seuche begonnen hatte, endete mit der Aufhebung des Todes. Das Jubeljahr hatte den Tod gebracht. Jetzt brachte es Leben. Es hatte Leben gekostet – aber nun hatte es diese zurückerstattet.

◆ ◆ ◆

Wir werden nun den Schlüssel aufdecken, zu dem uns diese Geheimnisse geführt haben. In der Vision war alles vorhanden, aber ich hatte es damals nicht verstanden. Dieser Schlüssel öffnet die letzte Tür.

45

Der zerbrochene Altar

Es ist eines der mächtigsten und bedeutendsten biblischen Symbole. Es taucht überall in der Heiligen Schrift auf und dient als Signal für den Wandel von Kulturen und Zivilisationen. Es wird nun die Geheimnisse besiegeln, die wir bisher geöffnet haben, und uns den Schlüssel zum Öffnen der letzten Tür und der darin enthaltenen Offenbarungen liefern. Es ist das Zeichen des zerbrochenen Altars.

Altäre des verheißenen Landes

Als die Israeliten das verheißene Land betraten, war es voller Altäre. Sie wurden gewarnt, nichts mit den Altären, den Göttern und Götzenbildern, den Riten und Ritualen der Kanaaniter zu tun zu haben. Ihnen wurde befohlen:

Vielmehr sollt ihr ihre Altäre niederreißen, ihre Gedenksteine zertrümmern ... 2. Mose 34:13

Sie sollten die Altäre im Land zerstören und unbrauchbar machen. Und so war ihr Einzug in das Land gekennzeichnet durch das Zeichen des zerbrochenen Altars.

Altäre des Abfalls und der Rückkehr

Als sich die Nation später von Gott abwandte, erschienen die Altäre der Götter erneut und verbreiteten sich im Land. Auch hier wurden Kinder als Opfergaben für die Götter auf deren Steinplatten gelegt. Der Unterschied bestand darin, nun waren die geopferten Kinder und die Eltern, die sie opferten, Israeliten.

Aber in der Geschichte Israels gab es auch Zeiten nationaler Buße, der Reformation, Wiederbelebung und Rückkehr zu Gott. Diese waren gekennzeichnet durch Verlassen der Götter und Zerbrechen ihrer Altäre.

Der zerbrochene Altar begegnet uns in der Geschichte des biblischen Helden Gideon. Man kann ihn auch in den Reformen der gerechten Könige Asa und Hiskia erkennen. Er ist im Bericht eines Königs enthalten, dem wir bereits begegnet sind – Jehu; und er erscheint auch im Bericht der Makkabäer, wo zerbrochenen Altäre eine zentrale Rolle in dem spielten, was später als *Chanukka* bekannt wurde.

Das Manuskript

Im Frühsommer 2022 sprach ich auf einer Konferenz in Tennessee. Ich erzählte meinem Gastgeber, möglicherweise könnte ich *Die Rückkehr der Götter* noch am selben Abend in meinem Hotelzimmer fertigstellen. Da es sein Geburtstag war, fühlte er sich durch den Zeitpunkt geehrt. Aber ich konnte das Buch nicht so wie von mir geplant abschließen.

Ich beendete es am nächsten Morgen. Dann machte ich mich für den Rückflug nach New Jersey auf den Weg zum Flughafen, um beim Anbetungs-Gottesdienst am Freitagabend im Beth Israel zu sprechen.

Mein Fahrer begleitete mich ins Flughafengebäude, um sicherzustellen, dass es keine Probleme gab. Wir verabschiedeten uns, ich ging zum Gate und dies war der Zeitpunkt, als ich die Worte „Warte! Warte!“ und dann die Nachricht hörte.

Die erfüllte Vision

Die Rückkehr der Götter stellte ich am Morgen des 24. Juni 2022 fertig, und zwar an dem Tag, an dem der Oberste Gerichtshof *Roe gegen Wade* niederschlug. Ich erinnerte mich an die mir mitgeteilte Vision, in der mir gesagt wurde, ich solle zu den Altären der Götter sprechen; und als ich darin die Worte hervorgebracht hatte, begannen die Altäre auseinanderzubrechen. An diesem Morgen war ich damit fertig geworden, das Wort über die Götter und ihre Altäre in dem Buch hervorzubringen. Und damit zerbrach etwas wirklich Riesiges. Dies war der Schlüssel.

Der dunkle und hoch aufragende Altar

Am 24. Juni 2022 wurde nicht nur ein Urteil des Obersten Gerichtshofs zerbrochen oder gar eine Industrie oder Institution. Es wurde ein *Altar* zerbrochen.

Ein Altar – ein Gegenstand, auf dem Leben geopfert und Blut vergossen wird. Und kein Altar der amerikanischen Zivilisation war je so schamlos und riesig wie die Abtreibung. Auch keine andere amerikanische Institution hat jemals auch nur einen Bruchteil des Blutes vergossen, das bei Abtreibungen vergossen wird. Es war der dunkle, hoch aufragende Altar der amerikanischen Zivilisation, die gigantische Steinplatte, auf der die Nation über sechzig Millionen ihrer Unschuldigsten und Wehrlosesten geopfert hatte.

Am 24. Juni 2022 wurde Amerikas hoch aufragender Altar aufgebrochen – ein Altar ohne Beispiel. Es war ein uraltes Zeichen – ein biblisches Zeichen. Dieses Zeichen tauchte in der Geschichte Israels von der Zeit Josuas bis zur Zeit der Makkabäer immer wieder auf. Aber jetzt manifestierte es sich in Amerika, auf nationaler Bühne, in kolossalem Ausmaß. Der 24. Juni 2022 wurde zum Tag des zerbrochenen Altars.

Zerbrochene Altäre im Land

Das direkteste und konkreteste Gegenstück zum antiken Opferaltar ist die moderne Abtreibungs-Klinik, -Einrichtung oder der entsprechende Operationssaal. Nach der Entscheidung des Obersten Gerichtshofs schlossen viele davon im ganzen Land. Ihnen widerfuhr dasselbe, was mit den alten Altären für Kinderopfer in den Tagen der Buße Israels geschah: Sie wurden unbrauchbar gemacht.

Sie wurden zu den zerbrochenen Altären der Moderne. Alles, was wir bisher gesehen haben – alle Geheimnisse, Zeichen, Parallelen, Konvergenzen, Vorlagen und Paradigmen, die festgesetzten Tage, die heiligen Versammlungen, die Symbole, die Posaunen – sie alle führten zu einem alten biblischen Zeichen – dem Zeichen des zerbrochenen Altars.

Aber wenn der zerbrochene Altar ein Zeichen ist, wofür steht es dann? Was verrät es? Ist es der Schlüssel, der uns für die gegenwärtige Stunde gegeben wurde? Und könnte es ein Geheimnis beinhalten, die Antwort, welche wir im Hinblick auf die kommenden Tage kennen müssen?

Hoffnungszeichen

Was stellte der zerbrochene Altar für das alte Israel dar? Die Tatsache, dass er überhaupt existierte, war Beweis für den Untergang einer Nation, einer Nation, die einst Gott gekannt und sich nun anderen Göttern zugewandt hatte. Aber die Tatsache, dass er jetzt zerbrochen war, bedeutete Hoffnung und die Chance zur Rückkehr.

So zeugt das Zeichen des zerbrochenen Altars in Amerika nun von einer Nation, die ebenfalls einst Gott kannte und genauso von Seinen Wegen abgewichen war. Ohne diese Abweichung hätten Amerika und auch die Nationen des Westens die Abtreibung niemals legalisieren, geschweige denn feiern können. Doch der Einbruch des amerikanischen Altars stand als Zeichen dafür, dass der Nation eine Chance zur Rückkehr gegeben wurde.

Das Zeichen der Wiederbelebung

Das Erscheinen des zerbrochenen Altars signalisiert also den Beginn, die Hoffnung und die Chance auf zivilisatorischen Wandel, kulturelle Veränderung, nationale Buße, Reform und Erneuerung, den Sturz der Mächte, die Reinigung von Sünde und Bösem sowie die Rückkehr und Hingabe einer Nation zu Gott.

Denkt man an spirituelle Erweckung im Kontext der amerikanischen Kultur, könnte man sich einen Gottesdienst, eine Evangelisation oder eine Zeltversammlung vorstellen. Aber das biblische Zeichen der Erweckung ist der zerbrochene Altar. Und jetzt, als die Abtreibung gestürzt wurde, tauchte dieser zerbrochene Altar auf.

Die Kraft des Wenn

Wird Amerika eine nationale Wiederbelebung, Rückkehr und Wiederherstellung erleben? Seine Zukunft hängt davon ab. Von dieser Frage hängt tatsächlich die Zukunft Amerikas ab und sie entscheidet darüber, ob diese Zukunft ein Gericht oder eine Erlösung sein wird. Die Gelegenheit ist gegeben. Das Fenster wurde geöffnet.

Welche Zukunft sich verwirklicht, hängt ab von der Reaktion der Nation auf den Ruf Gottes. Genauer gesagt kommt es auf die Reaktion Seines Volkes an. Und so, wie es in der Verheißung aus 2. Chronik 7:14 heißt: „*Wenn mein Volk, das nach meinem Namen genannt ist …*“, hängt es von dem Wort *wenn* ab.

Zur Antwort

Könnte der zerbrochene Altar ein Zeichen Gottes sein, um eine für unsere Zeit bestimmte Antwort freizugeben? Hier kommt nun der letzte Schlüssel ins Spiel. Hinter dem Zeichen des zerbrochenen Altars steckt noch mehr. Dieser Schlüssel gilt nicht nur Amerika, sondern gilt allen, die danach streben, den Wegen Gottes zu folgen und ein Leben in Gerechtigkeit zu führen. Und dies unabhängig davon, welchen Weg Amerika oder eine andere Nation wählt, egal wo oder wann oder was die Zukunft bringen mag.

◆ ◆ ◆

Der letzte Schlüssel eröffnet die Antwort für das gegenwärtige Zeitalter und für das, was noch kommen wird. Dieser Schlüssel lässt sich in einem Wort zusammenfassen …

46

Josia

Mehr als alle anderen weist das Zeichen des zerbrochenen Altars auf einen bestimmten Namen hin: Josia. Kein anderer Name ist derart damit verbunden. Er wird zur Offenbarung, Antwort, Vorlage, zum Entwurf und Manifest für unsere Zeit.

Denn wenn dies die Tage des zerbrochenen Altars sind, dann sind es damit die Tage Josias. Wir leben in der Josia-Stunde, dem Josia-Moment. Um die Offenbarung zu eröffnen, müssen wir uns die erste Frage stellen: Wer ist Josia?

Ein Sucher Gottes

Josia wurde in der königlichen Linie des Königreichs Juda geboren, ein Nachkomme von König David, Urenkel des gerechten Königs Hiskia, Enkel des bösen Königs Manasse und Sohn Amons, eines weiteren bösen Königs. Nach der Ermordung seines Vaters bestieg Josia im Alter von acht Jahren den Thron Judas.

Laut 2. Chronik war Josia etwa sechzehn Jahre alt, als *„Er begann, den Gott seines Vaters David zu suchen“* (2. Chronik 34:3).

Mit 26 Jahren startete er eine Kampagne zur Reparatur und Restaurierung des Tempels zu Jerusalem.

Bei den Restaurierungsarbeiten wurde ein Buch des Gesetzes gefunden. Obwohl das Buch keinen Namen hatte, scheint es sich um eine Schriftrolle aus den Büchern Mose zu handeln, wobei der wahrscheinlichste Kandidat das fünfte Buch ist. Dieses warnte Israel vor dem Abfall vom Glauben und dem damit verbundenen Gericht.

Mit seinem ganzen Herz und seiner ganzen Seele

Als Josia das Buch vorgelesen wurde, zerriss er seine Kleider und weinte. Anschließend berief er im Tempel von Jerusalem eine Versammlung der Führer, Ältesten, Priester und Propheten der Nation ein, *„und das ganze Volk, ob klein oder groß"* (2. Könige 23:2). Dort las er ihnen die Worte des Buches vor.

Und der König stand auf dem erhöhten Standort und schloss den Bund vor dem HERRN, dem HERRN nachzufolgen und seine Gebote und seine Zeugnisse und seine Ordnungen zu bewahren mit ganzem Herzen und mit ganzer Seele, um die Worte dieses Bundes zu erfüllen, die in diesem Buch aufgeschrieben sind. Und das ganze Volk trat in den Bund ein. 2. Könige 23:3

Gegen die Götter

Josia machte sich dann daran, sein Land vom Heidentum zu reinigen. Die Reinigung begann dort im Tempel selbst:

Und der König befahl dem Hohen Priester Hilkija und den Priestern zweiten Ranges und den Hütern der Schwelle, aus dem Tempelraum des HERRN alle Geräte hinauszubringen, die für den Baal und die Aschera und das ganze Heer des Himmels gemacht worden waren. Dann verbrannte er sie außerhalb Jerusalems in den Terrassengärten am Kidron und ließ ihren Staub nach Bethel bringen. 2. Könige 23:4

Der Abfall der Nation von Gott und ihre Verehrung fremder Götter war so allgegenwärtig, dass sie sogar den Tempel Gottes infiltriert hatte. Josia entfernte die Götzenbilder aus dem Heiligtum und ließ sie zerstören. Josias Reformen beschränkten sich nicht auf die Stadt Jerusalem, sondern betrafen alle Städte und Länder seines Königreichs. Er …

... entweihte die Höhen, auf denen die Priester geräuchert hatten, von Geba bis Beerscheba. 2. Könige 23:8

Der Zerstörer von Altären

Josia reinigte nicht nur das Land von Götzen, sondern zerstörte auch die Altäre, auf denen sein Volk den Göttern Opfer brachte.

Sie brachen in seiner Gegenwart die Altäre der Baale ab, und die Räucheraltäre, die über ihnen aufragten, hieb er ab; und die Holzbilder, die geschnitzten Bilder und die geformten Bilder zerbrach er in Stücke. 2. Chronik 34:4

Seine Reformen reichten bis über die Grenzen seines Königreichs hinaus und erreichten auch Samaria auf den Rest des nördlichen Königreichs Israel:

Und er entfernte auch alle Heiligtümer auf den Höhen in den Städten Samariens ... 2.Könige 23:19 (Luther)

Am Status quo rütteln

Josia erschütterte den Status quo seiner Kultur. Er stürzte, was diese als heilig erachtet hatte. Die Intensität und der Umfang seines Feldzugs war so groß, dass er sogar die Altäre, Götzenbilder, Schreine und Höhen abriss, die seit Jahrhunderten im Land gestanden hatten und von den Königen, die ihm vorausgegangen waren, errichtet oder genehmigt wurden, einschließlich der Altäre seines Großvaters Manasse:

Und die Altäre, die auf dem Dach des Obergemachs des Ahas waren, die die Könige von Juda gemacht hatten, und die Altäre,

> **die Manasse in den beiden Vorhöfen des Hauses des HERRN gemacht hatte, riss der König nieder …** 2. Könige 23:12

Er zerstörte sogar die dreihundert Jahre alten, hohen heidnischen Heiligtümer, die König Salomo errichtet hatte:

> **Und der König machte die Höhen unrein, die vor Jerusalem zur Rechten des Berges des Verderbens waren, die Salomo, der König von Israel, für Astarte, das Scheusal der Sidonier, und Kemosch, das Scheusal Moabs, und Milkom, den Gräuel der Söhne Ammon, gebaut hatte.** 2. Könige 23:13

Erlöser der Kinder

Josia zerstörte die Altäre Baals. Er entweihte die Altäre von Astarte, der kanaanäischen Inkarnation von Ischtar, der Göttin der sexuellen Zügellosigkeit. Er entweihte die Altäre von Kemosch und Milkom, den Göttern der Nachbarländer, über deren Altäre das Blut von Kindern strömte.

Die Aufhebung der Abtreibung in Amerika war nicht nur das Zerbrechen irgendeines Altars, sondern das Zerbrechen jenes Altars, über den das Blut von Kindern strömte. Josia wird mehr als jede andere historische Figur besonders mit dem Umsturz solcher Altäre in Verbindung gebracht. Die Verbindung geht sogar noch tiefer.

Zerstörer von Hinnom

Josia wusste, dass seine Nation niemals erlöst werden konnte, ohne den zentralen Ort seiner schrecklichsten Praktiken zu reinigen – den unheiligen Boden der Nation aus Altären, Feuern, Götzen, Asche und Kinderblut – das Tal von Hinnom. Also tat er Folgendes:

Und er machte das Tofet unrein, das im Tal Ben-Hinnoms lag, damit niemand mehr seinen Sohn oder seine Tochter dem Moloch durchs Feuer gehen ließ. 2. Könige 23:10

Josia zerstörte die Altäre von Hinnom, indem er sie rituell unrein und damit unbrauchbar machte. *Roe gegen Wade* war der Hauptaltar des amerikanischen Hinnom. Als der Oberste Gerichtshof es am 24. Juni 2022 aufhob, machte er es unwirksam. Es war Amerikas Akt des Josia.

Josias Erwachen

Was wurde aus Josias Nation nach seinen Taten? Führten seine Reformen wirkliche Veränderungen herbei? Änderten sie die Richtung und den Kurs der Nation? Wendeten sie das Urteil ab, vor dem die Nation gewarnt worden war?

Darauf gibt es keine einfache Antwort. Josias Taten wirkten sich tatsächlich auf sein Land aus und veränderten dessen Kurs. Sie erwirkten eine Rückkehr zu Gott, eine Erweckung. Wie berichtet wird, folgte das Volk während seiner gesamten Regierungszeit den Wegen Gottes. Und in diesen Tagen wurde die Nation gesegnet. Und dies hat das Urteil abgewendet – *eine Zeit lang.*

Doch nach dem Ende von Josias Herrschaft setzte die Nation ihren Glaubensabfall fort. Sogar Josias Söhne, die an seiner Stelle regierten, wichen von den Wegen Gottes ab und verleiteten die Nation dazu, dasselbe zu tun. Solange Josia lebte, erging kein Gericht über sein Land. Und so hielten das Leben und die Taten eines einzigen gerechten Mannes das Urteil einer ganzen Nation zurück. Das war schon an sich etwas Besonderes.

Der Schatten des Gerichts

Aber nach seinem Tod begann das Gericht. Weniger als 25 Jahre später durchbrachen die Armeen Babylons die Mauern von Jerusalem. Der Tempel wurde dem Erdboden gleichgemacht, die Stadt lag in Trümmern und das Königreich wurde von der Landkarte getilgt.

Josias Herrschaft fand vor dem Hintergrund des Gerichts statt. Der Umfang und das Ausmaß seiner Reformen offenbaren, wie tief seine Nation gesunken war. Während seiner Zeit als König sprach Jeremia, der weinende Prophet des Gerichts, seine Prophezeiungen aus. Das Blut der Kinder, das bereits auf den Altären von Hinnom und auf den Höhen vergossen wurde, würde beantwortet werden. Hätte die Zerstörung abgewendet werden können, wenn die Nation nach seinem Tod die Wege Josias fortgesetzt hätte? Wir werden es nie erfahren.

Amerikas Zukunft

Wie steht es um Amerika? Könnte der Zusammenhang des zerbrochenen Altars wie in den Tagen Josias ein Zeichen im Kontext des kommenden Gerichts sein? Könnte der zerbrochene Altar von *Roe gegen Wade* den letzten Schritt zur Gerechtigkeit einer gefallenen Nation auf dem Weg in die Zerstörung darstellen?

Seit meinem ersten Buch „Der Vorbote“ schrieb ich über die Zeichen, Warnungen und Vorboten des Gerichts, die in den letzten Tagen des alten Israel, kurz vor seiner Zerstörung, erschienen. Ich warnte vor der Manifestation derselben Vorboten jetzt auf amerikanischem Boden.

Die Königreiche Israel und Juda wurden aufgrund des Blutes Tausender zerstört. Amerikas Hände aber sind mit dem Blut von Millionen Menschen bedeckt. Und der Abfall der Nation beschleunigt sich. Sein Krieg gegen Gott verschärft sich. Nach allen biblischen Maßstäben handelt es sich um eine Nation, die vor Gericht steht und auf das Unglück zusteuert. Das Zeichen des zerbrochenen Altars stimmt mit der Prognose überein. Und so wie es in den letzten Tagen des alten Israel war, trägt der Josia-Moment von Amerika eine ernste Warnung in sich.

Das Zeichen Josias

Gleichzeitig birgt die Manifestation des zerbrochenen Altars eine Hoffnung. Im antiken Fall hielt es die Verurteilung einer Nation zurück. Es gab einem gefallenen Königreich eine letzte Chance zur Rückkehr. Wäre die Buße und Rückkehr dieser Nation von Dauer gewesen, hätte das Gericht vielleicht nie ergehen müssen.

Was wird also mit Amerika geschehen? Ist sein Fall so groß, seine Sünden so schwer und die Zahl der getöteten Unschuldigen so groß, dass sein Urteil besiegelt ist? Oder gibt es die Hoffnung, es abzuwenden oder, falls nicht, es zumindest aufzuhalten? Das Zeichen Josias enthält sowohl Hoffnung als auch Warnung. Es wird im Kontext des Gerichts gegeben und doch schenkt es inmitten dieses Kontexts Hoffnung.

Der Josia-Moment

Ob solche Dinge zum jetzigen Zeitpunkt verzögert oder rückgängig gemacht werden können, hängt zumindest davon ab, wie die Nation auf die ihr unterbreitete Chance reagiert. Wird sie diese Chance nutzen, um sich von ihren Sünden abzuwenden und zu Gott zurückzukehren, oder wird diese Chance abgelehnt? Ob die Nation sich auf den Weg zum Leben und zur Wiederherstellung oder zum Tod und zum Gericht macht, wird die Zeit zeigen.

Aber wendet sich eine Nation oder Kultur von der gottgegebenen Gelegenheit ab, so wird die Situation noch schlimmer, sie steigt ab und zwar immer schneller. Es ist in jedem Fall eine kritische Zeit. Und es ist, so oder so, Amerikas Josia-Moment.

Vor dieser Entscheidung stehen Amerika und jede von Gott berufene Nation. Aber es gibt noch eine andere Wahl – jene, vor der jeder Einzelne und insbesondere jeder Gläubige, jedes Kind Gottes, steht. Unsere Berufung durch Gott erfordert diese Wahl. Unabhängig von Alter, Ort, Umständen, Kultur oder Zivilisation, in der man lebt, ist jeder dafür verantwortlich, auf diesen Ruf zu reagieren. Der Ruf Gottes gilt bedingungslos.

In jedem Zeitalter und Land, in jedem Moment und unter allen Umständen gibt es einen Ruf. Und für jede Generation des Volkes Gottes gibt es einen Weg, eine Möglichkeit und eine Antwort. Angesichts des gegenwärtigen Kurses, den Amerika, der Westen und ein Großteil der Welt einschlagen, ist es umso wichtiger, dass das Volk Gottes zu dieser Antwort steht, in ihr wandelt und lebt. Auch für Gottes Volk ist es ein persönlicher Josia-Moment.

◆ ◆ ◆

Jetzt ist es an der Zeit, den durch das Geheimnis bereitgestellten Schlüssel zu ergreifen und die Vorlage, die Blaupause, den Leitfaden, das Manifest und die Antwort darüber zu öffnen, wie wir in der gegenwärtigen Stunde und in der Zukunft leben, bestehen und siegen sollen.

MANIFEST

Das Manifest

Wir kommen nun zu der Antwort, welche das Geheimnis aufgedeckt hat. Diese Vorlage und Blaupause reicht zweieinhalbtausend Jahre zurück. Und doch spricht sie besonders unsere Zeit und die gegenwärtige Stunde an. Im Mittelpunkt steht ein Mann, der in eine Zivilisation hineingeboren wurde, die sich gegen die damals geltenden moralischen und spirituellen Grundlagen wandte. Sie hatte sich abgewandt von dem Gott, den sie einst gekannt, und von den Wegen, die sie einst befolgt hatte; und dagegen führte sie nun Krieg.

Es war ein Zeitalter spiritueller Finsternis, welche die damaligen kulturellen und staatlichen Institutionen korrumpierte und in Besitz nahm. Während dieser Zeit wurden alle als böse und gefährlich angesehen, die Gottes Willen und Absichten treu blieben.

Dies entspricht der Kultur und dem Zeitgeist von heute. Wir leben ebenfalls in einer Zeit spiritueller und moralischer Dunkelheit, die von unserer Kultur Besitz ergreift. Und wir nähern uns schnell dem Tag, falls wir ihn nicht schon erreicht haben, an dem Menschen, welche die Wege Gottes hochhalten, als böse und gefährlich angesehen werden.

Das Volk Gottes muss sich des Ernstes der Stunde bewusstwerden und dann sich vorbereiten. Die Finsternis wird sich nicht mit einer Koexistenz zufriedengeben. Das wird sie nie. Sie wird die totale Herrschaft anstreben. Und es gibt keine Person, keine Zeit und keinen Raum, die sie nicht ihrem Willen unterwerfen, nicht assimilieren oder zerstören will.

Man kann davor nicht fortlaufen oder sich davor verstecken. Alle müssen und werden sich damit auseinandersetzen. Aber es gibt einen Weg, damit umzugehen und zu bestehen, zu überwinden und zu siegen. Er kommt aus uralten Zeiten zu uns, ist aber genauso relevant und neu wie der gegenwärtige Moment. Dies ist mein Antrieb für das Manifest.

Es wird zu den Gerechten, zu den Gläubigen, zu den Kindern Gottes und zu allen sprechen, die danach streben, für Gott zu leben, das Richtige zu tun, nicht der Finsternis zu erliegen, sondern zu bestehen und zu überwinden. Es wird viele Bereiche unseres Lebens, unserer Kultur und unserer Zeit berühren. Man kann alles auf einmal nehmen und anwenden.

Man kann auch jeweils nur einen seiner Abschnitte oder einen seiner Schlüssel oder Wahrheiten nehmen und anwenden. Man kann es auf einen Schlag durchlesen, beliebig hin und her springen oder wie man sich geführt fühlt. Es liegt an jedem selbst, es so anzuwenden, wie jeder es für richtig hält und wie es für jeden passt.

Die Vorlage, die dem Manifest zugrunde liegt, spricht zu unserer Zeit. Aber ganz gleich, wie man die Gegenwart betrachtet, die Vorlage spricht auch das an, was die Heilige Schrift als die *Endzeit* identifiziert und vorhersagt.

Josia lebte in einem Königreich, das im Gericht stand und sich seinem Ende näherte. Die Vorlage stammt daher aus den *letzten* Tagen seines Königreichs. Deshalb spricht das Manifest von Tagen der Finsternis, des Abfalls und der Verfolgung. Es spricht von den letzten Tagen und über das, was ist und was noch kommen wird. Das Wichtigste aber ist: Es spricht auch von Hoffnung. Und aus diesem Grund existiert es. Und nun, Vorhang auf für *das Manifest.*

47

I.
Zeitalter des Abfalls

Josia verstand die Zivilisation und die Zeiten, mit denen er es zu tun hatte. Nur deshalb konnte er auf sie eingehen. Auch wir müssen die Zivilisation und die Zeiten verstehen, in denen wir leben. Was also machte die Tage Josias aus?

Eine verkehrte Zivilisation

Josia wurde in ein Königreich hineingeboren, das Gott kannte, aber von Seinen Wegen abgefallen war. Dieses Königreich entstand ursprünglich, um den Absichten Gottes zu dienen, hatte sich aber von seiner Bestimmung gelöst. Es wurde zu einer in sich selbst verdrehten Zivilisation, die gegen ihr ureigenes Fundament stand, ein verkehrtes Königreich, eine Zivilisation in einem Zustand spiritueller Schizophrenie. Man rief immer noch Seinen Namen an, lebte aber im Gegensatz zu Seinen Wegen. Josia wurde in ein Zeitalter des Abfalls hineingeboren und in ein Königreich, das sich nur um sich selbst drehte.

Wir leben in einer verdrehten Zivilisation und einem Zeitalter des Abfalls.

Auch wir leben in einer verdrehten Zivilisation. Wie das alte Israel hatte sich auch die amerikanische Zivilisation von Anfang an den Absichten Gottes verpflichtet. Aber wie das alte Israel ist es auch vom Gott seines Fundaments abgefallen. Die amerikanische Zivilisation befindet sich heute in einem Zustand spiritueller Schizophrenie – ebenso wie ihre ursprüngliche Gesellschaft, die westliche Zivilisation.

Der amerikanische Präsident kämpft gegen die Wege Gottes, wie sie uns die Bibel zeigt, auf die er doch seinen Präsidenteneid geschworen hat. Die Währung des Landes trägt die Aufschrift *In God We Trust* („Wir vertrauen auf Gott"), während man sie verwendet, um Seine Wege zu verwerfen. Sein oberstes Gericht zertritt die Zehn Gebote, die in seine Wände eingraviert sind.

Es handelt sich um eine Nation, die das Gute für böse und das Böse für gut hält, das Heilige für profan und das Profane für heilig, das Leben für tot und den Tod für lebendig hält – eine Zivilisation, die von ihrem eigenen Fundament getrennt danieder liegt und sich im Krieg mit seiner eigenen Grundlage, mit der Realität und mit sich selbst befindet.

Eine Zivilisation im Zustand der Metamorphose

Josia wurde in eine Kultur hineingeboren, die sich weg vom Monotheismus der Heiligen Schrift hin zum Heidentum der umliegenden Nationen verwandelte. Überall sah man Schreine, Altäre und Götzen. Die Mythologie widersprach dem Wort Gottes, heidnische Praktiken stellten biblische Werte auf den Kopf und heidnische Riten und Rituale drangen in die heiligen Stätten ein.

Es ist eine Zivilisation in der Metamorphose vom Monotheismus zum Neo-Heidentum.

Während sich die amerikanische und westliche Zivilisation von Gott und dem Monotheismus abgewandt hat, ist an dessen Stelle eine Form des wiederbelebten Heidentums getreten. Die Metamorphose zeigt sich in ihrer Verehrung der Natur, ihrer Vergöttlichung der materiellen Welt, ihrer Entheiligung des Lebens, ihren religiösen Mischformen, ihrer moralischen Beliebigkeit, ihrer Sexualisierung der Popkultur, ihrem Missbrauch des Lebens, ihrer Fragmentierung der Realität, ihrer Verehrung von Bildern, ihrer Akzeptanz alternativer Geistlichkeit und ihres Umsturzes biblischer Maßstäbe, Werte und Vorschriften.

Eine Zivilisation voller Götter und Götzen

Josia wurde in eine Zivilisation hineingeboren, die sich intensiv der Anbetung von Göttern widmete. Obwohl die Anbetung äußerlich immer noch Gott galt, gehörte sie in Wirklichkeit den Göttern. Das Land war jetzt voller „heiliger“ Haine, Höhen und heidnischer Schreine. Der wichtigste der Götzen war Baal; dieser Geist verkörperte die Hinwendung der Nation zum Materialismus, zur Fleischlichkeit, zu Wachstum und Gewinn und den Austausch Gottes durch Götzen.

Diese Zivilisation hat sich der Gegenwart Gottes entledigt und sich der Anbetung und dem Dienst an Göttern und Götzen hingegeben.

Eine Zivilisation, die sich von Gott entfernt, wird sich am Ende anderen Göttern und Götzen hingeben, um die Lücke Seiner Abwesenheit zu füllen. Sie dient und verehrt sie, auch ohne sie beim Namen zu nennen oder gar während sie ihre Existenz leugnet.

Und ebenso ist die amerikanische Zivilisation von Göttern und Götzen durchdrungen. Wie im antiken Fall wurde sie zunehmend fleischlicher und niederträchtiger. Anstelle der Anbetung Gottes verehrt sie Profit, Geld und Wachstum. Anstelle des Evangeliums der Erlösung predigt sie das Evangelium des Materialismus und des Erfolgs. Die Zivilisation, die einst als Leuchtturm christlicher Werte galt, ist heute zum zentralen und weltweiten Kanal für die

Verbreitung schamloser antichristlicher Moral und Grundsätze geworden.

Eine korrumpierte Zivilisation

Josia wurde mit der Verehrung der Göttin *Ashtoreth* konfrontiert, „dem Gräuel der Sidonier", deren Heiligtum auf dem „Berg der Verderbnis" östlich von Jerusalem lag (2. Könige 23:13). In Phönizien nannte man sie *Astarte*; in Sumer *Inanna*; und in Babylon *Ischtar*. Sie war die Göttin sexueller Zügellosigkeit und hemmungsloser fleischlicher Leidenschaft. Als sich das Volk Israel von Gott abwandte, widmete es sich ihrer Anbetung. Sexualität wurde dekontextualisiert, aus dem Bereich der Ehe herausgelöst und in die Mainstream-Kultur gegossen. Die Kultur wurde sexualisiert.

Diese Zivilisation hat sich von Gott entfernt und dem Fürstentum der ungezügelten, entgleisten und zerstörten Sexualität hingegeben.

Auch die amerikanische und westliche Zivilisation hat sich in ihrem Abfall von Gott dem Fürstentum des ungezügelten sexuellen Verlangens, dem Geist der Ashtoreth, hingegeben. Man hat Sexualität als Selbstzweck verankert, als einen Gott, ohne Ehe und ohne moralische Beschränkungen. Die amerikanische und westliche Kultur ist erotisiert und sexualisiert worden. Und so wie pornografische Wörter und Bilder das alte Israel nach seinem Fall von Gott erfüllten, so beherrschen sie jetzt auch unsere Kultur.

Gegen Wahrheit und Realität

Der Glaube Israels basierte auf dem Monotheismus, dem Glauben an den einen Gott. Das Heidentum aber, das Israels

Untergang allmählich herbeiführte, entsprang dem Polytheismus, dem Glauben an *viele* Götter. Wo ein Gott ist, besteht auch eine Wahrheit. Aber bei vielen Göttern konkurrieren viele Wahrheiten. Und wo es viele Wahrheiten gibt, wird Wahrheit subjektiv, kann alles und jedes und nichts sein. Die Kultur, in die Josia hineingeboren wurde, war voller Götter und Götzen, und die Wahrheit hatte sich aufgelöst.

Dieser Zivilisation fehlt es an Wahrheit, sie steht dem Konzept Wahrheit entgegen und befindet sich im Krieg mit der Realität.

Einher mit der Abkehr unserer Kultur von Gott erfolgt die Abwendung von der Wahrheit. Das Absolute ist subjektiv geworden und das Subjektive ist zum neuen Absoluten geworden, dem alle huldigen müssen. Wenn ein Mann glaubt, er sei kein Mann mehr, sondern ein Kind, ein Baum oder ein Eichhörnchen, dann wird das nun seine authentische Wahrheit – alles ist wahr und nichts ist wahr, es folgt dem, was die Kultur sagt. Und wenn die Wahrheit verschwindet, löst sich auch die Realität auf. Wir leben jetzt in einer Gesellschaft, die nicht nur gegen die Wahrheit, sondern auch gegen die Realität kämpft.

Entgegen der Natur

Das Heidentum der Zeit Josias verzerrte und löste die Unterschiede zwischen Natur und Realität auf, zwischen Gott und Schöpfung, Mensch und Tier, Mann und Frau. Die Göttin Ashtoreth oder Ischtar, deren Götzenbilder und Altäre das Land prägten, war besonders für die Beugung und Veränderung der

Geschlechter bekannt. In ihrem Priestertum gab es Männer, die die Kleidung von Frauen trugen. Sie wurde dafür gepriesen, Männer in Frauen und Frauen in Männer verwandelt zu haben.[77] Und manche ihrer Priester waren körperlich transformiert und chirurgisch verändert worden.

Die Kultur zu Josias Zeiten widmete sich der Verehrung der Göttin und damit der Verwirrung und Veränderung der Geschlechter, die ihre Heiligtümer füllten. Da sie sich von Gott abgewandt hatte, konnte sie sich nicht mehr gegen solche Dinge verteidigen. Das Buch der 2. Könige weist darauf hin, dass diese sogar bis in die Bereiche des Tempels Gottes gelangten (2. Könige 21:7; 23:4, 7).

Diese Zivilisation führt Krieg gegen die Natur und somit gegen die menschliche Natur und strebt daher nach Veränderung und Zerstörung des Geschlechts.

Wenn man sich vom Schöpfer trennt, verlässt man die Schöpfung. Da unsere Kultur von Gott abgefallen ist, hat sie sich gegen die Natur und die natürliche Ordnung gestellt. Wie in den Tagen Josias opponiert sie gegen die Ordnung und Unterscheidung der Geschlechter. Sie feiert die Abwandlung, Verschmelzung und Zerstörung von Mann und Frau.

Eine Nation, deren Lehrer ihre Schulkinder einst im Vaterunser anleiteten, verwirrt sie nun hinsichtlich ihrer Sexualität und drängt sie in einen Prozess, der mit der Beseitigung ihrer Organe auf dem Operationstisch endet. Im Heidentum der Zeit Josias konnte sich kein Kind sicher fühlen. Jetzt, da das Heidentum wieder um sich greift, ist es nicht weniger gefährlich.

77 „A Hymn to Inana for Išme-Dagan (Išme-Dagan K), 19–31," Electronic Text Corpus of Sumerian Literature, aufgerufen am 8. Juni 2023, https://etcsl.orinst.ox.ac.uk/cgi-bin/etcsl.cgi?text=t.2.5.4.11#

Gegen das Leben

Josias Kultur war von einem Todesgeist durchdrungen. Gott hatte Israel aufgefordert, sich für das Leben zu entscheiden und sich fernzuhalten von Todespraktiken, die für die umliegenden heidnischen Nationen so typisch waren. Zu den dunkelsten Taten jener Nationen gehörte die Opferung von Kindern. Als sich also Israel von Gott trennte, begann es, seine Kinder den Göttern zu opfern. Josia muss voller Entsetzen gewesen sein beim Anblick der Altäre, die sein Land bedeckten und mit Kinderblut getränkt waren.

**Diese Zivilisation hat sich von Gott entfernt,
das Leben entheiligt und entwertet,
sogar den Unschuldigsten das Leben geraubt
– es ist eine Gesellschaft des Todes**

Amerika und der Westen haben in ihrer Abkehr von Gott das Leben entheiligt, entwertet und herabgestuft. Dies hat zur Tötung ungeborener Kinder und auch zum Missbrauch des Lebens geführt – durch sexuellen Missbrauch, Selbstmissbrauch, Sucht, Selbstmord, Verstümmelung und Selbstzerstörung. Diese Gesellschaft wird von Tod angetrieben und von Selbstzerstörung angezogen.

Gegen Gott

Josia wurde in eine Zivilisation hineingeboren, die nicht nur von den Wegen Gottes abgefallen war, sondern nun auch Krieg gegen diese führte. Was als Abschied begonnen hatte, verwandelte sich in Feindschaft und Hass.

Diese Zivilisation ist nicht nur von den Wegen Gottes abgewichen, sondern führt nun auch Krieg gegen diese – sie kämpft zunehmend auf höchster kultureller Ebene.

Die Abkehr unserer Kultur von den Wegen Gottes hat zunehmend zu offener Feindseligkeit und Krieg gegen sie geführt. Wie in den Tagen Josias findet man heute die Gegner Gottes in den höchsten Bereichen der Kultur, von wo aus sie zunehmend den Kurs bestimmen.

Und wie zu Josias Zeiten steigt jetzt die einst mit Gott verbundene Gesellschaft auch immer weiter ab und übertrifft dabei immer mehr alle, die Gott nie kannten. Dies gilt auch für die einst christlich geprägte westliche Zivilisation, die heute der Welt auf dem Weg des Abfalls vorangeht. Damals wie heute ist es höchst gefährlich, Gott zu kennen und sich dann von Ihm abzuwenden.

Gegen das Gute

König Manasse, Josias Großvater, hatte eine Kampagne gestartet, um die Verehrung fremder Götter zu fördern, heidnische Schreine und Altäre zu errichten und die Bräuche der heidnischen Welt ins Land einzuführen. In seinen Anfangsphasen setzte er sich im Namen von Toleranz, Akzeptanz, Freiheit und Offenheit für Neues ein.

Sobald aber Solches legitimiert, etabliert und verankert war, zog er das Banner der Offenheit und Toleranz zurück und ersetzte es durch eine eiserne Hand des Zwanges, der Unterdrückung, der Verfolgung und des kulturellen Totalitarismus. Nicht zufällig wird von Manasse berichtet, dass er „viel unschuldiges Blut vergoss, bis er Jerusalem von einem Ende bis zum anderen damit erfüllte".[78] Es war die unvermeidliche Kehrseite der Medaille. Genauso unabwendbar würde dieselbe Kultur, die das Böse als gut bezeichnete, nun das Gute als böse benennen. Wenn man das Böse akzeptiert, muss man am Ende Krieg gegen das Gute führen. Unter den großen Mengen Blut, die Manasse vergoss, war das Blut der Unschuldigen, sogar das Blut der Propheten und der Gerechten.

Menschen, die man früher als Vorbilder der Tugend und Frömmigkeit verehrte, galten jetzt als intolerant, Unruhestifter und Staatsfeinde. Sie wurden nun ausgegrenzt, verunglimpft, verfolgt, strafrechtlich belangt, zum Schweigen gebracht, degradiert, eingesperrt und beseitigt.

Die Verehrung des Bösen und der Krieg gegen das Gute dauerten noch weit über das Ende der Herrschaft Manasses fort. Es war nun in das kulturelle und politische Gefüge der Nation eingewoben. Daher verfolgten die königlichen Nachkommen Manasses den Propheten Jeremia und warfen ihn ins Gefängnis, wo er verblieb – bis zum Tag des Gerichts über die Nation, den er selbst prophezeit hatte.

Diese Zivilisation bezeichnet das Böse als gut und das Gute als böse. Auf diese Weise versucht sie, Menschen – die die Wege Gottes hochhalten und sich dem Abfall vom Glauben widersetzen – auszugrenzen, zu verunglimpfen, zum Schweigen zu bringen, abzuwerten und zu zerstören.

In unseren Tagen begann alles wie in den Tagen Josias. Zuerst wurde das Böse akzeptiert und alles legitimiert, was stets als Sünde beurteilt worden war. Neue Moral, Werte und Praktiken hielten Einzug in die Kultur unter dem Banner von Toleranz, Offenheit, Akzeptanz und Freiheit, der Ausrufung des Bösen als *gut* – die erste Phase.

78 2. Könige 21:16, Übersetzung des Autors

Aber sobald dies legitimiert und etabliert war, wurde das Banner der Toleranz und Offenheit zurückgezogen und man bezeichnete das Gute als böse – die zweite Stufe. An die Stelle von Toleranz traten Beurteilung, Verdammung und Entwertung. An die Stelle von Freiheit setzte sich die Forderung nach absoluter ideologischer Konformität im Handeln, Sprechen und Denken – ein kultureller Totalitarismus.

Die Werte, welche die amerikanische und westliche Zivilisation – oder die christliche Zivilisation – immer ausgemacht hatten, wurden aufgehoben und als unterdrückend, hasserfüllt und böse verurteilt. Sie mussten delegitimiert und ausgerottet werden. Der Krieg wurde im öffentlichen Schulsystem, am Arbeitsplatz, in den Sitzungssälen der Unternehmen, im Fernsehen, im Kino, im Internet, in Zeichentrickfilmen für Kinder, in Regierungsgebäuden und sogar in der Armee geführt.

Wer immer sich den neuen Werten und Praktiken, den neuen Ideologien und Pseudoreligionen widersetzte, wer sich nicht daranhielt oder sich ihnen nicht anschloss, wurde zunehmend an den Rand gedrängt. Im Namen der Inklusion wurden Menschen ausgeschlossen. Im Namen der Selbstdarstellung wurden sie zum Schweigen gebracht. Im Namen der Akzeptanz wurden sie verdammt. Und im Namen der Liebe wurden sie verunglimpft, beschimpft und gehasst.

Wie in den Tagen Manasses erklärte man diejenigen, welche die Wege Gottes hochhielten, zu Feinden von Staat und Kultur. Sie wurden dauerhaft ausgeschlossen, aus dem Verkehr gezogen, auf die schwarze Liste gesetzt, ausgewiesen, entlassen, boykottiert, man verweigerte ihnen die Zulassung. Sie wurden zu einer korrigierenden Umerziehung gedrängt, gezwungen, ihre „Sünden" öffentlich zu bekennen. Man zensierte sie, verbannte sie, brachte sie zum Schweigen. Sie wurden strafrechtlich belangt, verfolgt, ausgelöscht und eliminiert.

Wie sehr entspricht doch unsere Zivilisation jener, in die Josia hineingeboren wurde. Er jedoch wollte dies nicht hinnehmen.

48

II. Gegen den Strom

Gegen das Böse

Josia war insofern einzigartig, als er für sich nicht annahm, was die meisten seiner Generation akzeptierten. Er folgte nicht dem Status quo, der Mehrheit, der Tradition seiner Väter oder den vorherrschenden Normen seiner Kultur. Er wusste, er lebte in einem Zeitalter der Finsternis und in einer dem Bösen verfallenen Kultur. Doch, anstatt das Dunkle und Böse zu akzeptieren, stellte er sich dagegen. Er stimmte dem nicht zu, er widerstand, er kämpfte dagegen an. Und er tat es, ohne darauf zu schauen, was es ihn kostete. Das sollte sein Leben und seine Größe ausmachen.

**Wenn sich eine Zivilisation den Wegen Gottes widersetzt, muss sich das Volk Gottes dem Bösen dieser Zivilisation entgegenstellen.
Es muss eine rote Linie ziehen und sich gegen das Böse stellen, auch wenn dies von der Kultur und dem Staat, in dem es lebt, gelobt, unterstützt, etabliert, verankert und durchgesetzt wird.
Es muss seinen Standpunkt vertreten, unabhängig von den Kosten.
Das Gute kann nur insoweit gut sein, wie es sich dem Bösen entgegenstellt.
Und je größer das Übel, desto stärker müssen ihm die Gerechten entgegentreten.**

Menschen, die das Böse zulassen, die damit einverstanden sind, die mit ihm zusammenarbeiten, die nichts tun, um es zu bekämpfen oder zu stoppen, sind nicht gut, sondern letztendlich böse. Wenn das Böse eine Kultur übernimmt, tun die meisten nichts dagegen. Die meisten Deutschen waren nicht gegen Hitler, die meisten Russen waren nicht gegen Stalin und die meisten, die in einer Kultur lebten, die Sklaverei praktizierte, taten nichts, um diese zu stoppen.

Gläubige haben diesen Luxus aber nicht. Es ist die Anforderung des Guten, sich dem Bösen entgegenzustellen. Sie haben also keine andere Wahl, als sich dagegen zu wehren. Die großen Männer und Frauen Gottes haben daher immer gegen das Böse gekämpft, von Moses am Hofe des Pharaos bis zum Apostel Paulus in den Gefängnissen Roms. Und in einer Zeit des zunehmend Bösen müssen sie umso entschiedener die Grenze ziehen, Stellung beziehen und kämpfen.

Gegen den Strom

Von seinem achten Lebensjahr an regierte Josia als König von Juda. Dennoch waren sein Leben und seine Taten nicht repräsentativ für die Gesellschaft oder den Status quo, in die er hineingeboren wurde. Er lebte im Gegensatz zur Mainstream-Kultur seines Landes und gegen den Strom des Abfalls. Obwohl er auf dem Thron saß, verkörperte sein Leben nicht seine Kultur. Vielmehr handelte es sich um eine gegenkulturelle Kraft und ein Instrument zur Umwälzung des Status quo.

Das Volk Gottes muss zunehmend gegen den Strom der Kultur leben. Ebenso muss die Gemeinde immer weniger als kulturelle Institution, sondern zunehmend als gegenkulturelles Phänomen agieren.

Das Volk Gottes ist berufen, gegen den Strom der Welt zu leben. Und jetzt ist es umso wichtiger, dies tatsächlich auch zu tun. Seit der Etablierung des Christentums in der westlichen Zivilisation existierte vieles von dem, was als „die Kirche" bekannt ist, in einem Zustand des Einklangs mit oder als Teil der sie umgebenden Kultur. Aber abgesehen von einer geistlichen Erweckung neigt sich diese Zeit dem Ende zu.

Da der Mainstream der westlichen Kultur immer feindseliger gegenüber Gott und dem christlichen Glauben wird, kann die Gemeinde nicht mehr im Einklang mit dieser Kultur handeln. Würde es seine frühere Position in einer nun abtrünnigen Kultur beibehalten, würde sie selbst abtrünnig. So wird sie entweder an ihrem Platz festhalten und die Gegenwart und Macht Gottes verlieren oder sie wird diesen Ort loslassen, um Gottes Gegenwart und Macht zu behalten. Sie muss sich unbedingt für Letzteres entscheiden.

Das gleiche gilt für jeden Gläubigen. Man kann nicht den Wegen Gottes folgen und gleichzeitig den Wegen einer Kultur, die gegen Ihn Krieg führt. In den kommenden Tagen wird es immer wichtiger, dass sich jeder verpflichtet, entschlossen, aktiv und ohne Scham gegen den Strom der Welt zu leben - und gegen jede Kultur, Zivilisation oder Entität, die sich den Wegen Gottes widersetzt.

Gegen die Mehrheit

Josia hätte niemals erreichen können, was er erreichte, wenn er die Zustimmung von Menschen gesucht oder den Zorn der Mehrheit gefürchtet hätte. Josia war entschlossen, zu tun, was in den Augen Gottes richtig war, auch wenn es unpopulär war und verachtet wurde, selbst wenn die Mehrheit ihn dafür hasste. Ebenso verpflichtete er sich dazu, von dem Abstand zu nehmen, was populär war oder von der Mehrheit befürwortet wurde, wenn es gegen den Willen Gottes war. Er benötigte nur die Zustimmung von Einem.

In bösen Zeiten werden die Gerechten in der Minderheit sein. Sie dürfen die Mehrheit nicht fürchten, sich ihr nicht anpassen, sich von ihr nicht zum Schweigen bringen lassen, sich nicht von ihr einschüchtern lassen oder sich in irgendeiner Weise von ihr drängen lassen. Sie dürfen weder ihre Zustimmung einholen noch ihren Vorwurf fürchten. Die größten Übel der Menschheit wurden von der Mehrheit begangen oder ermöglicht. Die Mehrheit hat keine moralische Autorität. Aber die Wege Gottes sind wahr und richtig. Und wer auf ihnen steht, wird größer sein als die Mehrheit.

Die Mehrheit war gegen die Propheten und sehr mit einer Kultur einverstanden, die Kinder opferte. Die Mehrheit liegt meistens falsch. Und der Zorn der Mehrheit, selbst in Form von Verfolgung, zeigt oft, Gott stimmt uns zu. Daraus sollten die Gerechten Kraft schöpfen. Und aus diesem Grund sagte Jeschua, Jesus, denen, die Ihm folgten:

Glückselig seid ihr, wenn sie euch schmähen und verfolgen und alles Böse lügnerisch gegen euch reden werden um meinetwillen. Freut euch und jubelt, denn euer Lohn ist groß in den Himmeln; denn ebenso haben sie die Propheten verfolgt, die vor euch waren. Matthäus 5:11-12

Wer die Zustimmung der Masse sucht oder ihr Urteil fürchtet, wird niemals für Gott eintreten können. Deshalb müssen die Gerechten dem Streben nach Akzeptanz durch Menschen und der Angst vor ihrer Ablehnung entsagen.

Sie leben nicht auf der Erde, um Anerkennung von Menschen zu erlangen, sondern um andere in die Annahme Gottes zu führen. Und darin liegt das Gegenmittel zur Menschenfurcht, mit dem die Gerechten erfüllt sein müssen – mit Annahme, Zustimmung, Segen und Liebe Gottes.

Gegen Angst

Josia war nicht nur gerecht, sondern auch furchtlos und mutig. Er hatte keine Angst vor dem Bösen, das von seiner Kultur Besitz ergriffen hatte, und er ließ sich auch nicht einschüchtern. Er wusste, die Macht Gottes ist weitaus größer, sonst hätte er nie erreicht, was er getan hat. Er war nicht nur gottesfürchtig, sondern auch in Güte stark und in Gerechtigkeit mutig.

Das Böse zu fürchten bedeutet, es zu stärken und das Gute zu schwächen. Wer das Böse fürchtet, wird eher geneigt sein, sich ihm zu ergeben und von ihm beherrscht zu werden. Deshalb dürfen sich die Gerechten niemals von der Macht des Bösen erschüttern lassen, egal wie groß diese Macht erscheint oder wie schwach die Macht des Guten zu sein scheint. Sie müssen bedenken, das Böse ist am Ende machtlos und das Gute ist allmächtig, so wie der Allmächtige gut ist. Der Gerechte braucht kein Böses zu fürchten.

In einer Kultur und einem Zeitalter, da Macht zunehmend mit dem Bösen und Böses mit der Macht verbunden ist, könnten die Gerechten versucht sein, Angst zu haben. Aber sie müssen sich dafür entscheiden, keine Angst zu haben. Denn es steht geschrieben:

Ich fürchte kein Unheil. nach Psalm 23:4

Die Antwort auf Angst ist nicht die Abwesenheit des Bösen, sondern die Gegenwart Gottes. Die Gegenwart Gottes brachte David dazu, einen bösen Riesen zu besiegen. Genau diese Dynamik ermöglichte es den Rechtschaffenen, ihre Ängste zu überwinden und stark gegen Riesen, Königreiche, Imperien, alles Böse und alle Widrigkeiten zu bestehen. Die Gegenwart Gottes ist das Gegenmittel gegen Angst.

Je finsterer das Böse und je höher die Chancen gegen sie stehen, desto mehr müssen die Gerechten ihre Augen auf den Allmächtigen richten, der für sie ist. Sie müssen sich über ihre Ängste erheben und für das Gute mutig werden, wie geschrieben steht: „Der Gerechte ist mutig wie ein Löwe“ (Sprüche 28:1). Denn sie dürfen sich daran erinnern, dass auch ihr Gott ein Löwe ist.

Gegen die Nacht

Vor Josia hatte es andere rechtschaffene Könige Judas gegeben, aber keiner von ihnen musste über eine Nation mit solch fortgeschrittenem und tiefgreifendem Abfall regieren. Und doch hielt die geistliche Finsternis seiner Zeit Josia nicht vom Handeln ab.

Vielmehr inspirierte sie ihn. Aufgrund der Finsternis startete er einen Feldzug der nationalen Buße, Säuberung und Erlösung. Josia wird zu den größten Königen auf dem Thron Davids gezählt, wenn nicht sogar als *der* größte angesehen. Die Finsternis seiner Zeit minderte seine Größe nicht, sondern ermöglichte sie.

Eine Kerze ist bei Tageslicht kaum zu erkennen, doch die nachts leuchtende Kerze erhellt die Dunkelheit. Die Gerechten dieser Stunde müssen wie eine Kerze in der Nacht gegen die Dunkelheit leuchten, um die Nacht zu erhellen.

Wie Josia dürfen wir uns von der Finsternis unserer Zeit nicht einschüchtern lassen, sondern uns ihrer Herausforderung stellen.

Für alle, die standhaft bleiben, werden diese Tage Großes hervorbringen. In einer jüdisch-christlichen Kultur für Gott einzustehen bedeutet, im Tageslicht wie eine Kerze zu leuchten. Aber in einer postchristlichen oder antichristlichen Kultur für Gott einzustehen bedeutet, wie eine Kerze in der Nacht zu leuchten.

Das nachts scheinende Licht fügt sich nicht in seine Umgebung ein, sondern hebt sich von ihr ab und steht ihr entgegen. Es ist das Gegenlicht, das Licht des Widerspruchs. Und dieser Kontrast und die Unterscheidung verstärken seine Strahlkraft. Je größer der Kontrast zwischen Licht und umgebender Dunkelheit, desto größer wird seine Kraft und Wirkung sein. Das Volk Gottes muss nun zum Licht in der Nacht werden.

Gegen das Grau

Damit Josia sein Volk zu Gott zurückbringen konnte, musste das Böse vom Guten getrennt werden – die Beseitigung von Kompromissen, Apathie und Unreinheit aus dem Volk Gottes. Er musste das Grau in all seinen Formen und Abstufungen entfernen, damit das Licht völlig hell wurde.

In unserem Zeitalter der Polarisierung, in dem sich Dunkelheit von ihrem Grau befreit, um ganz dunkel zu werden, muss sich auch das Licht von seinem Grau befreien, um ganz hell zu werden. Wenn die Dunkelheit dunkler wird, müssen die Lichter umso heller leuchten.

Wir leben in einer Zeit der moralischen, geistlichen und zivilisatorischen Polarisierung. Die westliche Zivilisation entkoppelt sich vom Glauben und der Weltanschauung, mit der sie seit fast zweitausend Jahren verbunden ist. Seine Mainstream-Kultur entledigt sich aller jüdisch-christlichen Werte, Überzeugungen, Gesetze, Praktiken, Gottesdienste, Bräuche und Kultur.

Wenn sich also die Finsternis von ihrem Grau befreit, um völlig dunkel zu werden, dann muss das Licht das Gleiche tun und sich von ihrem Grau reinigen, damit es völlig hell wird.

Radikale Güte

In seinem Kontrast *erschien* das Licht von Josias Zeugnis nicht nur heller – es war tatsächlich viel heller. Konfrontiert mit dem Bösen seiner Zeit verpflichtete sich Josia umso stärker zu den Wegen der Gerechtigkeit, Heiligkeit und Gottesfurcht. Das Böse in Josias Tagen erzeugte sein eigenes Gegengewicht durch die Größe von Josias Zeugnis.

Der Gläubige muss als Gegengewicht und Gegenkraft zu einer abtrünnigen und verfinsterten Zivilisation handeln. Angesichts einer radikal bösen Kultur muss der Gläubige radikal gut werden.

Die Gläubigen sind aufgerufen, auf die Dunkelheit ihrer Zeit zu reagieren, indem sie zu deren Antithese, zu deren Gegenkraft werden. Mose war ein Gegengewicht zu Ägypten, Elia zu Ahab und Isebel, der Apostel Paulus zu Rom.

Der Gläubige, der in einem Zeitalter des Abfalls lebt, muss eine Gegenkraft der Treue werden. Wer in einer Kultur der Unmoral lebt, muss zu einer Gegenkraft der Reinheit und moralischen Tugend werden. Wer in einer gottlosen Kultur lebt, muss eine Gegenkraft der Gegenwart Gottes werden. Und wer in einer Kultur des radikal Bösen lebt, muss radikal gut werden.

Gegen alle Widerstände

Die Chancen standen schlecht für Josia. Es hieß praktisch: Ein Mann gegen eine Zivilisation. Aber es spielte für ihn keine Rolle, wie die Wetten standen. Für ihn zählte nur der Wille Gottes. Das war alles. Und deshalb konnte er überwinden.

**Egal wie die Umstände sind,
egal welche Kultur,
egal wie die Chancen stehen,
es gibt immer einen Weg,
den Willen Gottes zu erfüllen;
es gibt immer einen Weg, zu überwinden.
Es gibt immer eine Möglichkeit,
Ihn zu verherrlichen.
Es gibt immer einen Weg,
siegreich zu leben
und sich durchzusetzen.**

Wie bei Josia haben auch jetzt die Umstände und Chancen nicht das letzte Wort. Gottes Wille und Absichten sind nicht an die Umstände gebunden. Und so gibt es immer einen Weg, sie zu erfüllen.

Mitten in der Verfolgung erfüllte der Prophet Jeremia die Absichten Gottes, und tief in einer Gefängniszelle erfüllte der Apostel Paulus den Willen Gottes. Am Ende kann nichts die Absichten Gottes aufhalten. Daher wird auch jene, die im Willen Gottes gehen, nichts aufhalten.

Revolutionär

Die meisten auf einem Thron oder in königlichen Häusern haben ein begründetes Interesse, den Status quo zu bewahren. Josia war anders. Er versuchte, diesen zu beseitigen.

Obwohl König, war er auch Revolutionär. Er stellte den gewohnten Zustand seiner Kultur und Zeit auf den Kopf. Aus diesem Grund wird er als einer der größten Könige seiner Nation in Erinnerung bleiben. Er war ein Revolutionär für Gott.

Das Volk Gottes ist aufgerufen, revolutionär zu sein, was in den kommenden Tagen noch umso wichtiger wird. Ihr Zeugnis und Licht werden es erfordern. Je weiter eine Kultur von den Wegen Gottes abweicht, desto revolutionärer wird es sein, selbst in ihnen zu wandeln. Jede gottgemäße Tat wird zu einer revolutionären Tat. Jedes gottgemäße Wort wird zu einem revolutionären Wort. Und jedes gottgemäße Leben wird zu einem revolutionären Leben. Das Volk Gottes muss zunehmend als revolutionäres Volk leben. Alle, die dem Messias folgen, müssen verstärkt zu ihrer ersten Form zurückkehren, dem Zustand der Revolution.

Die westliche Zivilisation kehrt zu ihrem ursprünglichen und uralten Zustand zurück – dem des Heidentums. Daher muss die Gemeinde dasselbe tun und zu ihrem ursprünglichen und angestammten Zustand zurückkehren – zu ihrer ersten und kraftvollsten Lebensweise – die der Apostelgeschichte.

In der Apostelgeschichte existierte der christliche Glaube in seiner reinsten Form, nicht als etablierte Institution, nicht als kultureller Bestandteil und nicht als weltliche Macht – sondern als lebensverändernde, revolutionäre und die Welt verändernde Bewegung.

So muss auch jeder Gläubige zum ersten Stand zurückkehren, zu dem der ersten Gläubigen, der Jünger, der Apostel, der Boten des Neuen Bundes – jener, die den Lauf der Kultur, der Zivilisation und der menschlichen Geschichte verändern.

49

III.
Trennung und Widerstand

Trennen

Josia musste sich schon früh im Leben entscheiden, sich von den Handlungen zu trennen, die nicht nur sein Land, sondern auch die königlichen Bezirke und sogar sein eigenes Haus infiltriert hatten. Er musste sich von den Sitten seiner Väter und den Bräuchen seiner Kultur trennen. Er durfte keine Angst davor haben, anders zu sein und sich abzuheben. Nur so konnte er seiner Berufung nachkommen und seiner Nation Wiederherstellung bringen.

Wenn sich eine Kultur immer weiter von Gott trennt, muss sich das Volk Gottes zunehmend von dieser Kultur trennen. In einem Zeitalter der Finsternis dürfen die Gerechten keine Angst vor der Trennung von der Dunkelheit haben. Nur wer zum Anderssein bereit ist, wird eine Änderung hervorbringen.

Die Gerechten können in der jetzigen Zeit nicht so leben wie in früheren Zeiten. Die Kultur ist verschwunden, die einst christliche Werte und eine biblische Weltanschauung hochhielt und unterstützte. Sie ist zunehmend antichristlich und antigöttlich ausgerichtet.

Je weiter sich die Kultur gegen die Wege Gottes wendet, desto wichtiger ist es, dass Gottes Volk den Prozess der Trennung einläutet. Dies zu unterlassen ist nicht nur unklug, sondern kann im Hinblick auf das geistliche Leben auch tödlich sein. Trennt man sich nicht, wird man schließlich selbst am Bösen teilhaben. Bei einer Überschwemmung muss man das Wasser verlassen, bevor man davon fortgerissen wird.

Die Gerechten in den Tagen von Israels Abfall konnten nicht an den Vergnügungen des Heidentums oder den Ritualen Baals teilnehmen. Sie konnten ihren Kindern nicht erlauben, Spiele zu spielen, die von den der Ashtoreth geweihten Prostituierten erfunden wurden, oder die Priester des Moloch damit betrauen, ihre Kinder zu beaufsichtigen oder zu erziehen.

Man muss daher der nur zu verständlichen Versuchung, sich anzupassen, widerstehen. Man darf keine Angst davor haben, aufzufallen, isoliert und allein zu sein. Die ersten Christen mussten sich vom Heidentum Roms distanzieren. Die Gläubigen in Deutschland mussten bereit sein, sich vom Übel des Dritten Reiches fernzuhalten. In solchen Gesellschaften und Zeitaltern ist es die Voraussetzung der Gerechtigkeit, anders zu sein.

Eine abtrünnige und befleckte Kultur wird abtrünnige und befleckte Literatur, Filme, Lieder, Fernsehsendungen, Lehrpläne, Internetinhalte, Büchereiveranstaltungen und andere Inhalte hervorbringen, die für eine frühere Generation unvorstellbar waren. Wer auf den Wegen Gottes wandeln will, muss sich jetzt von solchen Dingen trennen.

Eltern müssen ihre Kinder jetzt vor Kindermedien und -programmen, Bildung und Unterhaltung schützen, die darauf abzielen, zu indoktrinieren, zu sexualisieren, Verwirrung zu stiften oder zu zerstören. Sie müssen sich vor solchen Dingen hüten, wie sie es vor den Priestern Baals, Ashtoreths und Molochs tun würden.

Gläubige müssen klare und unverrückbare Linien und Grenzen ziehen zwischen der Dunkelheit der sie umgebenden Kultur und ihrem Leben, ihren Häusern, ihren Gemeinschaften und allem, was sie schätzen und ehren. Sie müssen starke und noch stärkere Absicherungen, Schutzmaßnahmen und Leitlinien dafür aufstellen, was sie tun und was nicht und was sie zulassen und was nicht.

Wovon aber müssen sich die Gerechten konkret trennen und in welchem Ausmaß? Jeder Gläubige muss die Antwort bei Gott suchen. In manchen Fällen bedeutet dies eine Trennung von ganzen Kulturbereichen; in anderen Fällen aus Teilen dieser Bereiche, spezifischen Funktionen, Beteiligungen, Aktivitäten, Angelegenheiten, Inhalten und Aspekten dieser Bereiche. Das Ziel muss sein, sich vor jeder Befleckung, jedem Kompromiss, jedem Hindernis, jeder Sünde oder jedem Übel zu schützen. Je abtrünniger und böser die Kultur, desto größer muss die Abtrennung der Gerechten sein.

Und wenn eine Nation oder Zivilisation so weit geht, Gott, Seinen Wegen und Seinem Volk den totalen Krieg zu erklären, was dann? Dann müssen die Gerechten, wie es die Großen und Mächtigen früherer Zeiten getan haben, der Situation gewachsen sein und für Gott und das einstehen, was richtig ist, ungeachtet der Kosten, komme, was da wolle.

Beuge dich nicht

Josias Glaube und Leben in Gott wird in 2. Könige 23:25 zusammengefasst:

Vor Josia gab es keinen König wie ihn, der zu dem HERRN umgekehrt wäre mit seinem ganzen Herzen und mit seiner ganzen Seele und mit seiner ganzen Kraft nach dem ganzen Gesetz des Mose. Und auch nach ihm ist seinesgleichen nicht aufgestanden.

Dem Herrn von ganzem Herzen zu folgen bedeutete, sich gegen die Götter zu stellen. Er beugte oder unterwarf sich ihnen nicht, noch erwies er ihnen irgendeine Ehrerbietung oder irgendeine Ehrfurcht.

Die Gerechten dürfen sich den Göttern ihrer Zeit nicht beugen, sich ihnen nicht unterwerfen, ihnen nicht gehorchen noch ihnen in irgendeiner Weise Respekt oder Ehrfurcht erweisen. Sie dürfen keine Autorität über, gegen oder anstelle der Autorität Gottes annehmen.

In Abwesenheit Gottes werden plötzlich alle Dinge geheiligt, vergöttert, angebetet, bedient und geopfert. Vom Menschen geschaffene Objekte, Strukturen und Systeme werden zu Idolen. Politische Ideologien werden als heilige Wahrheit verehrt. Neu konstruierte Werte werden zu moralischen Absolutheiten erklärt. Und wer die neuen Götzen und Götter in Frage stellt oder ihnen die Verehrung verweigert, wird als Ketzer verurteilt und bestraft.

Daher werden Gläubige immer zum Hindernis für jeden -ismus, für jede Idee und jede Ideologie, jede Institution und jedes System, jede Organisation, jede Regierung, jeden Staat, jede Kultur, jeden Herrscher, jede Nation oder Macht, die versucht, den Mantel und die Autorität der Gottheit an sich zu reißen. Sie haben dies von den Tagen des kaiserlichen Roms bis zu denen des modernen Totalitarismus getan. Und jetzt, inmitten einer aufstrebenden postchristlichen Weltordnung, müssen sie dies erneut tun.

Sie dürfen sich vor nichts beugen und niemandem Ehrfurcht zeigen, der behauptet, Gott zu sein oder Seine Autorität zu besitzen, ganz gleich, wie heilig und erhaben es auch daherkommt. Wie Josia müssen sie es als das sehen, was es ist: ein Götze, ein falscher Gott, der versklavt und am Ende Zerstörung bringt. Sie dürfen sich vor keinem anderen Gott beugen.

Beseitige deine Altäre

Der Abfall in der Zeit Josias hatte auch Jerusalem erfasst. Daher betrafen die Reinigungsmaßnahmen des Königs auch die heilige Stadt. Die Götter und ihre Altäre hatten ihren Weg in die königlichen Bezirke und in den Tempel gefunden. Josia konnte sein Volk nicht vom Glaubensabfall abbringen, ohne seinen eigenen Hinterhof von den Göttern und ihren Altären zu reinigen.

Zuerst muss das Volk Gottes die Götter, Götzen und Altäre in seinem eigenen Leben überwinden, bevor es sie in der Welt besiegen kann.

Sogar die Gerechten können über Altäre verfügen – Festungen in ihrem Leben, Kompromisse, Korruption; alles, was über Gott gestellt wurde, als Ersatz für Gott gedient hat und im Widerspruch zu Gottes Willen steht. Die Gerechten müssen dies zerstören und dauerhaft funktionsunfähig machen. Sie müssen ihr Leben davon befreien.

Sie müssen die Altäre Baals aus ihrem Leben entfernen – alle Götzen des Wachstums, des Gewinns, des Erfolgs, alles, was sie über Gott gestellt haben. Sie müssen die Altäre der Ashtoreth aus ihrem Leben entfernen – jeden Genuss oder jede Teilnahme an sexueller Unmoral, sei es Promiskuität, Pornografie, Ehebruch, Perversität oder jede Form von Sexualität außerhalb der Grenzen der Ehe.

Sie müssen die Altäre Molochs aus ihrem Leben entfernen – jede Praxis, die das Leben abwertet oder zu seiner Zerstörung führt, sei es Abtreibung, Missbrauch, Schändung oder Erniedrigung.

Häuser der Finsternis

Der Glaubensabfall zu Zeiten Josias zeigte sich nicht nur durch Einzelpersonen, sondern auch durch Häuser und Institutionen. Die Verehrung Baals und der meisten anderen Götter umfasste organisierte Kulte, Tempel, Priesterschaften und Amtsträger. Josia musste sich von den Häusern der Götter, der Dunkelheit und der Unmoral trennen.

Wo die Beteiligung an einer Institution oder an einem Bereich, einer Funktion oder einem Aspekt dieser Institution eine Teilnahme am Bösen oder eine Gefährdung des Wandels mit Gott darstellen würde, muss man sich von dieser Institution oder von diesem Bereich trennen.

Viele Institutionen, die einst den Zielen Gottes dienten, stehen nun im Krieg gegen sie. Unzählige Gläubige schicken ihre Kinder auf öffentliche Schulen, wo sie gegen alles indoktriniert werden, was sie ihnen über Glauben und Gott beigebracht haben. Dieselben Eltern werden dann ihre Lebensersparnisse ausgeben, um ihre Kinder auf Hochschulen zu schicken, wo sie jahrelang wiederum eine intensive Indoktrination durchlaufen, die darauf abzielt, alles zu untergraben und zunichtezumachen, was sie in den vergangenen Jahren erreicht haben.

Es ist eine Sache, mit dem Glaubensabfall umzugehen, wenn er sich informell manifestiert – es ist etwas anderes, wenn der Abfall die Form einer Institution annimmt oder eine solche übernimmt. Der Widerstand gegen die Gottlosigkeit am Arbeitsplatz kann zu Suspendierungen, Umerziehungsveranstaltungen oder Entlassungen führen. Widerstand in der Schule kann zum Ausschluss führen.

Sich dagegen im Beruf zu wehren, kann zum Entzug von Berechtigungen oder Lizenzen führen. Solche Dinge sind in der amerikanischen oder westlichen Kultur keine Hypothese – sondern finden bereits statt. Dennoch muss man Widerstand leisten – und sich absetzen.

Mit der Zeit wird das Thema Trennung noch entscheidender werden. Gläubige Eltern müssen sich entscheiden, ob es richtig und von Gott ist, ihre Kinder auf öffentliche Schulen und Hochschulen zu schicken, um sie gegen ihren Glauben zu indoktrinieren und ihre Beziehung zu Gott aufs Spiel zu setzen – oder ob sie einen anderen Weg einschlagen.

Das Prinzip gilt für alle Bereiche der Gesellschaft. Auf jede Teilnahme an einer Institution, die den Glauben und den Gehorsam gegenüber Gott behindern oder gefährden oder die Teilnahme an der Gottlosigkeit darstellen, muss verzichtet werden und man muss sich davon trennen. Man muss sich von solchen Institutionen abgrenzen, auch wenn dies Opfer bedeutet, Not, Verlust von Privilegien, Position oder Chancen oder den Zorn dieser Institution. Dabei muss man bedenken, die eigene Zukunft liegt letztlich nicht in den Händen dieser Institution, sondern in den Händen Gottes.

Den Bann brechen

Josia wartete nicht darauf, dass andere den Übeln seiner Zeit Widerstand leisteten. Er war der Erste. Er war der Wegbereiter. Er brach mit Bräuchen, Konventionen und dem Status quo. Er tat, was andere zu tun gedacht, gefühlt und geglaubt hatten – es aber aus Angst nicht taten.

Doch als er sich wehrte, zerbrach der Konsens. Die heiligen Kühe seiner Kultur verloren ihre Aura, die Götter ihre Autorität und die Kartenhäuser stürzen ein. Es war nur ein Mann, ein Akt des Mutes nötig und der Bann war gebrochen.

Götter, heilige Kühe und Unwahrheiten aller Zeiten bestehen nur, solange sie unangefochten sind, solange ihre Gebote nicht hinterfragt werden und ihre Tabus ungebrochen bleiben. Die Gerechten müssen das Unanfechtbare herausfordern. Stelle das Unbestreitbare in Frage. Denke das Undenkbare. Sprich das Unaussprechliche. Und zerbrich das Unzerbrechliche. Die Gläubigen müssen zu tun bereit sein, was sich noch niemand zuvor getraut hat. Sie müssen als erste bereit sein, den Bann zu brechen.

Man erzählt sich die Geschichte, der Kaiser wurde getäuscht und glaubte, er trage unsichtbare Gewänder. Er präsentierte sich nackt vor seinem Volk. Alle machten mit und lobten die neuen Gewänder des Kaisers, bis ein kleines Kind herausplatzte: „Der Kaiser hat gar keine Kleider!" Und der Bann war gebrochen.

Es liegt in der Natur des Menschen, dem Status quo zu folgen. Aber übernehmen Böses und Falschheit eine Kultur, wird die Tendenz, ihr zu folgen, zu einem Instrument der Finsternis. Ohne die vielen, die dem Status quo folgten, die sich der Lüge und dem Bösen fügten, die nichts taten oder sagten, um Widerstand zu leisten, hätten die dunkelsten Mächte der Neuzeit, vom Totalitarismus der Sowjetunion bis zum Dritten Reich, niemals aufsteigen können.

Die Gerechten müssen bereit sein, als Erste die Tabus der Lüge und die Dogmen des Bösen zu brechen. Sie müssen Kinder sein, die es wagen zu sagen: „Der Kaiser hat gar keine Kleider!"

Der Unterbau

Die Zivilisation, in die Josia hineingeboren wurde, war einst mit staatlichen, kulturellen und gesellschaftlichen Grundlagen und Unterstützungen ausgestattet, um die Menschen zu ermutigen, ihren Glauben zu leben, zu praktizieren und weiterzugeben. Aber der Glaubensabfall hatte dies beseitigt. An ihre Stelle traten nun Hindernisse für den Glauben und den Gehorsam gegenüber Gott. Die Kultur schuf nun neue Stützen und Hilfen, um Götzendienst, Unmoral, Abfall vom Glauben, das Böse und die Verehrung fremder Götter zu fördern. Josia machte diese Stützen zunichte und stellte die Grundlagen der Gerechtigkeit wieder her.

Wenn sich eine Zivilisation von Gott abwendet, entfernt sie die Stützen, Hilfen und Grundlagen, die ihre Menschen einst dazu ermutigten, den Wegen Gottes zu folgen, Sein Wort zu verbreiten

und ihren Glauben an die nächste Generation weiterzugeben. Sie ersetzt diese Stützen und Hilfen durch Hindernisse, Abschreckungen, Schwierigkeiten und Widerstand gegen ihren Glauben.

Daher kann das Volk Gottes nicht länger auf die Unterstützung durch seine Kultur vertrauen. Es muss ihre eigenen Gefäße und Grundlagen aufbauen – Kanäle, Netzwerke, Organisationen, Subkulturen, Gegenkulturen und, falls nötig, einen Untergrund, um das Leben, die Ausübung, die Verbreitung und die Weitergabe seines Glaubens zu ermöglichen, diese zu unterstützen und zu stärken.

Die amerikanische und westliche Kultur war einst voller staatlicher, gesellschaftlicher und kultureller Infrastruktur und Grundlagen, die Glauben und Anbetung förderten, biblische Werte aufrechterhielten, göttliche Praktiken unterstützten und die Weitergabe des Glaubens an die nächste Generation erleichterten. Aber all dies wurde weitgehend entfernt.

Gläubige können sich nicht mehr darauf verlassen, dass die sie umgebende Kultur den Glauben und die biblischen Werte fördert, da sie eher davon entmutigt und sie zunichtemacht. Sie können nicht länger davon ausgehen, dass ein kultureller Kodex moralischer Standards ihre Familien vor einer Flut von Unmoral schützt, die in ihre Häuser strömt und ihre Lieben überschwemmt. Daher müssen sie zunehmend ihre eigenen Standards entwickeln und anwenden, sowie ihre eigenen Schutzmaßnahmen umsetzen.

Die einst Anbetung und Gebete fördernde Zivilisation wird nun versuchen, sie zu beseitigen. Der Staat, der früher von seinen Bürgern erwartete und sie dazu ermutigte, ihren Glauben an die nächste Generation weiterzugeben, ist nun bestrebt, sie daran zu hindern, und stattdessen versucht er, sie in seine eigene gottlose und antibiblische Religion zu taufen. Die einst das Wort Gottes ehrende Gesellschaft ist nun bemüht, dessen Verkündigung und Verbreitung zu verhindern.

Gläubige müssen alles in ihrer Macht Stehende tun, um die Stützen und Kanäle zu ersetzen, welche die Kultur entfernt hat. Sie müssen kompensieren, was innerhalb der größeren Kultur nicht mehr existiert, und dem Einfluss des Bösen entgegenwirken. Sie müssen Netzwerke, Systeme, Programme, Organisationen, Schulen, Funktionen und alle erforderlichen Kanäle und Unterstützungen aufbauen und unterstützen. Die Rolle von Gemeinden und Glaubensorganisationen bei der Bereitstellung des Verlorengegangenen wird immer wichtiger.

Jeder Gläubige muss nun individuell seine eigenen Unterstützungen, Praktiken, Wege und Mittel erschaffen, die erforderlich sind, um zu kompensieren, was die umgebende Kultur entfernt oder verboten hat, und um dem entgegenzuwirken, was sie jetzt befürwortet oder erzwingt.

Was ihre Kinder betrifft, müssen die Christen die volle Verantwortung und Autorität übernehmen, die Gott ihnen gegeben hat und sie nicht der Regierung, nicht dem Staat, nicht den Medien, nicht der Kultur und dem Bildungssystem ausliefern. Falls sie diese Verantwortung abgetreten haben, müssen sie sie zurückholen. Umso stärker müssen sie ihren Kindern biblischen Glauben, Werte und Praktiken vermitteln. Sie müssen sie vor jedem Einfluss schützen, der sie gefährden, schwächen oder beeinträchtigen könnte. Und sie müssen diesen Glauben, diese Werte und Praktiken in ihren Häusern und Gotteshäusern vorleben.

Das Volk Gottes muss damit rechnen, dass eine Zivilisation, die sich im Krieg mit Gott befindet, letztendlich versuchen wird, es von seiner Unterstützung, seinen Diensten, seiner Beschäftigung und seinen Funktionen auszuschließen. Sie müssen daher auf diesen Tag vorbereitet sein, indem sie alternative Wege und Mittel schaffen, um den Willen und die Absichten Gottes zu erfüllen. Sie müssen alles Nötige in dem Wissen tun, dass Gott immer einen Weg bereiten wird, Seine Absichten zu erfüllen.

Gehorche nicht

Als Josia die Altäre, Götzenbilder und Höhen zerstörte, verstieß er gegen die Normen, Standards und Konventionen seiner Zeit. Aber Josia wusste Folgendes: Bricht das Gesetz des Menschen das Gesetz Gottes, muss dieses menschengemachte Gesetz gebrochen werden, damit das Gesetz Gottes aufrechterhalten bleibt.

Beschließt eine Zivilisation, Krieg gegen Gott zu führen, so tun dies auch ihre Gesetze. Zwingt ein solches Gesetz die Gerechten, statt den Wegen Gottes den Wegen des Bösen zu gehorchen, ist die Grenze überschritten. Dann müssen die Gerechten diesem Gesetz nicht gehorchen.
Ein solches Gesetz hat keine Legitimität oder Autorität. Gehorsam gegenüber einem Gesetz des Ungehorsams ist Ungehorsam.
Und Ungehorsam gegenüber einem Gesetz des Ungehorsams ist Gehorsam.
Bricht ein menschliches Gesetz das Gesetz Gottes, dann muss das erstere gebrochen werden, damit das letztere eingehalten werden kann.
Dann dürfen die Gerechten sich nicht fügen und müssen Widerstand leisten – sie müssen ungehorsam sein.

Unter normalen Umständen müssen Gläubige die Gesetze des Landes befolgen, in dem sie leben, und sie sollen die rechtschaffensten und vorbildlichsten Bürger sein. Aber es gibt Umstände und Zeiten, die nicht normal sind. Unter solchen Umständen und in solchen Zeiten müssen Gläubige etwas anderes tun. Wenn eine Behörde oder Regierung ein Gesetz erlässt, das in direktem Konflikt mit den Gesetzen und dem Willen Gottes steht, wenn die Unterwerfung unter ein solches Gesetz Ungehorsam gegenüber Gott bedeuten würde – dann ist die Grenze überschritten.

Das Buch Daniel berichtet vom babylonischen König Nebukadnezar. Dieser errichtete ein goldenes Götzenbild und befahl allen, sich davor zu verneigen. Die jüdischen Verbannten Schadrach, Meschach und Abed-Nego weigerten sich, dem Befehl des Königs zu gehorchen.

Sie wurden zum König gebracht und ihnen drohte der Tod in einem Feuerofen. Worauf sie antworteten:

Es sei dir jedenfalls kund, König, dass wir deinen Göttern nicht dienen und uns vor dem goldenen Bild, das du aufgestellt hast, nicht niederwerfen werden. Daniel 3:18

Dem Befehl des Königs zu gehorchen, hieß, den Befehl Gottes zu brechen. Selbst wenn es ihre Hinrichtung bedeutete, wollten sie nicht gehorchen. In der Apostelgeschichte wird vom Rat des Sanhedrins berichtet, der den Jüngern befahl, „überhaupt nicht im Namen Jesu zu reden oder zu lehren" (Apostelgeschichte 4:18). Aber Jesus hatte ihnen ausdrücklich geboten, das Evangelium der ganzen Schöpfung zu verkünden und alle Nationen zu Jüngern zu machen. Somit stand das Gebot des Sanhedrins in direktem Konflikt zu dem Gebot des Messias. Die Jünger antworteten:

Ob es vor Gott recht ist, auf euch mehr zu hören als auf Gott, urteilt ihr! Denn es ist uns unmöglich, von dem, was wir gesehen und gehört haben, nicht zu reden. Apostelgeschichte 4:19–20

Sie zogen eine rote Linie: Wenn die Gesetze der Menschen eindeutig den Gesetzen Gottes widersprechen, haben die Gerechten keine andere Wahl, als den letzteren zu gehorchen und den ersteren zu widersprechen.

Die ersten Christen standen vor dem gleichen Ultimatum. Durch kaiserlichen Erlass mussten sie den Göttern Roms Opfer und dem Kaiser als Anbetung Weihrauch darbringen. Wer dem Befehl nicht gehorchte, riskierte Inhaftierung und Hinrichtung.

Und doch entschieden sich die Gerechten dafür, den Geboten Gottes statt dem Befehl des Kaisers zu folgen.

Die Gläubigen in der Sowjetunion standen vor einer ähnlichen Entscheidung. Sie sollten die neuen Götter der marxistischen Ideologie feiern und preisen. Sie sollten aufhören, ihren Glauben an andere weiterzugeben, nicht einmal an ihre eigenen Kinder.

Der Gehorsam gegenüber solchen Geboten bedeutete Ungehorsam gegenüber Gott. Sie konnten den Gesetzen Gottes nur gehorchen, indem sie die Gesetze des Kommunismus brachen.

Im nationalsozialistischen Deutschland war es ein Verbrechen, jüdische Kinder in Sicherheit zu bringen oder bei sich zu verstecken. Diese Gesetze zu brechen bedeutete, dem Gesetz Gottes zu folgen. Und viele Gläubige riskierten dafür ihr Leben. In einem Zeitalter des Bösen ist Gehorsam Ungehorsam, und Ungehorsam ist Gehorsam.

Die Gerechten müssen sich auf die kommenden Tage vorbereiten, in denen eine abtrünnige Kultur zunehmend Gesetze erlassen wird, die direkt und dreist gegen die Gesetze Gottes vorgehen. Sie müssen sich darauf vorbereiten, die gleiche Entscheidung zu treffen, welche die Rechtschaffenen vergangener Zeiten getroffen haben. Wenn sie mit einem Befehl konfrontiert werden, der sie dazu zwingt, die Wege Gottes zu missachten, müssen sie gerüstet sein, ihm nicht zu gehorchen.

Sie müssen dies nüchtern, weise und umsichtig tun, denn der Verstoß gegen ein Gesetz ist eine ernste Angelegenheit. Es muss gemäß Gottes Wort und Führung erfolgen und auch nur im Hinblick auf ein Gesetz, das eindeutig die Verletzung von Gottes Gesetzen erzwingt und es keinen anderen Weg gibt. Oder wenn durch Unterlassung gegen den Willen und das Gesetz Gottes verstoßen würde; ist dies der Fall, haben die Gerechten keine andere Wahl.

Ein Gesetz, das den Einsatz einer Lautsprecheranlage für die Predigt in einem Wohngebiet um zwei Uhr morgens verbietet, steht nicht im Widerspruch zu den Geboten Gottes; aber ein Gesetz, das jegliche Predigt und Verbreitung des Evangeliums verbietet, hingegen schon. Das gilt auch für jeden Befehl, der die Gerechten davon abhalten soll, die Wahrheit so zu sagen, wie Gott es angeordnet hat; es gilt für jedes Gesetz, das ihnen verbietet, ihren Kindern die Wege Gottes zu vermitteln, oder ihre Kinder vom Glauben abwendet und in die Dunkelheit führt. Ebenso gilt es für jedes Gesetz oder Gebot, das sie dazu zwingen würde, Sünde zu fördern, zu feiern oder sich daran zu beteiligen.

Der Übergang von einem christlichen Zeitalter in ein nachchristliches Zeitalter bringt immer dreistere antichristliche Gesetze, Richtlinien und Anordnungen hervor und führt zur Verfolgung. Diese wiederum kann zu Leid, Inhaftierung oder Märtyrertum führen. Dennoch haben die Gerechten keine Wahl, wenn sie vor die Entscheidung gestellt werden, den Gesetzen des Menschen zu gehorchen, welche die Wege Gottes übertreten, oder den Wegen Gottes zu folgen, welche die Gesetze des Menschen übertreten. Sie müssen fest wie Josia stehen und wissen, dass die Wege der Menschen vergänglich, die Wege Gottes jedoch ewig sind. Sie müssen die Übertretung übertreten, sich dem Trotz widersetzen und den Befehlen der Finsternis nicht gehorchen.

50

IV.
Mächte

Entwöhnt

Je abhängiger Josia von seiner Kultur war, desto weniger konnte er sie beeinflussen. Er durfte von nichts abhängig sein, das mit den Götzen, Göttern und heidnischen Riten seiner Kultur zu tun hatte und musste sich von einer solchen Abhängigkeit entwöhnen. Gleichzeitig musste er seine Abhängigkeit und Verbindung zu Gott stärken. Je stärker diese Verbindung, desto besser war er in der Lage, Einfluss auf seine Umwelt zu nehmen.

Der Gerechte muss sich so weit wie nur möglich von jeder Abhängigkeit befreien, die seine Fähigkeit schwächt, den Willen Gottes zu tun. Gleichzeitig muss er sich umso stärker mit Gott verbinden. Für ein von der Welt losgelöstes Leben muss man besonders eng mit Gott verbunden sein.

Wer sich dem Bösen seiner Kultur widersetzen und sein Umfeld für Gott beeinflussen will, muss sich von jeglicher Abhängigkeit an solche Dinge lösen. Dazu muss man sich stärker mit dem verbinden, was größer ist als die Welt – mit Gott. Die beiden verhalten sich umgekehrt proportional zueinander. Je stärker die Verbindung zu Gott ist, desto größer ist die Unabhängigkeit von der Welt.

Der Prophet Elia stellte sich gegen das Böse seiner Kultur und gegen die Korruption des regierenden Königs und der Königin. Dafür musste er sich umso stärker von Gott abhängig machen. Die Bibel berichtet, wie er mitten in der Hungersnot an einem Wasserbach von Raben gespeist wurde, die Gott ihm gesandt hatte. Das Bild verkörpert sowohl seine Abhängigkeit von Gott als auch seine Unabhängigkeit von der Welt. Je dunkler die Kultur, desto stärker müssen sich die Gerechten von ihr entwöhnen. Man löst sich von der Welt, indem man sich noch intensiver mit Gott verbindet.

Die innere Kraft

Josia musste ein starkes inneres Leben mit Gott führen. Ohne dies hätte er allen äußeren Kräften, die sich gegen ihn aufstellten, nicht so kraftvoll standhalten und diese überwinden können. Er war zweifellos ein Mann mit einem starken inneren Leben, ein Mann des Gebets. Sein inneres Leben überwand seine äußere Welt.

Der innere Bereich bildet das Gegengewicht und Gegenmittel zum äußeren Bereich. Je dunkler die äußere Welt, desto vitaler und kraftvoller muss die innere Welt sein. Wer in bösen Zeiten groß und mächtig sein will, muss im Gebet groß und mächtig werden – groß und mächtig in der Gegenwart Gottes. Der innere Bereich ist der Boden, aus dem die Wurzeln der Rechtschaffenen Leben schöpfen und Früchte der Gerechtigkeit hervorbringen.

Ohne ein starkes Innenleben mit Gott wird man anfällig für Schwankungen, Verderben und die Versuchungen der Welt. Die mächtigsten und wirkungsvollsten Menschen der Heiligen Schrift waren daher Männer und Frauen des Gebets.

Moses unterwarf ein Weltreich, vollbrachte Wunder und befreite eine Nation aus der Sklaverei. David tötete Goliath, schlug fremde Armeen in die Flucht und gründete ein Königreich. Elia blieb von der Verfolgung unberührt, widerstand einer bösen Regierung, öffnete den Himmel und führte eine Nation zurück zu Gott. Der Apostel Paulus kämpfte weiter trotz aller Widrigkeiten und Hindernisse, selbst im Gefängnis, und veränderte den Lauf der Weltgeschichte. Jeder von ihnen war ein Mann des Gebets. Angesichts der bevorstehenden Tage ist ein starkes Gebetsleben nicht eine Möglichkeit, sondern eine Notwendigkeit. In den Tagen der Dunkelheit bleiben solche Menschen standhaft, die beständig in der Gegenwart Gottes stehen. Sie müssen dies jeden Tag ihres Lebens tun. Es ist ihr Privileg, ihre Freude und das Gegenmittel zur Welt.

Die Umumdeutung

Josias Kultur definierte neu, was akzeptabel war und was nicht, was richtig und falsch, was heilig und profan war. Josia musste diese Umdeutung ablehnen und stattdessen zu dem stehen und bekräftigen, was er als wahr und richtig kannte.

**Eine abtrünnige Zivilisation und gefallene Kultur wird versuchen, die Realität zu verbiegen, zu verändern, umzudeuten und neu zu definieren, um sie ihrem Niedergang anzupassen.
Aber die Gerechten müssen dies ablehnen und das Unveränderliche und Wahre hochhalten, bestätigen und bekräftigen.
Sie müssen den unverdorbenen, unveränderten, nicht gefallenen Zustand des Mannes, der Frau, der Ehe, der Familie, der Vaterschaft, der Mutterschaft, der Kindheit, der Menschlichkeit**

**und des Lebens aufrechterhalten.
Sie müssen dies nicht nur in ihrer Kultur,
sondern auch in ihren Häusern, ihren Familien und
ihrem Leben aufrechterhalten und manifestieren.**

Eine von Gott abgefallene Kultur wird immer versuchen, ihren veränderten Zustand zu rechtfertigen, indem sie Standards ändert, Werte neu definiert und die Realität neu aufsetzt. Die Neuformulierung ist zerstörerisch und korrumpiert selbst Menschen, die sich ihr widersetzen wollen.

Was früher sogar Ungläubige schockierte, löst bei den heutigen Gläubigen nicht einmal eine hochgezogene Augenbraue aus. Ist man ständig der Dunkelheit ausgesetzt, besteht die Gefahr, dass die Sinne betäubt und das Gewissen desensibilisiert wird.

Die Rechtschaffenen müssen die veränderten Maßstäbe ihrer Kultur, ihre neu definierten Begriffe ablehnen, genauso wie ihre veränderte Sprache, ihre gewandelten Werte und ihre Umkehrung von Gut und Böse. Sie dürfen keine Änderung an dem zulassen, das sie als wahr kennen. Sie müssen sich von verderblichem Einfluss reinigen und in der Wahrheit erneuern.

Der abgefallene König Ahab versuchte, den Propheten Elia umzudeuten, indem er ihn einen „Unruhestifter Israels“ nannte (1. Könige 18:17). Aber Elia weigerte sich, diese Benennung anzunehmen. Als Reaktion sagte er dem König, er sei es vielmehr, der Israel in Unruhe versetzte, indem er Gott in Richtung Baal verließ. Wie bei Elia ist es also die treue und unveränderliche Haltung der Gerechten, die gegen die veränderten Maßstäbe der abtrünnigen Kultur zeugt, in der sie leben. Ihre Kultur würde sie dafür hassen. Dennoch mussten sie Zeugnis ablegen und für die Wahrheit eintreten. Dadurch führten Elia und Josia ihre Nationen wieder zu Gott zurück. Ohne Wahrheit hat keine Zivilisation eine Hoffnung. Aber mit der Wahrheit gibt es Hoffnung und die Gerechten sind mit Macht ausgestattet.

Das Wort

Josia lebte in einer vom Wort Gottes abgewichenen Kultur. Umso stärker musste er sich an das Wort Gottes halten. Er nahm das Wort Gottes so ernst, dass er eine geistliche Revolution in Gang setzte, als ihm klar wurde, wie weit seine Nation davon abgefallen war. Seine wichtigsten Taten wurden durch das Wort geboren. Er versuchte nicht, es zu ändern oder neu zu interpretieren, um es an seine Kultur oder sein Leben anzupassen.

Vielmehr wollte er sein Leben und seine Kultur ändern, um sie mit dem Wort Gottes in Einklang zu bringen.

Jede abtrünnige Zivilisation wird vom Wort abweichen. Der Gerechte muss das Gegenteil tun und umso stärker am Wort festhalten. Eine abtrünnige Kultur verfälscht das Wort und die Wahrheit, um sie ihren eigenen Wegen anzupassen. Die Gerechten müssen sich dem Wort Gottes anpassen.

Die schlimmsten Regierungen der Moderne führten Krieg gegen Gottes Wort. Das Dritte Reich versuchte, es zu untergraben und neu zu definieren. Die Regime des Kommunismus versuchten, es zu unterdrücken, zu verbieten oder abzuschaffen.

In der modernen amerikanischen und westlichen Kultur wird der Krieg gegen das Wort geführt durch Herabwürdigung, Marginalisierung, Neuinterpretation und

fortschreitende Entfernung aus der Mainstream-Kultur und dem Mainstream-Leben. Je weiter sich eine Kultur von Gott entfernt, desto mehr muss sie Sein Wort untergraben oder neu definieren. Gleichzeitig wird das Wort umso mehr benötigt.

Je größer der Abfall einer Kultur vom Wort ist, desto stärker müssen die Gerechten am Wort festhalten – desto mehr müssen sie es annehmen, schätzen, teilen, verkünden, danach handeln, danach leben und ihr Leben damit in Konformität bringen.

Sie dürfen es niemals aufweichen oder verwässern, ihm etwas hinzufügen oder in irgendeiner Weise etwas wegnehmen.

Sie müssen das Wort als das wahre Brot ihres Lebens betrachten und jeden Tag davon essen. Sie müssen sich daran erinnern: Es gab das Wort vor der Welt – und es wird auch noch bestehen, wenn die Welt nicht mehr existiert. Das Wort ist mächtiger als die Welt.

Emunah

Josia war ein Mann des Glaubens. Sein Glaube an das, was jenseits und größer als seine Welt war, gab ihm die Kraft, diese zu überwinden. Somit ermöglichte es die Kraft des Glaubens den Gerechten in biblischen Zeiten, alles zu überwinden. Davon berichtet der Hebräerbrief:

> **Diese haben durch den Glauben Königreiche bezwungen, Gerechtigkeit geübt, Verheißungen erlangt, Löwen den Rachen gestopft, des Feuers Kraft gelöscht, sind der Schärfe des Schwerts entronnen, aus der Schwachheit zu Kräften gekommen, sind stark geworden im Kampf und haben fremde Heere in die Flucht geschlagen.** Hebräer 11:33–34 (Luther)

**Der Glaube schaut durch die Welt und darüber hinaus. Je dunkler die Welt, desto mehr müssen die Gerechten aus Glauben leben und desto größer muss ihr Glaube sein.
Die Kraft des Glaubens überwindet die Welt.**

Du kannst die Welt nicht überwinden oder ihren Versuchungen und Ängsten entkommen, wenn sie deine einzige und ultimative Realität ist. Der Glaube verleiht die Kraft, die Grenzen der eigenen Welt und des eigenen Lebens zu überschreiten.

Nicht zufällig ist das hebräische Wort für Glauben, *emunah*, auch das Wort für Standhaftigkeit. Und beide Wörter sind mit dem hebräischen Wort für Wahrheit verbunden. Der Glaube verbindet die Rechtschaffenen mit der standhaften und unveränderlichen Wahrheit. Und der Glaube gibt den Gerechten die Kraft, standhaft und unerschütterlich zu sein.

Der Glaube befähigte die ersten Christen, sich gegen das mächtigste Reich der Erde zu behaupten, und ermächtigte die Rechtschaffenen der Moderne, sich gegen die Regierungen zu behaupten, welche überaus unterdrückend und totalitär waren. Dieser Glaube ermöglichte ihnen, das Richtige zu tun, über sich selbst hinauszuwachsen und das Leben anderer zu retten, selbst wenn sie dafür ihr eigenes riskieren mussten. Größere Dunkelheit erfordert größeren Glauben.

Das Ewige

Die meisten Zeitgenossen Josias glaubten, das Königreich, in dem sie lebten, würde auf ewig bestehen. Josia wusste es aber besser. Ihm war klar, das Königreich war vorübergehend und seine Tage waren gezählt – aber Gott und Sein Wort sind ewig. Daher verbrachte Josia sein Leben nicht nach dem Diktat einer Welt, von der er wusste, dass sie vergehen würde – sondern im Licht der Ewigkeit.

Die Rechtschaffenen müssen die Kultur und Welt, in der sie leben, und die Dunkelheit, mit der sie konfrontiert sind, als vorübergehend, als vergehend erkennen. Sie müssen ihren Blick auf das Ewige richten und alle Dinge in diesem Licht sehen und danach leben.

Für Menschen, die unter der Last des totalitären Bösen gelebt haben, erscheint die Dunkelheit oft unaufhaltsam, unüberwindbar und endlos. Widerstand erscheint zwecklos und aussichtslos. Und doch sind am Ende all diese Kräfte zusammengebrochen oder zu Nichts zerfallen.

Es liegt im Wesen von Nationen, Königreichen, Kulturen und Zivilisationen, den Mantel und die Aura der Beständigkeit anzunehmen. Aber am Ende wird alles zu Staub zerfallen. Im Lichte des Ewigen sind die mächtigsten und beständigsten Königreiche nur ein Nebel, der für einen Moment auftaucht und dann vom Wind fortgeweht wird.

Die Gerechten dürfen sich von den äußeren Vorgängen niemals einschüchtern, beunruhigen oder erschüttern lassen. Sie müssen sich an die Propheten erinnern, an die Wüstenwanderer, an die zerlumpten Prediger, die am Rande solcher Reiche standen, an jene, deren Stimmen von den Mauern Babylons, Ninives und Roms widerhallten. Im Gegensatz zu den Königreichen und Imperien ihrer Zeit wirkten sie klein, unbedeutend, hoffnungslos und schienen auf der falschen Seite der Geschichte zu stehen. Und doch liegen die damals so überragenden Reiche heute in Trümmern. Die Worte der Propheten haben hingegen bis heute Bestand. Die Dunkelheit kann nur eine Zeit lang existieren und wird dann vom Licht verschluckt.

Die Kinder Gottes müssen ihre Augen und ihre Hoffnung auf das Nie-Vergängliche richten, was für immer ist – auf das Ewige. Sie müssen alle Dinge in Gottes Licht sehen und beurteilen und ihr Leben in Seinem Licht leben. Wer das Ewige sieht und danach lebt, überwindet das Zeitliche.

51

V.
Irdische Agenten des Himmels

Agenten des Himmels

Es reichte nicht aus, dass Josia sich von der spirituellen Dunkelheit seiner Zeit trennte. Dadurch allein wäre er zwar nicht zu den vielen bösen Königen Judas gezählt worden, aber er würde dann nicht zu den größten Königen Judas gehören. Es genügte nicht, sich vom Bösen zu trennen - er musste es überwinden.

Die Dunkelheit seiner Zeit war nicht passiv, sondern sehr aktiv. Das Blut der Kinder, im Tal Hinnom vergossen, bezeugte diese Tatsache. Josia wusste, eine passive Gerechtigkeit hätte angesichts einer so überaus aktiven Dunkelheit kaum Wirkung. Er wollte vom Abfall seiner Zeit nicht betroffen sein und beeinflusste daher diese Zeit. Er wollte nicht durch seine Kultur definiert werden, sondern er definierte sie. Und er wollte sich seinem Zeitalter nicht anpassen, sondern es vielmehr verändern. Josia wurde zu einem aktiven Agenten des Lichts inmitten der ihn umgebenden Finsternis.

Die Kinder Gottes sollen nicht als passive Bewohner in der Welt leben, sondern als aktive Agenten. Sie sind nicht von der Erde, sondern vom Himmel. Sie sollen also nicht von der Welt leben. Sie sollen ihr Leben einsetzen für ihre Welt,

**ihre Kultur und ihre Zeit. Sie sind nicht durch ihre Zeit zu definieren.
Sie sollen sie definieren.
Sie dürfen nicht von der Welt verbogen werden.
Sie sollen sie umgestalten.
Sie sollen als handelnde Vertreter des Himmels auf Erden leben.**

Der Messias beauftragte Seine Jünger, das Salz der Erde und das Licht der Welt zu sein (Matthäus 5:13-14). Sowohl Salz als auch Licht wirken als aktive Mittel auf ihre Umgebung ein. Salz dient als Konservierungsmittel und Licht verwandelt die Dunkelheit. Ebenso darf der Gläubige nicht in der Welt oder in irgendeiner Situation sein, ohne sie in irgendeiner Weise zu beeinflussen und zu verändern.

Licht, das nicht scheint, hört auf, Licht zu sein. Und Licht, das nicht gegen die Dunkelheit scheint, hört auch auf, Licht zu sein. Und die Gerechten, die nicht *gegen* das Böse vorgehen, um die Welt zum Guten zu beeinflussen, hören auf Gerechte zu sein.

Wer das Böse nicht überwindet, wird von ihm überwunden. Die Heilige Schrift fordert von den Gerechten in Römer 12:21, sich nicht vom Bösen überwinden zu lassen, sondern das Böse mit dem Guten zu überwinden. So erging es den ersten Gläubigen, die allen Widrigkeiten und Verfolgungen widerstanden und ein Imperium besiegten. Das Volk Gottes soll als Vertreter des Himmels auf Erden leben – weil es das schließlich ist.

Der Vormarsch

Josia lebte nicht defensiv und versuchte auch nicht nur, sich gegen das Böse zu behaupten. Vielmehr kämpfte er völlig öffentlich dagegen, in Regierungsangelegenheiten und quer durch sein Land. Er lebte in der Offensive und im Vormarsch. Er wartete nicht, bis die Dunkelheit an seine Türschwelle trat. Er trug den Kampf an die Türschwelle des Bösen.

Wenn die Gerechten nicht offensiv leben, bleibt ihnen nur die Defensive. Sie müssen Dunkelheit öffentlich bekämpfen, sonst tobt der Kampf schließlich direkt vor ihrer Haustür. Sie müssen immer voranmarschieren.

Wenn eine Regierung oder Gesellschaft einen Krieg gegen ein Volk beginnt, ist es für die Opfer dieses Krieges ganz natürlich, in einem Zustand von Abwehr und Selbstschutz zu leben. Aber so soll das Volk Gottes nicht leben.

Als der Messias Seinen Jüngern den großen Auftrag gab, sagte Er in Matthäus 28:19: „Geht".

Geht erfordert eine voranschreitende Bewegung. Deshalb müssen die Gerechten immer vorwärts gehen und voranmarschieren. Selbst inmitten von Angriffen und Widerständen dürfen sie niemals aufhören, vorwärtszugehen oder voranzuschreiten. Sie müssen ihre oberste Weisung erfüllen, nämlich neue Wege zu beschreiten und neuen Boden einzunehmen.

Dann sprach der Messias zu Seinen Jüngern vom Reich der Hölle. Er sagte aber nicht, dass Seine Armeen bei ihren Angriffen scheitern würden – sondern die Höllen*tore* würden sie nicht besiegen (Matthäus 16:18). Das Volk Gottes soll nicht in Angst vor Toren leben – sondern sie bekämpfen, durchbrechen und besiegen. Das Wort „gehen" erlaubt kein Leben in einer Verteidigungshaltung oder bloßer Reaktion – sondern nur des Voranmarschierens.

Alle Dinge

Josia nutzte alles in seiner Macht Stehende, alle Mittel und Ressourcen, alle Fähigkeiten und Talente, jedes Staatsinstrument und jede Autorität, alles, was ihm zur Verfügung stand, um jeden Teil seines Landes und Königreichs zu berühren.

Der Gerechte muss jede Gelegenheit und jeden Augenblick optimal nutzen. Es gibt keine Zeit, keinen Ort, keine Stunde, keine Situation und keinen Zustand, der nicht zur Beeinflussung der Welt genutzt werden könnte. Er muss alle Mittel nutzen – alle Ressourcen, alles in seiner Verfügung, alles mit dem Willen, den Wegen und der Liebe Gottes im Einklang Stehende – um Gottes Ziele zu erfüllen.

Das Volk Gottes muss jeden Moment und jede Situation optimal nutzen, um Einfluss auf seine Welt zu nehmen – in seinen Häusern, an seinem Arbeitsplatz, in seinen Schulen, in seinen Macht- und Einflusspositionen, seinen Fähigkeiten und Fertigkeiten, seinen Erfahrungen und Ressourcen, seinem Kommen und Gehen, zu allen Zeiten und an jedem Ort.

Es muss alle ihm zur Verfügung stehenden Mittel und Ressourcen nutzen, um die Absichten Gottes zu erfüllen, denn der Apostel Paulus schrieb:

Ich bin allen alles geworden, damit ich auf *alle* Weise einige rette.
1. Korinther 9:22

Somit gab es keine Begrenzung für das, was für Gottes Zwecke verwendet werden konnte, solange es mit den Wegen Gottes übereinstimmte. Alle diese Mittel und Handlungen müssen an den Worten des Messias und der Schriften des Neuen Bundes gemessen werden. Alles muss in Liebe und für das Leben und die Erlösung getan werden.

Mit anderen Worten: Man kann weder die Welt durch die Welt noch das Böse mit bösen Mitteln überwinden. Man kann nicht gottlose Mittel für göttliche Ziele einsetzen – denn man kann den Teufel nicht durch den Teufel austreiben. Andererseits gibt es viele Mittel und Strategien, die nicht im Widerspruch zu den Wegen

Gottes stehen. Allein ihre Verwendung für weltliche oder gottlose Zwecke verbietet nicht ihren Einsatz für Gott. Der Apostel Paulus nutzte das römische Recht zur Verbreitung des Evangeliums und nutzte sogar die Worte heidnischer Schriften, um vom Areopag aus den Athenern das Evangelium zu bringen. Er gebrauchte alle Dinge für Gott, um *unter allen Umständen* einige retten zu können. Also müssen die Gerechten das Gleiche tun.

Und sie müssen sich immer daran erinnern, dass ihre mächtigsten Mittel nicht von dieser Welt, sondern geistlich sind – das Gebet, das Wort, die Gegenwart und Macht Gottes. In Zeiten der Unterdrückung oder Verfolgung gibt es womöglich keine andere Macht.

Wenn sie dann also nur über geistliche Mittel verfügen, werden diese auch ausreichen. Denn kein menschliches Instrument, keine Regierungsgewalt, keine Macht auf Erden ist stark genug, um die vom Geist Gottes gegebenen Mittel aufzuhalten.

Im Missionsmodus

Josia lebte nicht für sich selbst, nicht für seine Bequemlichkeit oder seinen eigenen Vorteil. Vielmehr lebte er dafür, das Richtige zu tun, unabhängig davon, was es erforderte oder bedeutete. Er lebte über sich selbst hinaus, über sein Leben hinaus. Er lebte nicht, um zu überleben, sondern wie jemand auf einer Mission. Und so war sein Leben angefüllt mit Sinn und Größe.

Die Gerechten sind nicht auf der Erde, um gerade eben zu überleben, sondern sie befinden sich im Missionsmodus. Nur so können sie ein rechtschaffenes Leben führen und ihre Berufung erfüllen. Sie müssen im Blick über ihr Leben hinaus leben und sich darüber erheben. Sie müssen als Missionare leben, als von Gott in die Welt Gesandte.

Die Zwänge von Eigennutz und Überlebenskampf geraten letztlich in Konflikt mit den Geboten des Richtigen und Gottes. Aus Überlebens- und Eigennutzgründen folgten Millionen Deutsche dem Übel des Nationalsozialismus. Aber wer das Richtige tat, wuchs damit über sein Eigeninteresse hinaus. Indem diese Menschen über sich hinaus lebten, konnten sie ein Leben voller Gerechtigkeit und Größe führen.

Das Volk Gottes muss sich befreien von den Zwängen des Eigeninteresses und den Regeln des Überlebens. Es muss für das Größere leben. Nur dann kann es ein lebenswertes Leben führen, ein Leben voller Größe.

Christen müssen sich dazu entschließen, jeden Preis zu zahlen, jedes notwendige Opfer zu bringen und weder nach rechts noch links zu schauen, um ein rechtschaffenes Leben führen zu können. Nur, wer sein Leben um der Gerechtigkeit willen aufgibt, wird es am Ende finden und auch die Absicht erfüllen, für das man das Leben bekommen hat.

Die heutigen Altäre zerbrechen

Es reichte nicht aus, dass Josia den Göttern keine Ehre erwies und ihre Altäre in den königlichen Bezirken, seinem eigenen Hinterhof, zerbrach. Er wusste, er musste in seinem Land die Altäre der Götter zerstören, unbrauchbar machen und entfernen, wenn er seine Nation wieder zu Gott zurückführen wollte. Solange sie standen, würde den Göttern gedient und die Kinder der Nation würden weiter auf ihren Steinplatten geopfert. Deshalb ging Josia gegen die Altäre seines Landes vor.

Es ist für die Gerechten nicht ausreichend, sich vor den Göttern ihrer Zeit, ihrer Kultur und ihrer Welt nicht zu beugen. Sie müssen ihnen aktiv entgegentreten und sich ihren Altären

widersetzen. Und wenn es in ihrer Macht steht, müssen sie diese stürzen.

Es reicht nicht aus, dass die Gerechten sich nicht vor den Göttern verneigen oder ihnen keine Ehrerbietung zu erweisen. Es ist auch nicht genug, die Altäre nur im eigenen Leben umzuwerfen. Die Gerechten müssen sich aktiv gegen die Götter ihrer Zeit und Kultur stellen und den Sturz der Altäre in ihrem Land anstreben.

Sollte eine Kultur eine Ideologie, einen -ismus, eine Bewegung, eine „Wahrheit" – also einen Götzen – auf ihren hohen und heiligen Plätzen verankern, dann müssen sich die Gerechten gegen diesen Götzen und dessen Altar stellen. Sie dürfen angesichts des Bösen und der Falschheit nicht schweigen oder untätig bleiben.

Wie identifiziert man den Altar eines Gottes? Ein Altar ist jedes Gefäß oder Instrument, durch das dem Bösen gedient und geopfert wird. Der Altar manifestiert sich als System, als Institution, als Organisation, als Praxis, als Brauch, als Industrie, als jedes Gefäß, mit dem den Zielen des Bösen gedient und die Ziele Gottes bekämpft werden.

Als Gläubige die heidnischen Länder zur Verkündigung des Evangeliums betraten, standen sie Altären gegenüber wie dem Kindermord in Rom, dem Kannibalismus im Südpazifik, der Witwenverbrennung in Indien, den Menschenopfern im heidnischen Europa, der unfreiwilligen Verstümmelung von Eunuchen und Priestern sowie der Zwangsprostitution junger Frauen und Mädchen, oder dem Sexhandel der Antike. Als sie mit solchen Altären konfrontiert wurden, versuchten sie, diese aufzuheben und unbrauchbar zu machen. Es war kein Zufall, dass die Bewegung zur Abschaffung der Sklaverei vom Glauben inspiriert, durch die Heilige Schrift motiviert und von Christen ins Leben gerufen und vorangetrieben wurde, die Gottes Absichten erfüllen wollten.

Die Gerechten können mit keinem System in Frieden koexistieren, das Millionen ihrer Kinder indoktriniert, verwirrt, verstümmelt oder tötet oder menschliches Leben versklavt, korrumpiert, vergiftet, unterdrückt, befleckt, missbraucht und erniedrigt oder zerstört – sei es das der Unschuldigen im Mutterleib oder der Schwachen, der Gebrechlichen und der Alten. Sie können sich auch nicht mit einem System zufriedengeben, das gegen Gottes Wege und Gesetze, seine Schöpfung, sein Bild und seine Absichten kämpft – sei es bezüglich des Lebens, der Sexualität und des Geschlechts, der Ehe und Familie, oder der Menschheit. Sie müssen jedes davon hochhalten und sich den modernen Altären von Baal, Ashtoreth und Moloch in all ihren Erscheinungsformen entgegenstellen.

Und soweit es in ihrer Macht steht, müssen sie wie Josia, ihren Umsturz und ihre Abschaffung anstreben. Dazu müssen sie alle in ihrer Macht stehenden Mittel nutzen, sei es politischer, gesetzgeberischer, juristischer oder wirtschaftlicher Art, indem sie sprechen und nicht schweigen, durch organisierte Kampagnen, durch Protest, durch die Medien und durch alle anderen Mittel, die mit den Wegen und der Liebe Gottes vereinbar sind und Herzen berühren. Und sie müssen dies immer durch Gebet, das Wort und die Kraft Gottes tun. All das gipfelt in ihrem Bestreben, die Gefäße des Todes und der Zerstörung, die ihre Kultur errichtet hat, zunichtezumachen, zu entfernen oder unbrauchbar zu machen – sie müssen die Altäre der Götter umstürzen.

52

VI.
Das Königreich des Lammes

Das Gute

Josia besiegelte seinen Feldzug der Reinigung und Reformation mit dem Aufruf seines Volkes zu einer Nationalversammlung und Feier in Jerusalem:

> **Und der König befahl dem ganzen Volk: Feiert dem HERRN, eurem Gott, ein Passah, wie in diesem Buch des Bundes geschrieben steht! Denn es war kein Passah gefeiert worden wie dieses von den Tagen der Richter an, die Israel gerichtet hatten, und alle Tage der Könige von Israel und der Könige von Juda, sondern erst im achtzehnten Jahr des Königs Josia wurde dieses Passah dem HERRN in Jerusalem gefeiert.** 2. Könige 23:21-23

Das Passah sollte jedes Jahr gefeiert werden, aber hier wird angedeutet, dass es schon seit einiger Zeit nicht oder nicht wie aufgetragen gefeiert wurde. Josias Passah war eine Handlung der Wiederherstellung. Obwohl das Abreißen der Altäre, Götzenbilder und Schreine den Inbegriff seiner Herrschaft darstellte, besiegelte das Passah seinen Feldzug und definierte sein Leben genauer. In seinem Leben ging es nicht um Zerstörung, sondern um Wiederherstellung. Letztendlich war er kein Zerstörer der Anbetung, sondern ihr Wiederhersteller. Sein Leben bestimmte sich nicht durch die Altäre und Götzen, gegen die er kämpfte, sondern durch jenen Gott, den er bekräftigte. Seinen Feldzug gegen das

Böse führte er nur, um sein Volk zum Guten zurückzubringen. Sein Königreich hatte sich auf dem Weg zur Zerstörung befunden. Josia versuchte, dies umzukehren.

Die Entweihung der Altäre war ein Akt der Heiligung. Die Altäre zu zerstören, auf denen Kinder ermordet wurden, war ein Akt des Lebens. Und zu stürzen, was seine Nation zu Fall brachte, bedeutete Wiederherstellung. Die Auswirkungen seines Lebens waren durchweg positiv.

Die Gerechten darf letztlich nicht definieren,
wogegen sie stehen.
Ihr Wirken muss Heilung, Wiederherstellung,
Errettung und Erlösung für das Leben hervorbringen.
Ihr Einfluss auf die Welt muss positiv sein:
Sie müssen trotz Hass lieben,
angesichts von Verfolgung segnen,
Gutes mit Bösem vergelten
und den Himmel entgegen der Hölle offenbaren.
Ihr Leben muss als
Geschenk an die Welt gelebt werden.

Wir leben in einer besonders finsteren Kultur und bekämpfen das Böse. Die Gefahr besteht nun darin, sich zu definieren, *wogegen* man kämpft. Leicht rückt das Böse in den Fokus, man lebt als Reaktion darauf und gerät in sein Schlepptau.

Davor müssen wir Gerechten uns hüten. Wir dürfen uns nicht durch das definieren lassen, wogegen wir aufstehen, sondern durch das, wofür wir stehen.

Wir müssen uns den Wegen des Todes widersetzen, weil wir Menschen des Lebens sind und uns der Sünde genauso wie einer lebensbedrohlichen Krankheit widersetzen. Konfrontiert uns Hass, müssen wir mit Liebe reagieren. Und da unser Glaube auf dem Segen und der Gabe Gottes basiert, muss unser Leben dies widerspiegeln und manifestieren. Jeder muss ein lebendiges Gefäß des Segens und ein Geschenk Gottes an die Welt sein.

Herzen und Steine

Josia war bewusst, nur die Altäre der heidnischen Anbetung umzustürzen, ohne die Herzen zu verändern, brächte seiner Kampagne keinen Erfolg. Daher rief er sein Volk nach Jerusalem zur Passahfeier, zur Anbetung des Herrn, und um in Seiner Gegenwart zu stehen. Eine bleibende Veränderung war nur möglich, wenn das Volk Gott persönlich kennen würde.

Wenn die Gerechten nur für die äußeren Strukturen von Kultur, Gesetzen, Institutionen und Systemen Veränderung anstreben, werden ihre Bemühungen zunichte gemacht. Gesetzesänderungen ohne Herzensveränderung führen nur dazu, dass die unveränderten Herzen die geänderten Gesetze wieder zurückdrehen. Um die Welt zu revolutionieren, muss man das Herz revolutionieren. Und um das Herz zu revolutionieren, bedarf es der Kraft Gottes. Verändere das Herz und die Welt wird folgen.

Das Volk Gottes ist aufgerufen, die Veränderung von Gesetzen, Institutionen, Systemen und Rahmenbedingungen, Einrichtungen und äußeren Strukturen anzustreben, um die Welt zum Guten zu beeinflussen. Aber wenn es solche Dinge verändert, ohne das Innere, das Herz, zu verändern, werden seine Bemühungen am Ende zunichte gemacht.

Während die Gerechten versuchen, die Welt um sich herum zu beeinflussen, muss ihr ultimatives Ziel doch geistlich sein. Sie müssen bestrebt sein, die Herzen ihrer Generation zu verändern und alles zu tun, was möglich ist und in ihrer Macht steht, um die Menschen ihrer Generation zu Gott zu bringen – damit diese Gott kennenlernen, Seine Erlösung empfangen und damit Seine Gegenwart ihre Herzen und ihr Leben erfüllen kann.

Die oberste Weisung

Passah war das Fest der Befreiung und Erlösung. Es feierte Gottes Rettung von Israel aus Ägypten und der Schwerpunkt lag auf dem Passahlamm. Als Josia die Nation zum Passahfest nach Jerusalem rief, sollten die Menschen damit ihre eigene Erlösung feiern. Damit bildete dieses Heilsfest den Abschluss und die Krönung seines Feldzuges.

Die Erlösung ist die oberste Priorität und oberste Weisung des Volkes Gottes, wenn es um die Welt geht. Jede Generation von Gläubigen hat die Aufgabe, alles in ihrer Macht Stehende zu tun, um möglichst viele ihrer Generation zu erreichen, damit diese Gottes Rettung annehmen können. Sie müssen die Botschaft des Lammes, die gute Nachricht, das Evangelium, mit allen Mitteln und an so viele wie möglich weitergeben. Dieser Auftrag gilt umso mehr in Zeiten der Drangsal, der Verfolgung oder unter gottlosen Mächten, die sich gegen seine Weitergabe wehren.

Die von Josia einberufene Feier konzentrierte sich auf das Passahlamm und insbesondere auf sein Blut, das Israel aus dem Gericht und der Knechtschaft rettete. Jeschua von Nazareth, Jesus, wird das Passahlamm genannt. Das Lamm ist Jesus. So sagte der Prophet Jesaja den jüdischen Messias im Bild eines Opferlamms voraus. Er wurde wie ein Lamm zur Schlachtbank geführt (Jesaja 53:7). Auch deshalb kündigte Johannes der Täufer Jesu Kommen mit folgenden Worten an:

Siehe, *das Lamm Gottes*, das die Sünde der Welt wegnimmt!
Johannes 1:29

Ebenso sagt der Apostel Paulus im 1. Korintherbrief:

Denn auch unser *Passahlamm*, Christus, ist geschlachtet.
1. Korinther 5:7

Wollte man die Botschaft des *Passahlammes* in einer einzigen Aussage zusammenfassen, könnte sie lauten: „Durch das Blut des Passahlammes wurden wir vor Knechtschaft, Gericht und Tod gerettet." Wollte man nun die Botschaft des *Evangeliums* zusammenfassen, dann etwa so: „Wir wurden durch das Blut des Messias, des Passahlammes, vor Knechtschaft, Gericht und Tod gerettet." Der christliche Glaube ist ein Passah-Glaube und die Botschaft des Evangeliums ist die Botschaft dieses Passah-Glaubens.

So wie Josia sein Volk aufrief, vom Lamm zu essen, ist jeder Gläubige aufgerufen, alle Menschen zur Erlösung im Lamm zu führen. Sie müssen versuchen, dies mit allen zugänglichen Mitteln zu erreichen, durch das gesprochene wie das geschriebene Wort, durch Bilder und Medien, durch Taten, durch Beispiele und durch ihr Leben.

Dies ist die wichtigste Richtlinie für jeden Gläubigen. Sie gilt für alle Zeiten und Orte. Selbst in seiner Gefangenschaft und in Ketten, verkündete Paulus das Evangelium, sogar seinen Häschern. Das Heilmittel gegen eine tödliche Krankheit zu besitzen und es nicht mit denen zu teilen, die an dieser Krankheit sterben, ist unmoralisch. Das Evangelium, das Heilmittel und Gegenmittel für eine sterbende Welt, die Antwort, die Erlösung zu besitzen und von ihrer Weitergabe Abstand zu nehmen, ist daher ein noch größerer Akt der Unmoral.

In einer Zivilisation, welche die Verbreitung des Evangeliums verbieten will, müssen die Gläubigen dem Befehl einer höheren Autorität folgen. Allein die Tatsache, dass das Evangelium verboten wird, zeugt von der noch größeren Notwendigkeit, es mit dieser Zivilisation aktiv zu teilen.

Deshalb führte Josia sein Volk zum Fest der Erlösung, dem Fest des Lammes. Jesus ist das Lamm, und Sein Name, Jesus oder Jeschua, bedeutet „Erlösung".

Zum Lamm

Alle Taten von Josia, um seine Nation zu reinigen und zu retten, liefen auf das Passahfest hinaus. Die enge Verbindung zwischen dem Passah und dem Lamm spiegelt sich im hebräischen Wort für dieses Fest: Passah bedeutet eigentlich das Passah-Lamm. Alles führte zum Lamm.

Das Wort Gottes offenbart das Lamm als das Geheimnis, das A und O, den Anfang und das Ende, das Zentrum und das Ziel sowie den Grund und Zweck aller Dinge. So muss es auch für die Menschen Gottes sein. Sie müssen das Lamm zum A und O, zum Anfang und Ende, zum Grund und zum Ziel ihres Lebens machen. Sie sollen ihre Augen auf das Lamm richten, den Namen des Lammes aussprechen, das Lamm in all ihrem Tun verherrlichen und in den Fußstapfen des Lammes wandeln. Sie sollen ihr Leben führen vom Lamm, für das Lamm, im Lamm, durch das Lamm, aus dem Lamm und zu dem Lamm hin.

Die Taten und das Leben der Gläubigen müssen gleichermaßen dem Lamm, dem Messias und Jeschua gelten. Seine durch das Kreuz verkörperte Liebe und Opferbereitschaft müssen Grundlage und Mittelpunkt ihres Lebens sein. Sie dürfen sich nicht davon abbringen lassen, und geschieht dies doch, müssen sie sich immer wieder darauf zurückbesinnen.

Sie müssen jeden Tag Seine Führung und Wege suchen und in Seine Fußstapfen treten. Sie müssen danach streben, Ihn jeden Tag mehr kennenzulernen, als sie Ihn am Tag zuvor kannten, und darauf aus sein, vollständig in Seiner Gegenwart zu leben und zuzulassen, dass Seine Gegenwart vollständig in ihnen lebt.

Sie müssen in Seinem Leben leben, sich in Seiner Bewegung bewegen, in Seiner Liebe lieben und in Seiner Überwindung überwinden. Gerade in einer Zeit, in der Sein Name bekämpft wird, müssen sie diesen umso mutiger verkünden. Sie müssen Ihn zum Anfang und Ende, zum Grund und Zweck von und für alles machen, was sie tun und sind.

Radikale Liebe

Josias Leben wurde im tiefsten Grund von der Liebe bestimmt. Er widmete sich der Rettung seines Königreiches, seines Volkes, seiner Kinder und seiner Zukunft. Sein Feldzug war völlig von der Liebe angetrieben, von seiner Liebe zu Gott und seiner Liebe zu seinem Volk.

Wer dem Lamm folgen möchte, muss so leben, wie Er lebte, ein Leben in radikaler Liebe. Die Liebe der Gläubigen darf als Jesu Liebe keine Bedingungen, keine Grenzen, kein irdisches Motiv und keinen natürlichen Anlass haben. Sie müssen das Lieblose, das Unschöne und das nicht Liebenswerte lieben. Sie müssen ihre Liebe dadurch zum Ausdruck bringen, dass sie den Verlorenen die Erlösung mitteilen, Mitleid mit den Bedürftigen haben und deshalb die Hungrigen speisen, die Nackten kleiden, die Kranken heilen und die Gefangenen freisetzen. Ihre Liebe darf in keiner Weise ihren Widerstand gegen das Böse schwächen noch darf ihr Widerstand gegen das Böse ihre Liebe in irgendeiner Weise lähmen. Sie müssen ein Leben voller Liebe führen, das die Welt verwirrt.

Die Lämmer für Josias Passahfeier versinnbildlichten das Opfer. Das Lamm Gottes, der Messias, verkörpert Selbstaufopferung, die Hingabe des eigenen Lebens, um andere zu retten – vollkommene

Liebe. Alle Nachfolger des Lammes müssen ebenso leben. Ihre Liebe schmälert in keiner Weise ihre Berufung, sich dem Bösen zu widersetzen.

Vielmehr erfordert die Berufung gerade dies. Eltern, die nicht mit aller Kraft gegen die Krankheit kämpfen, die das Leben ihres Kindes zerstört, lieben ihr Kind nicht.

Deshalb lieben Gerechte nicht, die nicht gegen das Böse kämpfen, das ihre Welt und die Menschen in ihrem Leben zerstört. Gleichzeitig darf der Kampf gegen das Böse niemals das Gebot der Liebe gefährden. Das Volk Gottes muss seine Feinde lieben, jene segnen, die es verfluchen, und für alle beten, die es verfolgen – und dadurch die Welt beschämen und überwinden.

Die Lobpreis-Waffe

Das Passah, zu dem Josia sein Volk aufrief, war mehr als ein Fest. Auf Hebräisch wurde Passah *khag pesach* genannt. Das Wort *khag* bedeutet Fest oder Festwoche. Es stammt von einem hebräischen Wurzelwort, das mit „in einem Kreistanz tanzen" übersetzt werden kann. Das Passah war nicht nur voller Lämmer, sondern umfasste auch viel Anbetung und Lobpreis. Josia wusste um die Macht des Lobpreises. Ein Volk, das in der Gegenwart Gottes anbetet, würde dies kaum noch an den Altären von Hinnom tun. Die Macht von Anbetung und Lobpreis überwand die Dunkelheit der Götter, die einst sein Volk überwältigt hatte.

Anbetung und Lobpreis sind für Gottes Volk nicht nur Notwendigkeiten, sondern auch Kräfte und Waffen. Sie verleihen den Gerechten die Macht, Seinen Willen zu tun, sich der Dunkelheit zu widersetzen, ihre Schlachten zu schlagen und den Sieg zu erringen.

Es steht geschrieben, dass Gott *im Lobpreis seines Volkes wohnt* (Psalm 22:4). Lobpreis und Anbetung sind die Tore der Gegenwart Gottes. In seiner Gegenwart wird Sein Volk erfüllt, gereinigt und gestärkt. So verleihen Lobpreis und Anbetung den Gerechten Macht – umso mehr inmitten ihrer Kriege und Prüfungen sowie in Zeiten der Not und des Bösen.

Die Armee von König Joschafat wurde von Gläubigen angeführt. Wie die Bibel berichtet, wandten sich ihre Feinde gegeneinander, als sie „anfingen zu singen und zu loben", bis diese besiegt wurden (2. Chronik 20:22). Lob ist somit eine Waffe, ein Schild und eine Rüstung, mit der die Gerechten kämpfen und ihre Schlachten gewinnen sollen.

Freude

Die Feste Israels waren nicht nur geprägt von Heiligkeit und Anbetung, sondern auch von großer Freude. Die Israeliten sollten sich bei ihren Festen freuen. Als Josia seine Nation zum Fest führte, geleitete er sein Volk zur Freude.

Freude entspringt aus Gott. Freude ist heilig. Gerechtigkeit führt zu Freude. Daher müssen die Gerechten ein Volk der Freude sein. Die Freude der Gerechten kommt nicht von der Welt, sondern vom Himmel. Sie geht über die Welt hinaus und ist bedingungslos. Daher können die Gerechten jederzeit und unter allen Umständen in Freude eintauchen, in eine wehrhafte Freude, eine bewusste Freude, eine radikale Freude. Je mehr sie umgesetzt wird, desto stärker wird sie. Die Freude am Herrn ist Stärke und Schutz der Gerechten und befähigt sie, dem Bösen zu widerstehen. Denn die Freude des Herrn erleuchtet und überwindet auch die Welt.

Freude ist eine Frucht des Geistes. Im Buch Nehemia wird dem Volk Israel gesagt: „Die Freude am Herrn ist eure Stärke“ (Nehemia 8:10). Die Freude am Herrn ist Kraftquelle und Schutz. Denn man wird von dem angezogen, worüber man sich freut. Andererseits wird man von dem fortgezogen, worüber man sich nicht freut. Deshalb müssen sich die Gläubigen in Zeiten des Bösen, der Versuchung und der Dunkelheit der Ausübung von Freude umso stärker zuwenden.

Die Apostelgeschichte zeigt uns die entscheidendste Generation bei der Verbreitung des Evangeliums. Obwohl klein und scheinbar schwach, obwohl im Feuer der Verfolgung geboren, veränderte diese Generation den Lauf der Geschichte am umfassendsten. Wie haben die Gläubigen in der Apostelgeschichte all dem standgehalten, was gegen sie aufkam, und wie haben sie, allen Widrigkeiten zum Trotz, überwunden?

Sie taten es mit Freude. Freude trieft förmlich aus dem gesamten Bericht über die ersten Gläubigen. Sie freuten sich über gute Nachrichten, über schlechte Nachrichten, über Verfolgung und Drangsal. Sie freuten sich über die Ehre, für den Messias verfolgt zu werden. Ihre Freude trotzte ihren Umständen und übertraf diese. Und sie setzten sich durch. Das wird auch die Generation der letzten Tage so tun, wenn sie ebenfalls in derselben bedingungslosen, unerklärlichen und unaufhaltsamen Freude leben wird.

53

VII. Abschluss

Beth El

Nachdem er Jerusalem und das Land Juda von seinen Altären und Schreinen gereinigt hatte, machte sich Josia auf den Weg nach Beth El. Der hebräische Name Beth El bedeutet *Haus Gottes.*

Der Ort nimmt in der Geschichte der Nation einen besonderen Platz ein. Dort empfing der Patriarch Jakob einen Traum von Gott. Er träumte von einer Leiter, die vom Himmel bis zur Erde reichte – die *Jakobsleiter.*

Aber Jahrhunderte später, als Israel sich von Gott abwandte, verkehrte man Beth El in eine heidnische Höhe mit einem massiven Altar und Götzenbild. Jahrhundertelang diente es als heidnisches Heiligtum. Josia wurde nun dazu geführt, diesen Ort zu reinigen, was er auch tat:

> **... auch diesen Altar und die Höhe riss er nieder; und er verbrannte die Höhe, und die Aschera zermalmte er zu Staub und verbrannte sie.** 2. Könige 23:15

Um den Altar unbrauchbar zu machen, entweihte er ihn:

> **Und als Josia sich umwandte und die Gräber sah, die dort in dem Berg waren, da sandte er hin und ließ die Gebeine aus den Gräbern holen, verbrannte sie auf dem Altar und machte ihn auf diese Weise unrein ...** 2. Könige 23:16

Und dann geschah etwas, als ein Gegenstand seine Aufmerksamkeit erregte:

Und er sagte: Was ist das da für ein Steinmal, das ich sehe?
2. Könige 23:17

Dieser Grabstein war der Schlüssel, der ein sich seit Jahrhunderten entwickelndes Geheimnis aufdeckte.

Jerobeams Altar

Drei Jahrhunderte bevor Josia nach Beth El kam, war auch Jerobeam, ein anderer König, dort gewesen. Jerobeam hatte den Aufstand angeführt, der das Königreich Davids spaltete und das nördliche Königreich gründete, das als Israel oder Samarien bekannt war.

Aus Angst, seine Untertanen würden nach Jerusalem im südlichen Königreich Juda reisen, um Gott anzubeten, errichtete er zwei Heiligtümer der Anbetung. Jedes war ausgestattet mit einem Götzen und einem goldenen Kalb, und auf jedem Altar sollte sein Volk opfern. Das eine Heiligtum errichtete er entlang der Nordgrenze im Land Dan und das andere entlang seiner Südgrenze bei Beth El. Diese Heiligenschreine zeugten vom nationalen Abfall.

Gerade als Jerobeam neben dem Altar in Beth El stand und Räucherwerk darbringen wollte, erschien ein Mann Gottes aus dem Königreich Juda mit einer Prophezeiung. Es war ein Wort für den abtrünnigen König und seine Nation, wurde aber an den Altar gerichtet.

Eine Prophetie für einen Altar

Und er rief gegen den Altar auf das Wort des HERRN hin und sagte: Altar, Altar, so spricht der HERR: Siehe, ein Sohn wird dem Haus David geboren werden, sein Name ist Josia. Der wird auf dir die Höhenpriester schlachten, die auf dir räuchern; und Menschengebeine wird man auf dir verbrennen! 1. Könige 13:2

Die Prophezeiung sprach von einem Ereignis, das dreihundert Jahre in der Zukunft stattfinden sollte. Es enthüllte den Namen dessen, der es erfüllen würde, lange bevor dieser seinen Namen erhielt oder im Mutterleib empfangen wurde. Und sie war mit einem Zeichen verbunden:

Und er gab an jenem Tag ein Wunderzeichen und sagte: Dies ist das Wunderzeichen dafür, dass der HERR geredet hat: Siehe, der Altar wird zerbersten, und die Fettasche, die darauf ist, wird verschüttet werden. 1. Könige 13:3

Josias Vorschattung

Der König ordnete die Gefangennahme des Propheten an. Doch als er das tat, verdorrte plötzlich seine Hand und das Zeichen, von dem in der Prophetie die Rede war, manifestierte sich:

Und der Altar zerbarst, und die Fettasche wurde vom Altar verschüttet nach dem Wunderzeichen, das der Mann Gottes auf das Wort des HERRN hin gegeben hatte. 1. Könige 13:5

Das Zeichen des zerbrochenen Altars wurde als Zeichen anlässlich der allerersten Erwähnung des Mannes gegeben, der als Josia bekannt werden sollte. Es symbolisierte seine Mission, das Land von Götzen zu reinigen, seine Nation wieder Gott zuzuwenden und die Altäre der Götter niederzureißen. So erschien der zerbrochene Altar als Zeichen Josias, lange bevor dieser geboren wurde.

Alle zum Zeitpunkt der Prophetie Lebenden waren zur Zeit ihrer Erfüllung schon lange nicht mehr da. Und jener, der sie erfüllte, hatte keine Ahnung von ihrer Existenz. Die Erinnerung daran wurde aber von den Bewohnern von Beth El wachgehalten und an diesem Tag offenbart:

> **Und die Männer der Stadt sagten zu ihm: Es ist das Grab des Mannes Gottes, der von Juda gekommen ist und diese Dinge, die du getan hast, über den Altar von Bethel ausgerufen hat.**
>
> 2. Könige 23:17

Und da fügte sich für Josia alles zusammen: die Erfüllung seiner Berufung, der Sinn seiner Existenz und das Geheimnis seines Lebens. Alles in seinem Leben führte zu diesem Ort, diesem Ereignis und diesem Moment. Und jetzt konnte er es erstmals erkennen. Und was offenbart es uns?

Das festgelegte Schicksal

Schon lange vor seiner Geburt war das Schicksal für Josias Leben festgelegt. Obwohl er in einem Zeitalter des Abfalls und einer Zivilisation der Gottlosigkeit lebte, schmälerte dies weder seine Berufung noch machte es sein Schicksal zunichte. Vielmehr machte es dies erst möglich.

Für jedes Kind Gottes und jede Generation des Volkes Gottes besteht eine Berufung, ein Zweck und ein bestimmtes Schicksal. Es liegt an jeder Generation, danach zu suchen und es zu erfüllen.

In den Psalmen schrieb David:

Meine Urform sahen deine Augen. Und in dein Buch waren sie alle eingeschrieben, die Tage, die gebildet wurden, als noch keiner von ihnen da war. Psalm 139:16

Bevor David geboren wurde, waren alle Tage seines Lebens in Gottes Buch niedergeschrieben: Er wurde Hirte, Held, Krieger und König. Folgendes sagte Gott auch zu dem Propheten Jeremia:

Ehe ich dich im Mutterleib bildete, habe ich dich erkannt, und ehe du aus dem Mutterschoß hervorkamst, habe ich dich geheiligt; zum Propheten für die Nationen habe ich dich eingesetzt. Jeremiah 1:5

So konnte auch der Apostel Paulus schreiben:

Als es aber dem, der mich von meiner Mutter Leibe an ausgewählt und durch seine Gnade berufen hat, gefiel, ... Galater 1:15

Dies gilt nicht nur einzelnen, sondern allen Kindern Gottes. Es gibt eine Berufung, einen Zweck und ein Schicksal – für die Berühmten und die Unbekannten, die Mächtigen und die Schwachen und für die Menschen aller Zeiten und Länder.

Josia, Jeremia und Paulus lebten jeweils in einer Zeit des Bösen, des Abfalls oder der Verfolgung. Und doch konnte nichts davon die Absichten Gottes in ihrem Leben verhindern. Das gilt auch für den Gläubigen, der in einer Kultur und einem Zeitalter lebt, die im Widerspruch zu Gottes Absichten stehen. Nichts wird ihre Berufung oder ihr bestimmtes Schicksal davon abhalten, wahr zu werden – solange sie nicht damit aufhören, Gottes Willen zu befolgen.

Die Josia-Strategie

Josia wusste erst von seinem Schicksal, als es in Beth El offenbart wurde. Woher wusste er dann, dass er genau zu diesem Zeitpunkt an genau diesen Ort gehen musste? Er folgte einfach dem Willen Gottes.

Es begann mit der Restaurierung des Tempels und der Entdeckung des Gesetzbuches. Dies trieb ihn an, seine Nation zu Gott zurückzubringen.

Mit anderen Worten: Er suchte, dem Willen Gottes zu gehorchen, wie er in der Heiligen Schrift offenbart wurde. Dazu gehörte die Abkehr von den Göttern, die Buße vom Götzendienst und das Umstürzen der Altäre. Indem er einfach dem ihm bekannten Willen Gottes gehorchte, wurde er in den ihm noch unbekannten Willen Gottes geführt – und dann schließlich nach Beth El. Allein dadurch wurde er zur Erfüllung der Prophezeiung geleitet, die drei Jahrhunderte vor seiner Geburt gegeben wurde.

In Gott führt das Offenbarte zum Nicht-Offenbarten. Indem die Gerechten dem offenbarten Willen Gottes folgen, führt sie dies in den nicht offenbarten Willen Gottes und zur Offenbarung ihrer festgelegten Bestimmung.

Woher weiß ein Kind Gottes oder eine Generation von Gläubigen, zu welcher Bestimmung sie berufen sind? Josia trägt die Antwort. Sie müssen einfach dem Willen Gottes folgen, der ihnen bereits in der Heiligen Schrift offenbart wurde. Indem sie dem offenbarten Willen folgen, werden sie in das Nicht-Offenbarte geführt.

Der in der Heiligen Schrift offenbarte Wille Gottes brachte eine Generation von Gläubigen dazu, die Ausübung des Kindesmords zu beenden. Eine andere veranlasste er dazu, die Sklaverei abzuschaffen. Und noch eine weitere wird er leiten, sich gegen die Tötung ungeborener Menschen zu stellen.

Der Wille Gottes brachte alle Generationen von Gläubigen dazu, das Evangelium weiterzugeben und so viele Menschen wie möglich zur Erlösung zu führen. Der in der Heiligen Schrift offenbarte Wille Gottes wird jedes Kind Gottes und jede Generation von Gläubigen zu ihrer genauen und festgelegten Bestimmung führen.

Das Berggipfel-Prinzip

Beth El lag auf den Bergen von Samaria. Um dorthin zu gelangen, musste Josia aufsteigen. Auf dem Gipfel trat er in sein Schicksal ein. Josias Reise nach Beth El enthält den entscheidenden Grundsatz und Schlüssel zum Eintritt in eines jeden Schicksal.

Die wichtigste Richtung in dem Leben und der Berufung des Volkes Gottes zeigt nach oben. Der Aufwärtspfad bringt jede Straße, jeden Weg und jeden Schritt in die vollkommene Übereinstimmung – am genauen Ort und zur genauen Zeit.

Steht man am Fuße eines Berges, um seinen Weg zu dessen Gipfel anzutreten, und muss man zwischen einer Vielzahl von Bergpfaden zum Ziel wählen, welchen nimmt man dann? Die Antwort lautet, am Ende spielt es keine Rolle. Man muss nur ständig die höhere Stufe und das höhere Gelände wählen – den Weg nach oben. Dann ist es unerheblich, wo man anfängt, schließlich landet man am Gipfel.

Das Gleiche gilt auch für unsere Berufung. Wir müssen nicht genau wissen, worin sie besteht oder welchen der vielen Wege und Schritte man gehen muss, um sie zu erfüllen. Man muss nur immer höher gehen und die Stufe des höchsten Willens Gottes wählen – aufwärts. Und am Ende führt uns dies auf den Gipfel eines Berges. Die eigenen Schritte werden im Zentrum des vollkommenen

Willens und Schicksals Gottes zusammenlaufen. Dies gilt für jedes Kind Gottes und für jede Generation Seines Volkes.

Die unsichtbare Hand

Obwohl Josias Entscheidungen und Taten zur Erfüllung der Prophetie über sein Leben von zentraler Bedeutung waren, hätte er sie auf keinen Fall allein und aus eigener Kraft herbeiführen können. Die Erfüllung erforderte die Orchestrierung und Zusammenführung unzähliger Ereignisse. Viele dieser Vorgänge lagen außerhalb seiner Kontrolle und haben ihn nicht einmal direkt einbezogen. Und nichts davon geschah im Bewusstsein des Vorhergesagten. Es war die Hand Gottes, die alles zu seinem festgelegten Ende brachte.

Gott steht souverän über allen Ereignissen und Dingen. Seine unsichtbare Hand dirigiert jede Aktion, Reaktion und Interaktion, jedes Ereignis und jeden Moment zur Verwirklichung Seiner Absichten. Und Er bewirkt alles, das Gute und das Schlechte, zum Wohle derer, die Ihm folgen. Die Gerechten müssen auf Seine Souveränität vertrauen und sich auf das Wirken Seiner Hand verlassen, um Seine Ziele in ihrem Leben zu erfüllen.

Die Absichten Gottes werden durch die Taten der Gerechten verwirklicht und doch entstehen sie auch unabhängig von ihnen. Soweit die Gerechten dazu in der Lage sind, müssen sie danach streben, Seine Absichten zu erfüllen. Soweit sie dazu nicht in der Lage sind, müssen sie dafür auf Seine Macht vertrauen. In Zeiten des Bösen, wenn es den Anschein hat, als entzöge sich alles ihrer Kontrolle und verstoße gegen die Absichten Gottes, müssen sie zu ihrer Umsetzung umso mehr auf Seine Macht vertrauen.

Je nach Zeitalter

Die Ausrichtung von Josias Leben entsprach seinem Zeitalter. Und seine Epoche war auf sein Leben ausgelegt. Mit anderen Worten: Das Zeitalter des Abfalls, in das er hineingeboren wurde, erforderte sein Leben und Wirken. Und sein gerechtes Leben bildete die Antwort auf sein Zeitalter.

Kinder Gottes sind für jenes Zeitalter bestimmt, in das sie hineingeboren werden. Und diese Epoche, in die sie geboren wurden, ist ihnen bestimmt. Jeder lebe sein Leben als Antwort auf sein Zeitalter!

Mose wurde in ein Ägypten hineingeboren, das Götzen verehrte, Gottes Volk unterdrückte und versuchte, seinem Leben im Säuglingsalter ein Ende zu setzen. Elia wurde in einer Zeit geboren, in der man die Propheten Gottes jagte und in der er als Staatsfeind gebrandmarkt wurde. Jeremia wurde in ein abtrünniges Königreich hineingeboren, das ihn einsperrte. Esther wurde in ein Reich hineingeboren, das die Vernichtung ihres Volkes anordnete. Paulus wurde in ein heidnisches Reich hineingeboren, das ihn verfolgte und ins Gefängnis warf.

Aber diese alle – Mose, Elia, Jeremia, Esther und Paulus – wurden für das Zeitalter bestimmt, in das sie hineingeboren wurden. Ihre Epochen erforderten *sie*. So werden die Kinder Gottes nicht zufällig geboren, sondern sind auch für das Zeitalter ihrer Geburt bestimmt. Der Zeitpunkt ihrer Geburt ist keine Frage der Möglichkeit oder des Zufalls, sondern der Bestimmung. Und wenn sie in ein unverschämt gottloses, abtrünniges oder antichristliches Zeitalter hineingeboren werden, sind sie nicht fehl am Platz. Sie sollten ihr Zeitalter nicht fürchten oder sich davon einschüchtern lassen. Sie wurden dafür geboren. Ihre Epoche erfordert *sie*. Wie es von Esther heißt, kamen auch sie „für eine Zeit wie diese" in ihre Position (Esther 4:14).

Die Kinder Gottes müssen ihr Leben als Antwort auf das Zeitalter begreifen, in das sie geboren wurden. Und ihr Leben muss ihrer Zeit Jenen offenbaren, der die Antwort auf alle Zeiten ist.

Einer

Warum wurde Josias Leben so sehr von Gott genutzt? Die Antwort steht in der Erzählung. Dort steht geschrieben, dass Josia sich „mit ganzem Herzen, mit ganzer Seele und mit all seiner Kraft dem Herrn zuwandte“ (2. Könige 23:25). Josias zielstrebige, konzentrierte und völlige Hingabe an Gott und Seinen Willen ermöglichte ihm ein Leben voll Größe. So konnte er erreichen, was andere nicht konnten, und die Geschichte seiner Nation verändern.

Eine Gott völlig geweihte Person kann den Kurs einer Nation verändern. Ein Gott völlig hingegebenes Volk kann den Lauf der Welt verändern. Die Kinder Gottes müssen danach streben, eine solche Generation zu sein. Du, Kind Gottes, musst danach streben, eben dieses zu sein.

Die Heilige Schrift ist voller Berichte über Einzelpersonen, die den Lauf von Nationen und sogar Zivilisationen verändert haben. Ihnen ist eines gemeinsam: Sie wandten sich mit ganzem Herzen Gott zu und lebten ein völlig Seinem Willen und Seinen Absichten geweihtes Leben.

Eine solche Person ist mächtiger als die Menge. Ein solches Volk ist mächtiger als die Welt. Der Prophet Elia war mächtiger als das gesamte Königreich von Ahab und Isebel. Der Apostel Paulus war mächtiger als das gesamte Römische Reich. Und zwölf unbedeutende Jünger waren mächtiger als die Welt.

Dasselbe Buch, das von Josias Hingabe an Gott spricht, sagt Folgendes:

> **Denn des HERRN Augen durchlaufen die ganze Erde, um denen treu beizustehen, deren Herz ungeteilt auf ihn gerichtet ist.**
> 2. Chronik 16:9

Alle, die sich ganz dem Willen Gottes ergeben, werden Seine Macht offenbaren. Sie versetzen Berge, teilen Meere, stürzen Königreiche und verändern die Geschichte.

Wir sind die Generation des zerbrochenen Altars, des Zeichen Josias.
Verpflichtet sich jeder von uns, so zu leben, wie Josia gelebt hat, Gott zu suchen, wie er Gott gesucht hat, und so zu werden, wie er geworden ist – zu einem völlig hingegebenen Gefäß für Gottes Absichten und Seine Herrlichkeit – dann wird Gott Seine Macht in großem Maße offenbaren.
Denn es gibt keine Grenze und kein Ende für Gottes Werk durch den, dessen Herz ganz Ihm gehört.
Wir müssen diese Generation sein.
Jeder von uns muss eine solche Person werden.

54

Das letzte Geheimnis

Rückkehr zur Insel

Wir begannen auf einer Insel voller Geheimnisse. Dort fanden wir das erste aller Geheimnisse. Das Jubeljahr öffnete die Tür zu allen anderen. Dies wiederum führte uns zum Manifest, einem Leitfaden für die gegenwärtige Stunde, die kommenden Tage und die Endzeit. Das Manifest führt uns nun zurück auf die Insel zu einer letzten Offenbarung. Diese gilt gleichermaßen für die Endzeit und dient auch als letztes Wort und Besiegelung des Leitfadens.

Wir kehren nun zu der Insel zurück, auf der alles begann – und zu dem allerersten Tag, an dem das Jubeljahr eingeläutet wurde. An diesem Tag geschah noch etwas anderes. Am Morgen wurde das Jubeljahr eröffnet. Doch etwas weiteres begann in dieser Nacht. Die Nachricht davon verbreitete sich auf der ganzen Insel und wurde immer wieder erzählt.

Hätte mir jemand das Folgende gesagt, hätte ich ihm wohl nicht geglaubt, außer ich hätte ihn gut genug gekannt, um nicht an seiner Wahrhaftigkeit zu zweifeln. Aber ich war dort, um es mit eigenen Augen zu sehen, wie viele andere auch.

Die Nacht Joels

Wir befinden uns am Abend des ersten Tages von Kubas einmonatigem Jubelfest. Zuvor fand am Morgen in der Stadt Moa die Eröffnungsveranstaltung als erste Massenversammlung statt. Ich eröffnete sie mit dem Erklingen des Schofars zu einer von der Bühne aus proklamierten Bibelstelle.

Die Bibelstelle stammte aus dem Buch Joel – dem Buch, das am Schabbat Schuwa gelesen werden sollte. Jahre später, am *Tag der Rückkehr*, in der *National Mall* rezitierte ich sie erneut. Sie rief zu einer heiligen Versammlung des Gebets und der Buße auf und versprach Segen und das Brechen eines Fluches. *Die Rückkehr* wurde also mit diesem Zitat eröffnet und führte zum Segen und zum Brechen eines Fluches.

Aber die Bibelstelle enthält noch mehr und diese Nacht offenbarte es. In dieser Nacht fand in Moa eine weitere Versammlung statt, die mit der ersten verbunden war. Man traf sich ebenfalls im Freien, aber unter dem nächtlichen Himmel. Ich wurde gebeten, dorthin zu gehen und den Versammelten eine Botschaft zu überbringen. Als ich über den Inhalt der Botschaft betete, wurde ich zum Buch Joel geführt. Ich sollte eine auf Joel basierende Nachricht übermitteln und dann zum Gebet und zur Fürbitte für Kuba aufrufen. Dann ließ ich, wie im Buch Joel und im Jubeljahr, das Schofar erklingen und betete für die Freisetzung der Kraft Gottes.

Die schwärmende Plage

Ich kam mit meinem Team am Veranstaltungsort an, als sich der Himmel allmählich zu verdunkeln begann. Bei mir hatte ich eine Bibel, einen Ordner mit meinen Notizen, ein Schofar und den hebräischen Gebetsschal. Kurz nach meiner Ankunft erzählte mir einer unserer Übersetzer, die Leute tuschelten einander zu: „Seht, Mose ist hier!“ Sie hatten offenbar noch nie zuvor einen bärtigen jüdischen Mann mit einem Gebetsschal gesehen.

Das Buch Joel beginnt mit einer Insektenplage, den schwärmenden und gefräßigen Heuschrecken. Sie waren das Zeichen des Fluches, der ein Land verdunkelte, das sich von Gott abgewandt hatte. Mein Plan war, meine Botschaft mit einer Rede über die Insektenplage und den Fluch zu beginnen, der das Land Kuba verdunkelte. Doch bevor ich damit begann, geschah etwas.

„Ist so etwas schon einmal passiert?"

Plötzlich stürzte sich ein riesiger Schwarm auf die Veranstaltung, eine Insektenplage. So etwas hatte ich noch nie gesehen. Auch keiner aus meinem Team hatte etwas Vergleichbares erlebt und offensichtlich auch nicht die Menschen bei der Veranstaltung, da sie alle in Panik gerieten. Aber das Buch Joel spricht zu Beginn ein ähnliches Ereignis an:

> **Ist solches in euren Tagen geschehen oder in den Tagen eurer Väter? Erzählt euren Kindern ... und ihre Kinder der folgenden Generation:** Joel 1:2-3

Der ganze Himmel war von Insekten erfüllt, die auf die Menschen herabregneten und die Umgebung verdunkelten. Die Veranstaltung fand ein jähes Ende. Viele in der Menge versuchten, den Schwarm abzuwehren; andere schrien im Gebet; andere lagen auf Knien und Angesicht.

Eine der Plagen, die Mose über Ägypten herbeirief, war die Heuschreckenplage. Alle, die gescherzt hatten: „Mose ist hier!", machten keine Witze mehr. Natürlich war ich genauso erstaunt wie alle anderen. Aber ich war dorthin gekommen, um über das Buch Joel zu sprechen. Mir war klar, sowohl das Buch als auch meine Botschaft starteten mit einem Insektenschwarm. Genau das erlebten wir jetzt. Ich griff nach meiner Bibel und schlug sie bei Joel und dem Kapitel auf, in dem es um die verschiedenen Nager geht, die über das Land kommen werden:

> **Was der Nager übrig gelassen hatte, fraß die Heuschrecke; und was die Heuschrecke übrig gelassen, fraß der Abfresser; und was der Abfresser übrig gelassen, fraß die Heuschreckenlarve.**
> Joel 1:4

Beim Aufschlagen dieser Seite fiel der Insektenschwarm vom Himmel und einzelne Tiere landeten auf dieser Seite – eben auf jenen Versen, die von den schwärmenden Insekten sprechen.

„Der Tag der Finsternis"

Noch ehe ich ein Wort meiner Botschaft weitergeben konnte, manifestierte Gott sie vor unseren Augen. Und nach der Plage spricht das Buch Joel von einem „Tag der Finsternis".

... ein Tag der Finsternis und der Dunkelheit, ein Tag des Gewölks und des Wetterdunkels. Joel 2:2

Mein Plan war, nach der Plage über die Finsternis aus dem Buch und auf dem Land Kuba zu berichten. Die Plage hatte sich schon in Echtzeit und vor Ort manifestiert. Jetzt war die Zeit für Finsternis und auf einmal wurde alles dunkel. Der Strom für die Strahler der Veranstaltungsbeleuchtung fiel plötzlich aus. Alle befanden sich immer noch in Fürbitte und schrien über der Plage aus. Jetzt fuhren sie damit im Dunkeln fort.

Licht in der Dunkelheit

Das Buch Joel spricht dann von der Antwort, der Hoffnung, dem Weg zur Erlösung, dem Aufruf an die Nation, im Gebet und in Buße zu Gott zurückzukehren, und von dem Versprechen der Wiederherstellung. Genau da erschien ein Zeichen der Hoffnung.

Es war ein Licht, das in der Dunkelheit schien. Aber es handelte sich um kein normales Licht. Ein strahlender Ball bewegte sich über der Menge hin und her und alle Augen richteten sich darauf. Es dauerte einige Zeit, bis wir es erkannten – eine Art leuchtendes Insekt, aber mit einem Licht, das mindestens fünf Zentimeter im Durchmesser zu sein schien und im Kontrast zur Schwärze der Nacht noch dramatischer wirkte. Es war anders als jedes Insekt, das wir je gesehen hatten, und anscheinend viel gesalbter.

Eine gleißend helle Hand

An diesem Punkt konnte ich nur noch lachen. Inmitten meines Lachens breitete ich die Hände zum Gebet und zur Anbetung aus und versuchte das Geschehen zu ergründen. Während meines Gebets spürte ich, wie mir etwas in die Hände fiel.

Es war das Licht, dieser leuchtende Lichtball, der zuvor über den Menschen schwebte. Von allen Orten, an die es in dieser Nacht hätte fallen können, fiel es mir in die Hand. Darüber hinaus war es offenbar mitten im Flug besinnungslos geworden und landete kopfüber in meinen Händen. Deshalb strahlte meine Hand jetzt vor Licht – und alle Augen richteten sich darauf.

Im Buch Joel steht geschrieben, die Söhne Aarons, die Priester, sollten der Nation durch Gebet und Fürbitte bei der Buße dienen. Ich bin ein Sohn Aarons und wollte an diesem Abend im Namen der Nation beten und Fürbitte halten. Die versammelten Menschen hatten keine Ahnung, was ich dort tat, und schon gar nicht, dass es bei der geplanten Botschaft, um einen Insektenschwarm, eine Zeit der Dunkelheit und um Hoffnung ging. Aber nachdem dieses Licht in meiner Hand gelandet war, waren sie ganz Ohr.

Die Fürbitte

Und dann gingen die Lichter wieder an. Der Insektenschwarm war verschwunden. Ich wurde auf die Bühne gerufen, um zu predigen. Hätte ich ihnen zu diesem Zeitpunkt einen Vortrag über die Freuden des Tomatenanbaus gehalten, hätten sie selbst daraufhin Buße getan. Ich begann, ihnen aus dem Buch Joel zu erzählen, vom verfluchten Land, der Insektenplage, der Dunkelheit und dem Licht der Hoffnung. Alles, was ich mitteilte, hatten sie gerade mit eigenen Augen gesehen.

Dann rief ich zum Gebet und zur Fürbitte zugunsten ihrer Nation auf. Und so beteten sie und traten für Kuba ein. Ich leitete sie im Gebet über die Lautsprecheranlage, aber sie brauchten nicht viel Führung. Ihre Gebete und Fürbitten wurden von Tränen der Buße begleitet, als sie Gott um ihr Land anflehten – genau wie im Buch Joel.

„Blast in die Posaune"

Dann bereitete ich mich darauf vor, den Schofar erklingen zu lassen, wie er im Buch Joel und im Jubeljahr erklingen soll. Ich bat sie um Gebet, damit Gottes Segen vom Himmel auf das Land ströme. Ich verkündete das Kommen dieser Segnungen und ließ dann den ersten Schofarstoß ertönen.

Gerade wollte ich zum zweiten Posaunenstoß übergehen, als mein Übersetzer mich unterbrach und meine Schulter berührte, um meine Aufmerksamkeit zu erregen. Er fragte: „Hast du es gespürt?" Ich antwortete: „Was?" Weil ich den Schofar mit dem Gebetsschal über meinem Kopf hatte erklingen lassen, konnte ich es nicht bemerken. Nun nahm ich ihn ab und spürte es.

„Er wird für Regen sorgen"

Es geschah, was als Nächstes im Buch Joel folgte. Das Versprechen Joels besagt, dass Gott seinen Fluch in Segen verwandeln und sie wiederherstellen werde, nachdem die Nation in Gebet und Buße zu Gott zurückgekehrt sei. Er werde die Himmel öffnen und für die Menschen den Regen fallen lassen (Joel 2:23).

Regen war für Israel von entscheidender Bedeutung. Ohne ihn verflüchtigten sich die Segnungen Gottes. Regen war Leben und Erweckung. Als ich um Gottes Segen für das Land betete und den Schofar blies, öffnete sich der Himmel. Und der im Buch Joel versprochene Segen kam über das Land – als Regen.

Die Menschen spürten, wie die Regentropfen auf ihre Köpfe und Schultern prasselten, und es überkam sie eine Welle der Erweckung. Sie flehten Gott umso mehr an um Seinen Segen für ihr Land.

Dann führte mich der Geist dazu, von Gottes Macht, Seiner Ausgießung und Wiederbelebung zu sprechen – und dass diese auf die gleiche Weise zu ihnen kommen würden – zuerst als Besprengung, dann als Regen, dann als Regenguss und dann als Sintflut.

Ich beendete den Gottesdienst und trat von der Bühne ab. Die Menschen nahmen ihre Anbetung wieder auf. Aber das Buch Joel war noch nicht zu Ende.

Der Spätregen

Denn es handelt nicht nur von einem Regen – sondern noch von einem weiteren.

> **... denn er gibt euch den Frühregen in rechtem Maß, und er lässt euch am ersten Tag Regengüsse herabkommen, Frühregen und *Spätregen*.** Joel 2:23

Der eine Regen kam im Frühling, der andere im Herbst. Den einen nannte man *Moreh*, den anderen *Malkosh*. So hatte es in der Joel-Nacht schon zum ersten Mal geregnet. Jetzt war es Zeit für den Spätregen – und dann fiel er.

Wie beim ersten Mal kam er sanft. Inmitten ihrer Anbetung fiel ein sanfter Nieselregen auf die Menschen, der aber nicht lange anhielt. Was ich gerade den Anwesenden über Gottes Macht und Segen erzählt hatte, manifestierte sich nun in dem Regen. Nach ungefähr einer Minute hatte sich der sanfte Regen zu einem leichten Schauer gewandelt. Etwa eine Minute später regnete es heftig und wieder nach einer Minute war es ein Wolkenbruch und nach einer weiteren Minute eine Sintflut.

Man hätte erwartet, die Leute wären in Deckung gerannt und hätten so die Veranstaltung beendet – aber das taten sie nicht. Aufgrund all der Ereignisse dieser Nacht rannten sie nicht fort, um sich zu schützen, und hörten auch nicht mit der Anbetung auf. Stattdessen geschah etwas anderes.

„Ich werde meinen Geist ausgießen“

Im Buch Joel verspricht Gott nach der Ausgießung von Regen noch etwas anderes auszugießen.

> **Und danach wird es geschehen, dass ich meinen Geist ausgießen werde über alles Fleisch. Und eure Söhne und eure Töchter werden weissagen ...** Joel 3:1

Und genau das geschah. Als die Regenflut auf die Menschen niederprasselte, kam es zu einer Explosion – einer Explosion der Anbetung, des Lobpreises, des Geistes Gottes. Wie auch immer ihre Anbetung gewesen war, es war nichts im Vergleich zu dem, was jetzt inmitten des Regengusses geschah.

Sie sangen, lobten, beteten an, tanzten, jubelten, feierten, waren tropfnass – mitgerissen von der Freude über Gottes Gegenwart. Das Ausströmen von Regen wird in der Heiligen Schrift als Symbol für die Ausgießung des Geistes Gottes verwendet.

In dieser Nacht konnte man nicht sagen, wo die eine Ausschüttung endete und die andere begann. Die beiden Ausgießungen wurden zu einer.

In Joel steht geschrieben, dass der Geist bei Seiner Ausgießung gemeinsam auf Alt und Jung fällt. In dieser Nacht wurden alle alten Männer und Frauen, Jungen und Mädchen von der Freude über die Ausgießung des Regens und des Heiligen Geistes überwältigt.

Die unvergessliche Nacht

Als wir fortgingen, war es ungefähr Mitternacht. Aber die Menschen harrten aus und beteten mitten im Regen. Weder der Regen noch der Geist zeigten Anzeichen nachzulassen.

Die Nachricht von dem Geschehen an diesem Abend verbreitete sich in der gesamten Region und auf der ganzen Insel. Man bezeichnete sie als „Unvergessliche Nacht“. In dieser Nacht wurde der Monat des Jubeljahres und die Erweckung für die Gläubigen Kubas eingeläutet.

Der Regen des Geistes Gottes hielt noch lange nach dem offiziellen Ende der Feier an. Und alles begann mit den Heuschrecken, der Dunkelheit, einem Licht, einem Wort, einem Gebet, einem Schofar, einem ersten Regen, einem zweiten Regen und der Ausgießung des Geistes Gottes. Alles fing an mit einer Vision von Joel im Himmel und auf der Erde. Und selbst dazu gibt es in der Bibel eine Parallele. Nach den Worten „Ich werde meinen Geist ausgießen" steht geschrieben:

Und ich werde Wunderzeichen geben am Himmel und auf der Erde ... Joel 3:3

◆ ◆ ◆

Lange habe ich über die Ereignisse in dieser Unvergesslichen Nacht nachgedacht. Es war eine Manifestation des Buches Joel in Echtzeit, desselben Buches, aus dem der Apostel Petrus am Pfingsttag zitierte, als der Geist über die ersten Gläubigen ausgegossen wurde.

So wie Joel über zwei Arten Regen spricht, den beiden Regen des hebräischen Jahres, und so wie Regen ein biblisches Symbol für die Ausgießung des Geistes ist, spricht die Bibel auch von zwei Ausgießungen des Geistes. Die erste fand am Pfingsttag statt, an dem der Jünger Joels Zitat resümierte. Die zweite kommt noch. Die erste wurde für den Beginn des Zeitalters bestimmt, die zweite für dessen Ende.

Wie im Buch Joel prophezeit, ist es diese letzte Ausgießung, welche die letzten Worte jenes Buches hervorbringen wird, Worte für die Gerechten, Worte für Gottes Kinder, Worte für die Endzeit und Worte für alle Zeiten und Zeitalter der Finsternis. Diese dienen jetzt der Ermutigung, der Stärkung, der Überwindung und der Durchsetzung aller, die auf den Wegen Gottes wandeln.

Niemals

Die Tatsache, dass die biblische Endzeitprophetie einerseits vom Bösen und andererseits von der Ausgießung des Geistes Gottes spricht, steht für sich – Gott ist niemals fertig. Deshalb ist auch das Volk Gottes nie fertig und muss immer Hoffnung schöpfen. In Gott besteht fortwährend Hoffnung. Josia lebte inmitten einer Zivilisation, die unter Gericht stand. Dennoch tat er alles in seiner Macht Stehende, um sein Volk zu retten. Josia ließ sich von der Hoffnung bewegen, war deshalb beharrlich und gab aufgrund der Hoffnung nie auf.

Die Gerechten der gegenwärtigen Stunde und der Endzeit leben in einer Zivilisation, die unter Gericht steht. Aber Gott ist nie fertig. Selbst in den Tagen des Gerichts werden Seine Absichten nie zunichte gemacht. Seine Erlösungskraft wird sich weiterhin manifestieren.

Die ersten Gläubigen lebten inmitten von Verfolgung und trotzten allen Widrigkeiten. Denn sie waren Menschen der Hoffnung und gaben nie auf. Und so müssen auch alle überwinden und der Hoffnung verpflichtet sein – in der gegenwärtigen Stunde, in der Endzeit, ja selbst in der dunkelsten Stunde. Sie dürfen niemals aufgeben. Denn in Gott führen die dunkelsten Stunden immer zum Licht.

Gott ist nie fertig.
Ihm gehen die Pläne nie aus.
Er ist nie unfähig.
Selbst in Zeiten des Gerichts,
selbst in den hoffnungslosesten Phasen
und dunkelsten Abschnitten
hat Er immer noch ein Ziel und einen Weg.
Unabhängig von den Vorgängen in der Welt
muss Sein Volk deshalb immer Hoffnung haben,
immer weitermachen und niemals aufgeben.

Großes

Der biblischen Prophetie zufolge wird die Endzeit durch die Zunahme des Bösen, aber auch durch die Ausgießung des Geistes Gottes gekennzeichnet sein. Daher wird sie sowohl von großem Guten als auch von großem Übel geprägt sein. Die Gläubigen in der Endzeit sollten somit nicht nur nach dem Guten streben, sondern auch nach Größe. Sie müssen sich danach ausstrecken, groß im Glauben, groß in der Liebe, groß in der Gerechtigkeit, groß im Gebet, groß in der Reinheit, groß in der Anbetung, groß im Eifer, groß in der Hoffnung, groß in der Freude, groß in der Güte, groß in Gott zu sein.

Die Endzeit prägt nicht nur großes Übel, sondern auch großes Gutes. Während das Böse von schlecht zu schlechter mutiert, müssen die Gerechten von gut zu groß übergehen.

Der Geist und die Ausgießung

Der Geist fiel am Pfingsttag mit einem bestimmen Zweck. Er war lebenswichtig und wesentlich. Dieser ersten Generation von Gläubigen verlieh der Geist Kraft. Durch die Kraft dieser Ausgießung überwanden sie alle Widerstände, Hindernisse und Verfolgungen, um den großen Auftrag zu erfüllen, allen Nationen das Evangelium zu verkünden.

Wenn es also zu einer zweiten Ausgießung des Geistes für die Endzeit kommt, muss auch sie einem ebenso wesentlichen und lebenswichtigen Zweck dienen. Die Gläubigen werden am Ende des Zeitalters vor noch größeren Herausforderungen stehen als zu Anfang. Umso mehr werden sie die Kraft des Geistes benötigen.

Das Volk Gottes muss für diese Ausgießung beten. Denn die Ausgießung, von der im Buch Joel die Rede ist, wird durch Gebet und Buße eingeleitet. Dabei müssen die Menschen Gottes für ihr eigenes Leben umso mehr nach dieser Macht streben, durch den Geist leben und handeln. Durch die Kraft des Geistes Gottes werden sie so fest stehen, wie sie es sonst nie könnten, alles überwinden, was sie sonst nie überwinden könnten, und so leben und Werke so ausführen, wie es ihnen anders nie möglich wäre.

Die Ausgießung des Geistes und der Kraft Gottes wird für die Endzeit unerlässlich sein. Es gibt keine mächtigere Kraft als den Geist Gottes, durch den die Gerechten befähigt werden, alle Mächte und die Welt zu überwinden. Sie müssen beten für Seine Ausgießung auf die Welt und auf ihr eigenes Leben. Sie müssen danach streben, durch den Geist zu leben, durch den Geist zu handeln, durch den Geist zu überwinden und alles durch den Geist zu tun. Ohne den Geist können sie keinen Erfolg haben. Mit dem Geist aber werden sie nicht scheitern.

Es wird begonnen haben

So wie der zerbrochene Altar mit Erweckung verbunden ist, ist er auch mit der Ausgießung des Geistes Gottes verknüpft. Und mit einer endzeitlichen Ausgießung wird auch eine endzeitliche Erweckung einhergehen. Das Volk Gottes muss umso eifriger für das Evangelium der Erlösung beten, daran glauben, daran arbeiten und es verbreiten. Und es muss noch etwas darüber hinaus tun. Obwohl es schon im Geist lebendig ist, muss es danach streben, noch lebendiger zu werden. Es muss zunächst seine eigene Wiederbelebung anstreben. Es muss nicht nur für Erweckung beten – es muss sich selbst für Erweckung entscheiden. Es muss beschließen, im Erwecktsein zu leben.

**Wo der Geist ist, da ist Erweckung.
Durch die Gabe des Geistes in der Endzeit
kommt unweigerlich die Erweckung.
Das Volk Gottes darf niemals
die Hoffnung darauf verlieren.
Es darf niemals aufgeben, für Erweckung zu beten.
Und darüber hinaus muss es tatsächlich beginnen,
in der Erweckung zu leben.
Dann wird die Erweckung begonnen haben.**

Wie in der Apostelgeschichte

Der Geist Gottes ermöglicht die Apostelgeschichte. Und während sie gemeinhin als „Taten der Apostel" bezeichnet wird, ist sie auch als die „Taten des Geistes" bekannt. In jedem Fall bringt die Ausgießung des Geistes erst die Taten der Apostel hervor– die Apostelgeschichte.

Die Gemeinde und jeder Gläubige müssen jetzt nicht nur zu ihren ursprünglichen Formen, zur Apostelgeschichte, zurückkehren. Denn die Endzeitausgießung geht noch darüber hinaus. Tatsächlich führen der Wille und die Macht Gottes diesen Zustand herbei. Wenn die erste Ausgießung die Apostelgeschichte hervorbrachte, was entsteht dann aus der zweiten? Für eine weitere Ausgießung bedarf es der Rückkehr zur Apostelgeschichte, zu ihrer Macht, zu ihren Menschen und zu ihren Wundern. Der Endzeitgläubige muss nach dem gleichen Stand der Gläubigen in der Apostelgeschichte streben.

**Die erste Ausgießung des Geistes
brachte die Apostelgeschichte hervor.
Eine zweite Ausgießung wird die Absicht
verfolgen, eine mit der Apostelgeschichte
vergleichbare Wirkung zu erzielen.
Dann muss am Ende des Zeitalters
die Kraft des Anfangs weitergegeben werden.**

Und so wird dem Endzeitgläubigen die Kraft für ein Leben gegeben, wie es die ersten Jünger und Boten des Evangeliums in der Apostelgeschichte führten. Dafür soll der Endzeitgläubige in die Rolle der ersten Gläubigen aufsteigen, um zu leben, wie sie lebten, zu stehen, wie sie standen, zu glauben, wie sie glaubten, und zu überwinden, wie diese die Welt überwanden.

Das Unmögliche

Ein Universum kann unmöglich aus dem Nichts entstehen, ein Meer sich nicht in zwei Teile teilen, ein Mann nicht den Himmel verschließen, eine Jungfrau kein Kind empfangen, die Toten können nicht zum Leben erwachen, eine schwache und gebrochene Gruppe Jünger nicht die Welt verändern, noch kann eine Nation, die seit zweitausend Jahren tot ist, wieder zum Leben finden. Aber Gott ist der Gott des Unmöglichen. Und jene, die Ihm folgen, insbesondere in Zeiten von Widrigkeiten und Unmöglichkeiten, müssen allen Widerständen zum Trotz leben und auch über den Gesetzen des Natürlichen und in der Macht des Unmöglichen.

Bei Gott ist alles möglich und nichts wird unmöglich sein. Die Ausgießung des Heiligen Geistes ist ein Zeichen dafür. Der Geist verleiht die Kraft, das Unmögliche zu tun. Die Endzeit wird das Volk Gottes vor Unmöglichkeiten stellen. Aber der Geist Gottes wird ihm die Kraft geben, das Unmögliche zu tun. Deshalb muss es sich dazu verpflichten, an das Unmögliche zu glauben,

**für das Unmögliche zu beten,
im Unmöglichen zu leben,
sich im Unmöglichen zu bewegen,
das Unmögliche zu tun und
im Unmöglichen zu überwinden.**

Das Vorherrschende

Gott wird der Allmächtige – der alle Macht innehat – genannt. Es gibt keine größere Macht. Gott ist außerdem gut. Deshalb siegt am Ende der gute Wille. Am Ende kann daher das Böse nicht bestehen oder siegen – sondern nur für einen Moment. In dem Moment, in dem das Böse zu gedeihen, zu herrschen und zu siegen scheint und in dem die Absichten Gottes dies scheinbar nicht tun, müssen die Gerechten stark bleiben und an der Tatsache festhalten, dass Gottes Allmacht mit Sicherheit siegen wird.

Für den Moment, in dem sie sich augenscheinlich auf der Seite der Verlierer befinden, halten sie fest und vertrauen darauf, dass sie in Wirklichkeit auf der Seite der Gewinner und auf der richtigen Seite der Ewigkeit stehen. Sie leben nicht für den Augenblick, sondern für die Ewigkeit.

Als Mose vor dem Pharao stand, wirkte er nicht so, als stünde er auf der Seite der Sieger – aber er war es. Als Elia vor König Ahab stand, wirkte er nicht so, als stünde er auf der Seite der Sieger – aber er war es. Jeremia wirkte in seiner Gefängniszelle nicht so, als stünde er auf der Seite der Sieger – aber er war es.

Und als Paulus in Ketten lag und um seines Lebens willen vor Gericht stand, sah es nicht so aus, als stünde er auf der Seite der Sieger – aber auch er war es.

So erging es den Gerechten Gottes zu allen Zeiten. Und das gilt umso mehr für die Gerechten in der Endzeit. Deshalb müssen sie umso stärker, zuversichtlicher, mutiger und sicherer in dem Wissen sein, dass das Gute siegen wird und sie fraglos mit Gott auf der Gewinnerseite sind.

**In einem Zeitalter des Krieges gegen die
Absichten Gottes wird Sein Volk ebenso schwach
erscheinen wie die Wenigen und Hoffnungslosen.
Dies ist jedoch nur eine Illusion.
Der Wille Gottes wird sich am Ende durchsetzen.
Die Absichten Gottes werden in Erfüllung gehen.
Das Wort Gottes wird erfüllt.
Das Licht Gottes wird die Dunkelheit überwinden.
Die Liebe Gottes wird alles überstrahlen.
Und wer in all dem lebt, wird siegen.
Das Volk Gottes muss an dieser Wahrheit
festhalten und in der Zuversicht leben,
dass es auf der Gewinnerseite steht
– weil es zu Gott gehört.**

Abschließend

**Als Gott die Welt erschuf,
kam zuerst die Nacht und dann der Tag.**

**So führen auch die Absichten Gottes
immer von der Dunkelheit zum Licht,
von der Trauer zur Freude,
vom Tod zum Leben.**

**Gleichermaßen wird die Nacht der Endzeit
zur Morgendämmerung des Himmels und
der Weg der Gerechten zur Herrlichkeit führen.**

**Die Kinder Gottes gehen
von Herrlichkeit zu Herrlichkeit
und schließlich zu einer Herrlichkeit,
in der alle ihre Opfer erlöst
und alle ihre Tränen abgewischt
und alle ihre Nöte und Sorgen
in Freude verwandelt werden.**

**Und all das Gute,
das sie hochhielten,
und die Dunkelheit,
der sie widerstanden,
und die Liebe,
die sie bekundeten,
und die Segnungen,
die sie hervorbrachten,
und die Kriege,
die sie führten,
und die Standpunkte,
an denen sie festhielten,
und die Wahrheit,
der sie treu blieben,
und die Preise,
die sie bezahlt haben,**

**werden dann alle im Glanz
des Himmels erstrahlen
und als das erscheinen,
was sie in Wirklichkeit immer waren:
die Guten, die Schönen
und die Herrlichen.**

**Dies geschieht, wenn die Nacht
dem Morgen
und die Dunkelheit
dem Anbruch der Morgendämmerung weicht,**

**wenn die Gerechten
ihre Waffen niederlegen**

**und das Kind Gottes
endlich nach Hause kommt.**

Über Jonathan Cahn

Jonathan Cahn gelang ein weltweiter Weckruf mit dem *New York Times*-Bestseller *Der Vorbote* wie auch mit seinen darauffolgenden *New York Times*-Bestsellern. Er sprach vor Kongressmitgliedern und vor den Vereinten Nationen. Sein Name wird zusammen mit denen von Billy Graham und Keith Green genannt als einer der Top 40 geistlichen Leitern der letzten 40 Jahre, „die unsere Welt umfassend verändert haben". Er ist bekannt als prophetische Stimme für unsere Zeit und für das Aufschlüsseln verblüffender Geheimnisse Gottes.

Mit *Hope of the World* leitet Jonathan einen Dienst, der das Wort Gottes in die Welt trägt und Barmherzigkeits-Projekte für die Bedürftigsten der Welt unterstützt. Er ist Leiter von Beth Israel, dem Jerusalem Center und der Dienstbasis und dem Anbetungszentrum in Wayne, im Bundesstaat New Jersey und damit in direkter Nähe zu New York City. Jonathan ist ein begehrter Sprecher auf Veranstaltungen in ganz Amerika und der Welt.

Um mit ihm in Kontakt zu bleiben, prophetische News zu empfangen, kostenfreie Geschenke seines Dienstes in Form besonderer Predigten und vieles mehr zu erhalten, um auf seine mehr als 2.000 Botschaften und Enthüllungen von Geheimnissen zugreifen zu können, oder für weitere Informationen, Kontakt mit ihm und um Teil des großen Missionsbefehls zu sein, empfehlen wir folgende Adressen:

www.HopeoftheWorld.org
contact@hopeoftheworld.org

Hope of the World
Box 1111, Lodi, NJ 07644, USA

Facebook: Jonathan Cahn (offizielle Seite)
YouTube: Jonathan Cahn
X: @Jonathan_Cahn
Instagram: jonathan.cahn